THE EVERYTHING® WORD SEARCH BOOK

Over 250 puzzles to keep you entertained for hours!

Charles Timmerman

Adams Media
New York London Toronto Sydney New Delhi

For my parents, Mary and Dave Timmerman.

adamsmedia

Adams Media
An Imprint of Simon & Schuster, Inc.
100 Technology Center Drive
Stoughton, MA 02072

Manufactured in the United States of America

24 2022

Library of Congress Cataloging-in-Publication Data has been applied for.

ISBN 978-1-59337-431-0

INTRODUCTION

Word search puzzles just might be the most relaxing word game ever invented. They focus your mind on a task that is challenging but never insurmountable. For word lovers, this kind of word hide-and-seek is refreshing and fun for the mind.

You can bring these puzzles with you everywhere. They do not require batteries, they cannot break, and the fun can be shared with just about everyone (as long as they know all twenty-six letters). From the bathroom to the boardroom, these puzzles can be tackled anywhere.

All of the puzzles in this book are in the traditional word search format. Words are hidden in a grid of letters in any direction: horizontal, vertical, diagonal, forward, or backward. Words can overlap. For example, the letters at the end of the word "MAST" could be used as the start of the word "STERN." Only the letters A to Z are used, and any spaces in an entry are removed. For example, "TROPICAL FISH" would be found in the grid as "TROPICALFISH."

Enjoy!

The EVERYTHING® Series

Editorial

Publishing Director	Gary M. Krebs
Associate Managing Editor	Laura M. Daly
Associate Copy Chief	Brett Palana-Shanahan
Acquisitions Editor	Gina Chaimanis
Development Editor	Jessica LaPointe
Associate Production Editor	Casey Ebert

Production

Director of Manufacturing	Susan Beale
Associate Director of Production	Michelle Roy Kelly
Cover Design	Paul Beatrice
	Erick DaCosta
	Matt LeBlanc
Design and Layout	Colleen Cunningham
	Holly Curtis
	Erin Dawson
	Sorae Lee
Series Cover Artist	Barry Littmann

HB 04 27 2022 1014

CONTENTS

1 **Word Searches on Main Street / 1**
Restaurant **2** · Bowling Alley **3** · Shopping Mall **4** · Grocery **5** · Library **6** · Places Around Town **7** · Service Station **8** · Car Wash **9** · Hospital **10** · School **11** · Bookstore **12** · City Hall **13** · Park **14** · Hotel **15**

2 **Global Word Searches / 17**
U.S. Capitals **18** · U.S. States **19** · Islands **20** · African Nations **21** · Small Towns **22** · Canadian Cities **23** · South American Cities **24** · U.S. Cities **25** · European Nations **26** · Asian Nations **27** · California Counties **28** · Florida Counties **29**

3 **Word Searches on the Job / 31**
Careers **32** · Know the Ropes **33** · Lawyers **34** · Firefighters **35** · Artists **36** · Doctors **37** · Engineers **38** · Fashion **39** · Police Officers **40** · Teachers **41** · Waiters **42** · Chef **43** · Postal Worker **44**

4 **Word Searches Alive! / 45**
Mammals **46** · Dogs and Cats **47** · Gardens **48** · Insects **49** · Birds **50** · Fish **51** · Flowers **52** · Herbs **53** · Trees **54** · Snakes **55** · Monsters **56** · Shrubs **57** · Weeds **58** · Reptiles **59** · Cats **60** · Horses **61** · Dinosaurs **62** · Endangered Species **63** · Pets **64**

5 **Celebratory Word Searches / 65**
Halloween **66** · Thanksgiving **67** · Christmas **68** · Easter **69** · Labor Day **70** · Holidays **71** · Fourth of July **72** · Birthday Party **73** · Traditional Anniversary Gifts **74** · Parades **75** · Valentine's Day **76** · Party Supplies **77** · Baby Shower **78** · Hanukkah **79**

6 **Delectable Word Searches / 81**
Cocktails **82** · Fruit **83** · Vegetables **84** · Pies **85** · Sandwich **86** · Breads **87** · Candy **88** · Cheese **89** · Condiments **90** · Wine **91** · Salads **92** · Pasta **93** · Liquor **94** · Beverages **95** · Soups **96** · Sauces **97** · Seafood **98** · Italian Foods **99**

7 **Scientific Word Searches / 101**
Body Parts **102** · Constellations **103** · Diseases **104** · Elements **105** · Minerals **106** · Scientists **107** · Medicines **108** · In the Lab **109** · Bones **110** · Geometry **111** · Astronomy **112** · Fields of Study **113** · Physics **114**

8 **Compound Word Searches / 115**
Ball Words **116** · Book Words **117** · Day Words **118** · Green Words **119** · Snow Words **120** · Anti Words **121** · Mail Words **122** · Cross Words **123** · Card Words **124** · Step Words **125** · Back Words **126** · Out Words **127** · Point Words **128**

9 **Word Search Fun and Games / 129**
Dances **130** · Hobbies **131** · Cartoons **132** · Baseball Players **133** · On the Baseball Field **134** · Football Players **135** · Picnic **136** · Swimming Pool **137** · Tennis Men **138** · Basketball Players **139** · Sports **140** · University Teams **141** · Olympic Hosts **142** · Chess **143** · On the Football Field **144** · Hockey **145** · On the Basketball Court **140** ·

Court **146** · On the Tennis Court **147** · On the Golf Course **148** · Olympic Sports **149** · Golfers **150** · Auto Racing **151** · Cards **152**

10 Word Searches on the Go! / 153
Transportation **154** · Bicycles **155** · Automobiles **156** · Fast Food **157** · Rockets **158** · Sailing **159** · Railroads **160** · Airplanes **161** · Submarines **162** · Car Names **163** · Ships **164** · Bus **165** · Racers **166**

11 Word Search Melodies / 167
Popular Bands **168** · Jazz Musicians **169** · Musical Instruments **170** · Country Music **171** · Song Writers **172** · Play Jazz **173** · Rock and Roll **174** · Classical Music **175** · Opera **176** · Composers **177** · Musical Genres **178** · Movie Music **179** · Musical Words **180**

12 Bookworm Word Searches / 181
Languages **182** · Greek Gods **183** · Authors **184** · Poets **185** · Poems **186** · Shakespeare **187** · Fairy Tales **188** · Classics **189** · Poetry Terms **190** · Science Fiction **191** · Grammar **192** · Novels **193** · Children's Books **194**

13 Word Searches for Big Bucks! / 195
Taxes **196** · Currency **197** · Business Leaders **198** · Economics **199** · Finance **200** · Business Plan **201** · Banking **202** · Retailers **203** · Corporations **204** · Dot Com **205** · Billionaires **206** · Investing **207** · Stock Symbols **208**

14 Word Searches' Opening Night! / 209
Television Shows **210** · Broadway Players **211** · Playwrights **212** · Magic Show **213** · Comedians **214** · Funny Movies **215** · Actors **216** · Actresses **217** · Theatre **218** · Television Channels **219** · Art Gallery **220** · Western Movies **221** · On the Stage **222**

15 **Decades of Word Searches / 223**
1890s **224** · 1900s **225** · 1910s **226** · 1920s **227** · 1930s **228** · 1940s **229** · 1950s **230** · 1960s **231** · 1970s **232** · 1980s **233** · 1990s **234** · 2000s **235**

16 **Word Searches Get Technical / 237**
Electronics **238** · Fabrics **239** · Lights **240** · Inventors **241** · Soap **242** · Nineteenth-Century Inventions **243** · Computer People **244** · Computers **245** · Gadgets **246** · Acronyms **247** · Numbers **248** · About Time **249** · Nuclear Power **250**

17 **Your Life in Word Searches / 251**
Clothes **252** · Genealogy **253** · Last Names **254** · Wedding Bells **255** · Parenting **256** · Weather **257** · Colleges **258** · Astrology **259** · Boy Names **260** · Girl Names **261** · Grocery List **262** · Living Room **263** · Cosmetics **264** · Shoes **265** · You Can Move Mountains **266**

18 **Word Search Adventures / 267**
Camping **268** · Lakes **269** · National Parks **270** · Sea **271** · Desert **272** · Space **273** · Forest **274** · Cruise **275** · Vacation **276** · Rivers **277** · Oregon Trail **278**

Appendix A • Answers / 279

CHAPTER 1

Word Searches on Main Street

Restaurant

```
T Y H N F E J I Y Z H X O N M U H J H R
B L X U B B W A M E S T X Y P A H X E I
U S O M O S I A O W R K X H F L L T G L
O S C B G R N N I K P A N T A M I M X L
D E E E U A D O E H E X T O G A E T P P
A R N V G X O E Z J Y K I L W N V L I Y
L T C E Z U V A R S K C T C U M A X S P
A I R C U P G L P O I E O E Q T B I L L
S A X X K D S D O P B H Y L E E H T B H
O W F G E N V C Q K E C J B O H I E I I
L I T O O E F I N K B T N A K J G E R P
C N W R O Y F G Y A A O I T P C H F Z B
H R T I M D L O R D O F D Z A G C F M X
Y A I Z N A T T R P I J E S E T H O L T
P T A A S E E L S K M S H H R R A C E R
O A G S H N S U G A R I H E C T I Q E H
R B L D D C V Q I R E C S Y L I R P L T
O L E E Y X S T R R H S H A G Y P W R O
R E R K Z U A M K M E M S X M E O B V O
M U S F H F K M P D Z X V R P B I Y A B
```

APPETIZER
BARTENDER
BILL
BOOTH
BOWL
CASHIER
CHAIR
CHECK
CHEF
COFFEE
COOK
CUP
DESSERT
DISH
FOOD
FORK
GLASS
HIGHCHAIR
KNIFE
MANAGER
MENU
NAPKIN
ORDER
PATRONS
PEPPER
PLATE
SALAD
SALT
SPOON
SUGAR
TABLE
TABLECLOTH
TIP
WAITER
WAITRESS
WINE

Bowling Alley

```
G B T H I R Q O G G B H D M G B Z Z V C
E A N H K W Z H N E K I R T S A C Y W P
M G E H A T H N Q I S E H W Z L W E X O
A J M Y C T P M R P P R M F B L P U S I
R R A B L A C S A U E G S Z V R O L V N
F E N B N A O R E U T T N O L A H F N T
Z T R P E X E R K O O E I I K C S U P S
V T U R G N K Y P G H W R L K K O L M A
U E O C A N I A W P J S Y L P M R W L G
N S T P Y B I L N G A I M T L S P L O J
G N V C P Y K W L J H H W D G A E A I H
L I K E N H R C S U X F R Y V Y B P H D
O P C A N N O P A M O S C O R E C A R D
V K S A K A A O H N R F A V F Y G T I J
E N W A S C L E K K S A Z X Y B U O H B
X Z Z L I H A D N A H R E D N U T W D S
V F Q D W D I U Y R W W D N P T T E G L
Z B N I P W C E K A L J C I O O E L L R
F A R I X G O B R Q H H N A R R R A A L
H J N U H C V I T P S S K G J N B U L C
```

ALLEY
APPROACH
ARM SWING
BAG
BALL
BALL RACK
BALL RETURN
CASHIER
FOUL LINE
FRAME
GLOVE
GUTTER
HANDICAP
HEADPIN
HOOK
KINGPIN
LANE
PINS
PINSETTER
POINTS
PRO SHOP
SCORECARD
SHOES
SNACK BAR
SPARE
SPLIT
STRIKE
TOURNAMENT
TOWEL
UNDERHAND

Shopping Mall

D	S	T	E	N	A	N	T	S	K	N	O	I	H	S	A	F	S	A	G
B	H	P	K	S	D	S	J	Y	W	J	T	O	Y	S	D	E	X	Z	X
D	O	R	O	I	Y	M	H	R	Q	L	I	H	K	E	O	X	L	D	K
G	O	N	K	R	B	G	O	O	O	T	A	Y	P	H	P	P	U	I	D
Q	X	F	E	O	T	T	A	L	P	D	I	A	S	A	F	G	M	R	S
X	G	V	O	R	A	I	B	M	O	P	R	X	R	K	O	O	R	E	C
D	S	K	C	V	O	A	N	E	E	T	E	K	E	A	O	X	H	C	X
X	S	E	E	O	Z	T	B	G	M	N	I	R	E	E	D	X	K	T	U
O	J	L	M	Y	N	X	S	E	G	N	I	R	S	L	C	T	J	O	L
N	E	A	E	A	M	S	N	T	G	O	Y	C	E	E	O	N	Y	R	K
L	C	N	G	M	G	T	U	S	E	A	O	A	N	C	U	A	R	Y	I
O	G	H	V	A	S	M	P	M	P	P	J	D	I	T	R	R	L	M	O
O	S	L	E	T	R	A	P	P	E	L	F	R	S	R	T	U	E	O	S
M	U	T	O	C	C	C	A	G	I	R	P	B	D	O	M	A	W	N	K
I	U	R	F	E	K	R	A	A	V	X	S	J	Q	N	H	T	E	E	G
H	E	S	Y	I	E	O	T	D	C	L	E	R	K	I	J	S	J	Y	P
G	U	T	I	L	G	E	U	F	E	Q	Q	N	S	C	C	E	Z	C	U
C	G	S	L	C	R	P	M	T	A	E	C	Q	E	S	E	R	W	V	J
N	Q	L	N	Z	S	T	A	T	I	O	N	E	R	Y	D	R	P	K	X
C	E	N	G	C	A	S	H	R	E	G	I	S	T	E	R	R	M	H	R

APPAREL
ARCADE
BOOKS
CASH REGISTER
CHECKOUT
CINEMA
CLERK
CONSUMERS
DEPARTMENT STORE
DIRECTORY
ELECTRONICS
ELEVATOR
EXIT
FASHION
FOOD COURT
GAMES
GIFTS
JEWELRY
KIOSK
MONEY
MUSIC
PARKING SPACE
PET STORE
RESTAURANT
RETAIL
SHOES
SHOPPERS
SPORTING GOODS
STATIONERY
TENANT
TOYS

Grocery

J	A	M	R	M	U	O	L	K	T	S	N	A	C	K	S	S	O	A	P
D	N	C	D	I	E	D	L	C	U	C	S	P	I	C	E	T	L	S	E
O	Q	H	Z	L	D	Y	O	H	O	P	H	A	R	M	A	C	Y	C	S
F	F	Q	I	B	I	O	R	U	K	Y	R	I	A	D	M	J	U	E	Z
Y	M	R	V	C	K	A	D	H	C	H	S	B	E	E	R	D	A	K	D
V	A	L	O	I	E	F	Z	B	E	C	E	Z	G	O	O	F	M	R	O
Z	G	R	E	Z	B	C	L	G	H	R	G	U	L	R	O	C	A	R	T
P	A	S	T	R	E	I	R	O	C	I	A	N	P	O	Y	D	N	A	C
R	Z	P	T	B	L	N	N	E	U	U	R	R	D	J	C	S	E	E	W
P	I	C	X	R	X	Q	F	F	A	R	E	A	W	R	V	E	G	Y	I
L	N	Y	O	V	W	O	Q	O	E	M	V	E	V	J	L	L	G	S	N
O	E	T	J	U	B	V	H	K	O	R	E	A	M	A	S	B	S	H	E
Q	S	O	P	O	P	J	F	U	R	D	B	V	L	R	B	A	X	O	E
Z	B	A	U	O	Q	O	N	D	B	D	S	A	E	F	T	T	H	P	D
H	P	F	F	Y	S	Y	N	F	A	P	O	N	G	I	K	E	A	P	N
B	A	B	Y	C	A	R	E	K	A	E	A	O	U	G	U	G	V	E	N
W	Z	W	E	M	Y	G	R	S	R	E	R	R	F	D	A	E	I	R	P
H	U	L	H	E	P	C	T	O	L	E	F	B	F	T	E	V	T	S	B
P	U	H	E	C	R	A	T	C	B	A	K	E	R	Y	A	L	I	J	D
N	X	O	Q	Q	K	A	U	R	E	I	H	S	A	C	E	C	I	J	A

BABY CARE
BAKERY
BEER
BEVERAGES
BREAD
CANDY
CART
CASHIER
CAT FOOD
CHECKOUT
CLEANERS
COOKIES
COUPON
DAIRY
DELI
EGGS
FLOUR
FROZEN FOODS
FRUIT
ICE CREAM
MAGAZINES
PASTA
PHARMACY
PRODUCE
SEAFOOD
SHOPPERS
SNACKS
SOAP
SPICE
VEGETABLES
WINE

Library

```
H I T E E B B S C M T J R M M C A R D K
O F Z A O S D F A U K U P N U T N R D D
G M I O B R T P I C F Z Y I K E G Q W Z
J O K I O L S U N E W B O O K S N Z W W
I S Q C R Y E S D O M U U P S K O I I V
C F E X J O Y V Q Y F U X O H U I S Y V
L R X R D M L X T V A F O I E K T L A S
G N I T A L U C R I C R I A L G C A C S
C M F W X K I P M N D R E C F Q E C D R
Y A S E Z G Y B D I M K G A E R L I I E
P R R A J R G V O M C B Y N S Z L D C T
O E D D L O S T A N D F O U N D O O T T
C F E C C S L A N R U O J B J V C I I E
O E V H S A N A I R A R B I L R R R O L
T R R A D K T R E T U P M O C H W E N S
O E E I N E C A M A G A Z I N E K P A W
H N S R L K S A L M K M T X W H R W R E
P C E S T L X K T O L O A N I M D D Y N
M E R K R E L C S S G N E W S P A P E R
F Q V V U P F N V G U I N T E R N E T Q
```

BOOKS
CARD
CARD CATALOG
CHAIRS
CIRCULATING
CLERK
COLLECTION
COMPUTER
DESKS
DICTIONARY
INTERNET
JOURNALS
LIBRARIAN
LOAN
LOST AND FOUND
MAGAZINE
MAPS
NEW BOOKS
NEWSLETTERS
NEWSPAPER
OFFICE
PERIODICALS
PHOTOCOPY
RECORDS
REFERENCE
RESERVED
SHELF
STACKS
STUDY AREA
TABLE

Places Around Town

```
B S P P E L I L S T O R E S C H O O L E
K W H C R U H C A D A O R L I A R H R A
P L A Z A K O P D R B F E I N N I A E X
L A U N D R O M A T D C O K S G U C G D
M C S V G P Z H Z F I E X O H Q H P Y Y
E D C U L Y O F E F A T H W S M L O T R
U B U N V H D H F M W C A T D T B L I E
E L R B F M P O S W B Y T N A O L I S K
S H D E R M M O L K G A O O A C Z C R A
V K Z A T A Y R H M O I S R R P J E E B
S T F S R A E R U S T O D S C Y J S V W
Z T A K Y T L S A A S I B H Y L D T I Z
V O E V A N E U T R N R K M E H M A N V
O T F E O U G S S G B H E L K O F T U Y
Y H H S M R E K H N X I O H A I U I L U
Q T I C O R N O W U O Y L T C W A O S V
K R Y A I A U H I R L C Y K E T E N G M
P M D F B S E G D I R B R I V L U D Y V
D R J A E L E L C H O S P I T A L B I D
C Y G S T R E E T R E S T A U R A N T S
```

BAKERY
BANK
BOARDING HOUSE
BOOKSHOP
BRIDGE
BUTCHERS SHOP
CATHEDRAL
CHURCH
CONSULATE
EMBASSY
FACTORY
FARM
FIRE STATION
HIGHWAY
HOSPITAL

HOTEL
INN
LAUNDROMAT
LIBRARY
MARKET
MUSEUM
OFFICE

PLAZA
POLICE STATION
PRISON
RAILROAD
RESTAURANT
ROAD
SCHOOL

SIDEWALK
SQUARE
STORE
STREET
THEATER
UNIVERSITY

Service Station

F Y F J Y T Q Q O Q U C A S H I E R H B
V E Q R Y O E P D M K R E G U L A R K J
V R G W R L M O O R T S E R O I L W U A
Y O B S V T B F N G Y E U R Q V O Q A P
A L K I A P S T N E M H S E R F E R M P
J I Y V D X W G S X M M Z N A Q L U A U
X L A Q Y D N A U I E R I T H U P G B N
S A O L H N G S N U E M E C H A N I C L
R X Q W O J T I C X B G P K S W K W T E
W E P A G L M M N O Y T T J N A U D X A
D Y R C S A O F D S M N U J O T I Y A D
P C S B R O A S U U B K N N I E O G T E
U A T T R E K I F E Z C E O T R Y B T D
B Q Y H Y C L F R H L U U L C Z B V E H
X C T P A U L Z M R S R P L E U N A N U
J A C N H E P D Z W M T D A R Q F U D B
B O S A R O S B P O R W T G I D E A A F
C L G Q X H N K M Q N O P V D D R L N F
D D E U I O W E I B I T Z C F K N Z T G
V O O D C Q O E C A R W A S H Z M X Q V

AIR
ATTENDANT
BATHROOM
CAR WASH
CASHIER
DIRECTIONS
FUEL
GALLON
GAS
MECHANIC
MINIMART
MUFFLER
NOZZLE
OIL
PAYPHONE
PUMP
REFRESHMENTS
REGULAR
RESTROOM
SNACKS
TIRE
TOW TRUCK
TUNE UP
UNLEADED
WATER

Car Wash

U	B	F	W	M	A	B	T	W	Z	Q	C	Y	X	G	F	G	I	R	V
C	Z	M	S	S	N	Y	C	N	J	D	M	F	K	S	D	B	Q	Y	Q
E	E	O	T	Q	M	G	I	Y	A	L	V	B	R	E	D	G	Z	D	I
P	A	S	N	E	K	J	X	B	Z	T	E	Y	T	E	G	U	G	L	K
P	V	R	M	U	Y	K	G	A	Y	C	C	E	M	R	F	R	S	H	V
Z	Q	A	W	M	S	U	F	E	B	F	R	E	I	X	G	F	N	K	N
D	O	A	W	C	P	F	P	T	Q	G	T	M	T	N	M	C	U	T	Q
F	X	A	S	Y	N	T	S	H	E	L	E	Q	I	O	M	K	X	B	W
E	G	W	A	T	E	R	E	N	O	M	S	L	S	U	R	D	I	R	T
Z	A	H	K	I	H	K	T	B	A	L	I	S	U	C	H	P	E	G	S
M	V	E	B	B	U	T	Z	B	U	A	S	C	D	O	P	N	M	N	I
R	S	M	P	E	B	B	K	D	T	R	A	T	S	E	J	O	O	J	G
F	W	J	C	C	C	J	K	E	C	V	C	E	E	A	M	Z	R	B	A
K	Z	S	L	M	A	S	D	S	U	D	K	S	V	R	A	Z	H	D	S
E	A	E	L	A	P	S	H	M	U	M	H	W	Q	V	Y	L	C	D	K
T	A	X	T	R	R	I	P	S	N	X	C	R	G	H	T	E	V	T	W
N	G	K	E	G	N	D	T	R	S	G	A	R	E	R	F	J	I	D	E
K	J	Y	R	Y	E	T	Y	C	A	D	E	L	C	I	H	E	V	U	C
Q	R	O	Z	R	I	N	S	E	C	Y	P	T	M	Y	Y	A	V	M	Z
D	K	G	E	H	H	E	L	E	P	U	J	D	E	J	P	R	X	E	Q

BUFFER
CHROME
CLEAN
DETAILING
DETERGENT
DIRT
DRYER
DUST
FOAM
GRIME
HOSE
HUBCAP
MUD
NOZZLE
PROTECTANT
RAGS
RINSE
SCRUB
SHINY
SOAP
SPRAY
SUDS
UPHOLSTERY
VACUUM
VEHICLE
WATER
WAX

Hospital

C Q C U X A P H Y S I C I A N U L Y F V
U Y E U D V N K B V T N E I T A P F C Z
F M P B N I I T L T T S U R G E R Y L S
H X W Z N M R T I Y X N R O T C O D I K
Y N P J S G Z O A B T E E P F W Y L N M
A D U F T X Y A K L I I D M Z X H W I R
J R S I E D C B D X S O N R T U S V C W
Y P V N G D K A H D G I T R U A G U O H
A T R A N S F U S I O N G I E G E W J A
U M O T Q Y T M S A O W N N C T N R T R
C I B L B R C U E B D O A O S O A T T M
R O A U A Y R N E D I M R R I Q E M E C
E F R U L G J D E T I D I T D N E D D H
C B M O E A P Q A G E C U S D I I K N A
O A L O N A N R V R R T I A S C L C U P
R C N O N A E C L M I E N N A I C I R L
D H H C O P R Y E T Q T M L E U O S S A
S A O N O D Y Y S T O H S E N H Z N E I
D R T P M Q B N R I A H C L E E H W S N
O T M B X L I I N F I R M A R Y G F Y I

ADMISSIONS
AMBULANCE
ANTIBIOTIC
ATTENDANT
BEDPAN
BLOOD
CHAPLAIN
CHART
CLINIC
CORONARY
DOCTOR
DRUG
EMERGENCY
INFIRMARY
INJURY
INSTITUTION
MATERNITY
MEDICAL
MEDICINE
NURSE
OPERATION
ORDERLY
PATIENT
PHYSICIAN
RECORDS
SHOT
SICK
SURGEON
SURGERY
TRANSFUSION
TRAUMA
TREATMENT
VITAL SIGNS
WARD
WHEELCHAIR

School

C P T Y P Y V I T P T R E A D I N G W P
L U R N W U D A E A J I W E E A S C R H
D I R I E D P U R D R Q R R S R S Z I Y
J O C R N D C I T S A D B U R I E H T S
P X L N I C U A L S I R Y T U T C E I E
H Z Q Q E C I T M K P T G A O H E S N D
W J A T I P U P S P T J Y R C M R H G B
S E P X C P F L A U U B D E M E U B O I
A C A D E M I A U L G S K T A T H O U S
K X V D E N U L I M T H B I X I K L W S
R K I N D E R G A R T E N L E C G P A U
Y I H D H N X N O I T A C U D E W J N H
E K S E D D R A C T R O P E R V S I O T
G G Y M E V S Q T E A C H E R C V M H C
E M X E T I S I U Q E R E R P E E C S U
L L E A R N P A P E R D F X R W M L I R
L G R D Y R H N Q T X K N S O V A A L T
O L E C T U R E U E D B I R O C T S G S
C P L G J D I L I S M T K O A T H S N N
Q J X B Y Y J R Z T Y H I S T O R Y E I

ACADEMIA
ARITHMETIC
BOOK
BUS
CAMPUS
CLASS
COLLEGE
COURSE
CURRICULUM
DESK
EDUCATION
ENGLISH
EXAM
GPA
GRADE
GYM
HISTORY
HOMEWORK
INSTRUCT
KINDERGARTEN
LEARN
LECTURE
LITERATURE
MATH
PAPER
PENCIL
PHYS ED
PREREQUISITE
PRINCIPAL
PUPIL
QUIZ
READING
RECESS
REPORT CARD
STUDENT
STUDY
TARDY
TEACHER
TEST
UNIVERSITY
VARSITY
WRITING

Bookstore

G Z P R M T P C H A I R Q F X S I F T G
Z T J Q N N E W S P A P E R S G G K R S
F O Z U Y R O T S I H Z M Y L K F G A S
S B E S T S E L L E R S G X U X U C V E
X R R E O K X H L C V Z O D P E A A E N
D O B H N X H M O F C G T F F S L X L I
T F P R W A Y O F D G A R J H A X F B S
D P D B D J K X T S F Z L R R M F P M U
Y S G U G I S R N X K F E E A F S A B B
S H G S N P O M J S C G L G N P E R A H
A E I G O M Z H E S I A A V A D E O R J
T L U R A S J D O S P Z F R B F A N G C
N F T N M M P N T E I I E E E A E R A O
A S C W T L P E O N C N R R W R H R I M
F E O L E C R S E V T N E I D A O Z N P
S K K H A V D S J I E N E L T M V S S U
N S C I M O C L N P C L I I U U A X U T
E I I J X M G G S E N H S H C L A S R E
E M E Q X R Q C L C C U N J E S E L H R
T R W B C O A I S L E T R Z U D T V X W

AISLE
BARGAINS
BESTSELLERS
BUSINESS
CAFE
CALENDAR
CASH REGISTER
CHAIR
CHILDREN
COMICS
COMPUTER
COOKING
FANTASY
HELP DESK
HISTORY
HUMOR
MAGAZINES
NEWSPAPERS
NOVELS
PARENTING
REFERENCE
ROMANCE
SALE
SCIENCE
SHELF
SPIRITUAL
SPORTS
TEENS
TRAVEL
USED

City Hall

```
U F E E J R P D K L R T X U I T Z Y E R
E C U K T N E W G L B I P N J I T S C E
E T G Y S A W C R A M M N T R O N O I C
C I Z M S G C X E H R R I H N E T B T O
I H X J I N K I E P O E B N C X U C Y R
V I C U S V M O F L T P T I M R U O C D
R F R U Q L Q S Q I S I L K E C E R O S
E S E C U C J H C E T E O A B G P R U G
S N Y C A L R I C R G R U N C M V I N O
L X A I R D V I Y A R C E Y A N V D C V
A N P L E I F J I B R E I C P R W O I E
P R X B C F I R R A B C B C H D E R L R
I E A U O E R S C X E O C M S T O A V N
C K T P P A J Y M I J Y L E A M R O Z M
I A V X M L E G I S L A T O R H T I C E
N M R O T U N D A Y F C A Z Q E C M B N
U W F E T A C I F I T R E C H T A E D T
M A L P A R K I N G T I C K E T U Z L V
F L A P A R C H I V E S R O Y A M D X E
D D G L H A D M I N I S T R A T I V E O
```

ADMINISTRATIVE
ARCHIVES
BIRTH CERTIFICATE
BUREAUCRACY
CHAMBER
CITY COUNCIL
CIVIC
CORRIDOR
DEATH CERTIFICATE
FLAG
GOVERNMENT
HALL
LAWMAKER
LEGISLATOR
LOBBY
MARRIAGE LICENSE
MAYOR
MUNICIPAL
OFFICES
PARKING TICKET
PERMIT
PUBLIC
RECEPTION AREA
RECORDS
ROTUNDA
SERVICE
SQUARE
TAXPAYER
VOTE

Park

W S Q Y E Z R E E E L B A T B Y J N X E
R A E T M E F C G S L J H A A F M V D G
F H I E T R A I N R F K W P S G I I L G
D K D L S L M W N E W V K L K H L E N X
K C E N P A A Z Y W F B J A E S W I L V
J H K E O L W L T O S H I N T S W U A D
S W R F F M Q Z M L T Y I T B S U E W J
V I A W L O A T Q F P G N S A X B T V K
F Y J L O I O I C I N C I P L S A R A K
F N I L B O M T D G I I X H L W L U I W
L R O G N E D S B L R T Y P C I L O S K
G O D R E P E S V A L A E I O M T C Y U
P E U C E B R A B A L A S T U M R S L X
D E U T R A S H C A N L B S R I E I B S
F T D G G T X B P Z R E F E T N E N E B
S E R T A E H T I H P M A I S G S N N H
V E Y X P L A Y G R O U N D E A B E C A
Y P S O H G L A N D S C A P E L B T H U
H O S O U N O I T A E R C E R N D Y B R
F X U U R S Q V H N E D R A G G A M E S

AMPHITHEATRE
BALL
BARBECUE
BASEBALL DIAMOND
BASKETBALL COURT
BENCH
FIELD
FIREPLACE
FLOWERS
FOOTBALL FIELD
GAMES
GARDEN
GRASS
GRILL
KITE
LANDSCAPE
LAWN
PICNIC
PLANTS
PLAYGROUND
POOL
RECREATION
ROSES
SEESAW
SHELTER
SLIDE
SWIMMING
SWING
TABLE
TENNIS COURT
TRASH CAN
TREES
WOODS

Hotel

```
A O B K E M C S N J H R O T A V E L E X
Y A T T Y T E Q P X N N O W I R Y Y Q O
R P C C D L P M U X D Z K O N J H T N T
B E D A N D B R E A K F A S T O N O U U
F R O N T D E S K D L G X R S A N O I U
Y Z H W U S U U O O N F E P R O K P Z O
R L C M H W M V B T G L I U I C W G E T
U M W J Y I F B X M E T A T E N X X E H
X F R M P M Y C Z V A T A H N T L G I T
U A E A S M W C A L S V C L E I S U R E
L B S N U I S R I E R G I F T S H O P R
F C O A I N T T R E L U G G A G E G E D
N G R G T G Y O S G P O H L L E B P Q O
G O T E E P L E L N T A B L C R E Q C O
S N I R L O R J E I O D D H Z E M E V R
R T I T U O U G T G U I H M K X O E A M
O O S K A L V O O D R M Q N V L T I J A
H L O E O C R E M O I N N B U D G E T N
X V Y M U O A V K L S I C H E C K I N L
L N M D S G B V J I T B J Q U D U H G E
```

BAR
BED AND BREAKFAST
BELLHOP
BOOKING
BUDGET
CHECK IN
CHECK OUT
DOORMAN
ELEVATOR

FRONT DESK
GIFT SHOP
GUESTS
HOSPITALITY
INNKEEPER
LEISURE
LOBBY

LODGING
LUGGAGE
LUXURY
MANAGER
MOTEL
RESERVATION
RESORT

RESTAURANT
ROOMS
SUITE
SWIMMING POOL
TOURIST
TRAVELER
VACATION

CHAPTER 2

Global Word Searches

U.S. Capitals

```
T R E N T O N C H E Y E N N E U S G X B
E N L O C N I L D N O M H C I R A N B O
G K V B K P H O E N I X B Y D N T I M I
U S C H G I E L A R L Q M F E O L S O S
O A Q R Y T I C N O S R A C N S A N N E
R L J A A W U E K Y P N K G V I N A T C
N E E A N M Y Y T C N R A N E D T L G O
O M F A I N S T T A O O O S R A A R O N
T D F L U B A I I I L R T V H M K T M C
A R E U N G M P B C C L E S I V M N E O
B O R A I U U U O J E A A L E D I T R R
N F S P T P D S L L E K M H T L E L Y D
O T O T S K S L T O I W A O A T R N L L
S R N S U O H P M A C S Q L H S I A C E
K A C A A S E N I O M S E D T A S L H E
C H I S I L O P A N A I D N I L L E C C
A A T G V V J C O L U M B U S L A K E K
J K Y Z Z O D L E I F G N I R P S S O M
J E F A T N A S F R A N K F O R T A V X
N O T S O B U L U L O N O H Y N A B L A
```

ALBANY
ANNAPOLIS
ATLANTA
AUGUSTA
AUSTIN
BATON ROUGE
BISMARCK
BOISE
BOSTON
CARSON CITY
CHARLESTON
CHEYENNE
COLUMBIA
COLUMBUS
CONCORD
DENVER
DES MOINES
FRANKFORT
HARTFORD
HONOLULU
INDIANAPOLIS
JACKSON
JEFFERSON CITY
LANSING
LINCOLN
LITTLE ROCK
MADISON
MONTGOMERY
NASHVILLE
OKLAHOMA CITY
PHOENIX
PROVIDENCE
RALEIGH
RICHMOND
SALEM
SALT LAKE CITY
SANTA FE
SPRINGFIELD
ST PAUL
TALLAHASSEE
TRENTON

U.S. States

```
S I E N A N O T G N I H S A W A K E S C
T N D A T A I N A V L Y S N N E P O Y A
T D O U O N L E R A W A L E D D U I E L
E I A R K E O K O V B O O H A T L T S I
S A I H A W U R H R F H A N H L I E R F
U N N O D M I O A I I W I D I G O X E O
H A I D H E S Y D O A L A N M Q W A J R
C N G E T X I W I I O K O X O Q A S W N
A E R I R I A E I R O I A K S A L A E I
S W I S O C N N A T S A N O Z I R A N A
S H V L N O A C A I P P I S S I S S I M
A A T A Z N H A N I L O R A C H T U O S
M M S N X T M I N N E S O T A H P S M A
F P E D R N S D M A R Y L A N D V A I M
L S W O U U A K S A R B E N I T H S S O
O H N Y K C U T N E K K A N S A S N S H
R I A H P T C O N N E C T I C U T A O A
I R R T E N N E S S E E U T A H S K U L
D E C O L O R A D O A L A B A M A R R K
A A D A V E N M I C H I G A N F D A I O
```

ALABAMA
ALASKA
ARIZONA
ARKANSAS
CALIFORNIA
COLORADO
CONNECTICUT
DELAWARE
FLORIDA
HAWAII
IDAHO
ILLINOIS
INDIANA
IOWA
KANSAS
KENTUCKY
LOUISIANA
MARYLAND
MASSACHUSETTS
MICHIGAN
MINNESOTA
MISSISSIPPI
MISSOURI
NEBRASKA
NEVADA
NEW HAMPSHIRE
NEW JERSEY
NEW MEXICO
NEW YORK
NORTH CAROLINA
NORTH DAKOTA
OHIO
OKLAHOMA
PENNSYLVANIA
RHODE ISLAND
SOUTH CAROLINA
SOUTH DAKOTA
TENNESSEE
TEXAS
UTAH
WASHINGTON
WEST VIRGINIA

Islands

```
Y T D P U E R T O R I C O A N T I G U A
A A T O A B U C N E C B K A G G G M U K
I S E C M H O A A E G A A A R R U H V G
S M R D Q I W E A L I R L R E U A A T N
L A E Q N I N S S D E A E N B O B I M O
E N V R A A T I O E P U A E O A E A N K
O I U T A E L K C A N D T K N R D V H G
F A O A R C B A G A A I I I R L F O M N
M T C D L A S O E Y N N P A A A A K S O
A R N B L A S A A Z A R D I L N A N A H
N N A I S W N W G W W E E K L I O S D A
A A V A J E D A A A L E L P R L C I A N
C N H Z D I L J C F D A N O U E I D P I
I T A F M M A L U L N A T I N B U H C L
A U I B I V I E E D A C M S I M L A P A
M C T K A J G R S H I D I S R A N I M T
A K I Y Y O I M A V C O A E A A W A C A
J E A C I S R O C L N Y B U R M U A K C
C T Z D N A L E C I T Q E Y G I O K H W
J J R S S A M A H A B Y F S H Q B A A T
```

ADMIRALTY
ALEUTIAN
ANTIGUA
ARUBA
ASCENSION
BAHAMAS
BALI
BARBADOS
BERMUDA
CANARY
CATALINA
CORSICA
CUBA
DOMINICAN REPUBLIC
EASTER
FALKLANDS
FIJI
GALAPAGOS
GREENLAND
GRENADA
GUADALCANAL
GUAM
HAITI
HAWAII
HONG KONG
ICELAND
ISLE OF MAN
JAMAICA
JAVA
KODIAK
MADAGASCAR
MAUI
MIDWAY
NANTUCKET
NEW ZEALAND
OAHU
OKINAWA
PHILLIPINES
PUERTO RICO
SAMOA
SEYCHELLES
TAIWAN
TASMANIA
TIERRA DEL FUEGO
VANCOUVER
VICTORIA

African Nations

L	W	L	K	A	C	I	R	F	A	H	T	U	O	S	W	A	A	S	A
T	L	S	L	E	S	O	T	H	O	I	L	A	M	S	I	L	U	U	Y
G	K	W	E	C	M	S	E	N	E	G	A	L	K	N	O	Q	S	D	B
W	H	A	I	U	O	A	D	A	L	R	I	Q	A	G	S	M	G	A	I
T	F	Z	D	W	Q	N	D	L	I	E	B	Z	N	E	I	A	H	N	L
G	E	I	L	S	A	I	G	A	Y	L	N	A	W	L	E	Q	A	A	E
A	F	L	I	M	R	L	B	O	G	A	A	B	I	E	R	T	N	A	A
B	R	A	R	E	E	S	A	M	T	A	A	M	T	D	R	H	A	I	D
O	O	N	O	P	I	P	E	M	A	B	S	H	O	C	A	E	I	R	N
N	M	D	W	K	R	V	N	Y	M	Z	I	C	A	S	L	G	D	E	A
M	O	R	O	C	C	O	O	I	C	O	O	P	A	A	E	A	N	B	G
A	E	N	I	U	G	F	Z	R	P	H	E	M	I	R	O	M	U	I	U
A	N	A	W	S	T	O	B	I	Y	V	E	R	E	A	N	B	R	L	U
A	A	I	B	M	A	Z	A	A	E	C	E	L	Y	R	E	I	U	V	A
D	Q	Y	W	U	M	D	U	R	I	G	O	N	L	J	I	A	B	I	D
N	Z	L	W	Q	G	X	D	G	I	B	E	A	B	E	A	T	R	S	A
A	F	I	V	A	V	E	K	N	X	K	I	L	S	A	S	E	R	R	H
W	M	A	U	R	I	T	A	N	I	A	J	M	W	T	G	B	P	E	C
R	O	T	U	N	I	S	I	A	E	T	S	U	A	L	T	O	G	O	A
I	O	Y	V	N	O	O	R	E	M	A	C	C	A	N	T	P	Y	G	E

ALGERIA
ANGOLA
BOTSWANA
BURUNDI
CAMEROON
CAPE VERDE
CHAD
CONGO
EGYPT
ERITREA
ETHIOPIA
GABON
GHANA
GUINEA
IVORY COAST
KENYA
LESOTHO
LIBERIA
LIBYA
MADAGASCAR
MALAWI
MALI
MAURITANIA
MOROCCO
MOZAMBIQUE
NAMIBIA
NIGERIA
RWANDA
SENEGAL
SEYCHELLES
SIERRA LEONE
SOMALIA
SOUTH AFRICA
SUDAN
SWAZILAND
TANZANIA
THE GAMBIA
TOGO
TUNISIA
UGANDA
ZAMBIA
ZIMBABWE

Small Towns

```
A U D N O T N E B T R O F W A B A N R Y
L N U Y R E P P O Y Z E N E M R C E U A
L I R R E R E I A T N I O S U I E E T R
O O A O V E T T T I O N T T L S N R A W
R N N K O D E T E C T O E P A T E G C E
Y H G C N I R S N E G M C O T O S G E L
W R O I A V S F O S N O N I E L E N D L
I B U H H L B I K R I N I N P L Y I L I
L R E B U E U E A E H E R T L T K L P V
M O F K E B R L P V S M P I I E S W L N
I O F O D L G D A A A V V C E E U O A E
N K I S R A D M W R W S Y S O A T B T E
G I N C O I F D B T E A W A R R E N T R
T N G I F V S J I R B E U Q U B U D S G
O G H U T A W F O M C A L I E N T E B E
N S A S R T L O B R O N X V I L L E U S
Z C M K A A M D N A L R E B M U C S R I
B J J O H B D N W O T S I R R O M X G O
C A R R I N G T O N E L L I V N A D H B
X D R E D W O O D F A L L S Y A W N O C
```

BATAVIA
BAY CITY
BELVIDERE
BOISE
BOWLING GREEN
BRISTOL
BRONXVILLE
BROOKINGS
CALIENTE
CARRINGTON
CONWAY
CUMBERLAND
DANVILLE
DECATUR
DUBUQUE
DURANGO
EFFINGHAM
FORT BENTON
GREENVILLE
HANOVER
HARTFORD
HICKORY
KOSCIUSKO
MENOMONIE
MIDDLEBURY
MOORESVILLE
MORRISTOWN
PETALUMA
PETERSBURG
PITTSFIELD
PLATTSBURGH
PRINCETON
REDWOOD FALLS
ROLLA
SENECA
TAOS
TRAVERSE CITY
UNION
WAPAKONETA
WARREN
WASHINGTON
WEST POINT
WILMINGTON
WRAY

Canadian Cities

```
N O F D V W R A Z I D D N O D N O L H Y
O T I E W X Q F I N H O J T N I A S R O
T N S A S K A T O O N T Q L U K R A O M
C O Z L L M M X A F I L A H F Q G E N H
N R M K O K I N G S O N N L M L C P S L
O O U E I R R A B W V F H Z A K F E M J
M T Q G G Z C G W R N O T C E F N A I E
U Y R U B D U S R E T A E R G I B A S K
C E B E U Q V T P U G B W A R B N K S O
B R R J W C I Z E F K I W A O I P R I O
Y A B R E D N U H T N A H T G L E N S R
A J P Q Q N J R W D H T S E C N L O S B
Q W U F U L H U S S A F R T E K A T A R
U S A J E V H O O C O L E H E E E N U E
E I C T V Y R M T R N M C G M L R O G H
P C S D T Z G S D S T T N O S O T M A S
K J S L Y O I P K D I G F K K W N D Y I
R E V U O C N A V K S L I E P N O E L G
P A A V I C T O R I A G P T X A M M U G
N L K Z D J P J A R G E P I N N I W U Z
```

ABBOTSFORD
BARRIE
CALGARY
EDMONTON
GREATER SUDBURY
HALIFAX
KELOWNA
KINGSON
KITCHENER
LONDON
MISSISSAUGA
MONCTON
MONTREAL
OSHAWA
OTTAWA
QUEBEC
REGINA
SAINT JOHN
SASKATOON
SHERBROOKE
ST CATHARINES
THUNDER BAY
TORONTO
VANCOUVER
VICTORIA
WINDSOR
WINNIPEG

South American Cities

```
U A H V Z R V T O R E P M R U W R F D Q
C P S A L F K M M R O N A S O M M Z U L
E O R U P Q E W G J R W R T C K H I B I
E V C K N N Z E K X I O A B A X T H S M
C T D H D C L W N O E T C P R O Z V A A
A D N O A A I I D M N E A P T H A W C N
N S Z O O B L O O V A G R U A I A Z A P
G A E T Z L A N N C J R I N G A M C R A
F U R R E I T M A P E O B T E I E N A X
R O A D I E R Y B S D E O A N L S O C U
P E E Y V A E O O A O G W D A I A G O B
K M C I A N S I H C I I J E R S L A L D
H V D I N Q Z O A O R F Z L K A V I U S
L E Y E F U U L N L L E I E G R A T A D
O Z L B B E I I O E D E K S O B D N P P
H D N Z A P A L L T U U B T L D O A O P
Y I X R A T O G O B R B M E C C R S A R
K N W A G E A L L I U Q N A R R A B S J
H G Y O G U S H U A I A T Z O C Z U C O
K I V O B I R A M A R A P B A T L A S T
```

ASUNCION
BARRANQUILLA
BELO HORIZONTE
BOGOTA
BRASILIA
BUENOS AIRES
BUZIOS
CALI
CARACAS
CARTAGENA
CAYENNE
COCHABAMBA
CUZCO
GEORGETOWN
GUAYAQUIL
LA PAZ
LIMA
MARACARIBO
MEDELLIN
MENDOZA
MONTEVIDEO
PARAMARIBO
PORTO ALEGRE
PUNTA DEL ESTE
QUITO
RECIFE
RIO DE JANEIRO
SALTA
SALVADOR
SANTIAGO
SAO PAULO
USHUAIA

U.S. Cities

E	D	E	T	R	O	I	T	E	R	M	D	N	A	L	E	V	E	L	C
S	N	O	T	S	O	B	L	E	I	F	A	S	Q	C	A	H	A	M	O
O	A	S	L	U	T	L	V	N	R	L	I	S	O	N	I	T	S	U	A
J	P	M	W	C	I	N	N	E	B	U	I	L	A	T	N	A	L	T	A
N	F	J	O	V	E	E	S	U	O	L	U	H	O	G	A	C	I	H	C
A	R	A	H	D	A	N	Q	L	O	M	C	A	M	O	H	A	L	K	O
S	E	S	H	P	O	U	T	P	B	A	D	N	A	L	T	R	O	P	Z
P	A	L	O	O	E	S	A	U	E	I	T	A	N	N	I	C	N	I	C
N	H	L	L	R	N	N	S	B	P	I	T	T	S	B	U	R	G	H	X
B	I	I	Q	I	A	O	A	O	C	S	I	C	N	A	R	F	N	A	S
S	A	U	L	I	V	I	L	E	S	H	K	O	M	W	A	H	O	L	S
C	E	L	D	A	N	N	E	U	T	N	T	R	A	I	C	P	O	G	A
H	H	N	T	I	D	K	O	R	L	N	A	S	O	A	A	S	K	O	N
B	I	A	G	I	U	E	O	S	E	U	H	E	E	Y	A	M	G	S	A
Q	U	R	R	A	M	W	L	M	K	I	C	B	L	N	W	E	I	A	N
Q	I	F	W	L	T	O	A	P	N	C	G	D	G	R	I	E	H	L	T
V	C	L	F	R	O	R	R	G	H	N	A	E	P	D	O	C	N	L	O
E	I	D	O	A	C	T	T	E	O	I	L	J	N	E	Z	W	P	A	N
M	P	F	C	A	L	O	T	L	G	E	A	A	D	K	T	V	E	D	I
H	S	S	S	N	N	O	T	E	S	W	S	O	S	A	P	L	E	N	O

ALBUQUERQUE
ATLANTA
AUSTIN
BALTIMORE
BOSTON
BUFFALO
CHARLOTTE
CHICAGO
CINCINNATI
CLEVELAND
COLUMBUS
DALLAS
DENVER
DETROIT
EL PASO
FORT WORTH
FRESNO
HONOLULU CDP
INDIANAPOLIS
JACKSONVILLE
LONG BEACH
LOS ANGELES
MIAMI
MILWAUKEE
MINNEAPOLIS
NASHVILLE
NEW ORLEANS
NEW YORK
OKLAHOMA
OMAHA
PHILADELPHIA
PITTSBURGH
PORTLAND
SACRAMENTO
SAN ANTONIO
SAN DIEGO
SAN FRANCISCO
SAN JOSE
ST LOUIS
TULSA
VIRGINIA BEACH
WASHINGTON

European Nations

```
B B U E I A L R A L O F O N B S I S V U
A F E S C N I U F C A N W U K W R X D K
T I S L P E S N I A S G L T R E E L U R
U N N X G T E C A U I G U V Q D L L Q A
R E Z O R I N R R U A N A T C E A I D I
K T Z I T W U A G R H I A A R N N E N N
E H A N Y S L M I S V T C B F O D C A E
Y E W P F E E A A A G C I I L O P H L A
P R G C B H Y N L U G M G L N A Y T N N
F L N H Z L M S A I K A V O L S R E I D
K A E N A A O Y N O R W A Y K M A N F O
R N T T R G N D N A L O P C I A G S S R
A D I I U A O E P O X Y K P U L N T P R
M S N Y M E P W G I P D F S Q T U E A A
N O A R A G R U O B M E X U L A H I I E
E K E V M O D G N I K D E T I N U N N C
D G Q V S X P B C Z D S L O V E N I A N
D N A L R E Z T I W S C R O A T I A Z A
G G A A H N A M M O Y O N R Z I G B S R
F W H N D N S D Q U G W V V O W L F L F
```

ALBANIA
ANDORRA
AUSTRIA
BELARUS
BELGIUM
BULGARIA
CROATIA
DENMARK
ESTONIA
FINLAND
FRANCE
GERMANY
GREECE
HUNGARY
IRELAND
ITALY
LIECHTENSTEIN
LITHUANIA
LUXEMBOURG
MALTA
NETHERLANDS
NORWAY
POLAND
PORTUGAL
SAN MARINO
SLOVAKIA
SLOVENIA
SPAIN
SWEDEN
SWITZERLAND
TURKEY
UKRAINE
UNITED KINGDOM
YUGOSLAVIA

Asian Nations

B	N	N	B	P	T	C	M	P	S	N	A	F	H	B	A	F	D	A	R
N	Q	L	U	A	R	O	C	E	H	E	A	G	C	I	S	N	X	I	A
C	T	K	I	N	L	L	V	Q	R	I	C	T	S	H	A	C	A	D	M
V	A	W	M	D	C	I	V	O	E	A	L	E	S	L	I	M	M	O	N
U	A	C	O	B	D	S	K	Y	K	U	N	I	I	I	R	N	N	B	A
N	Z	V	M	L	H	H	N	A	S	O	R	A	P	U	K	C	A	M	Y
A	A	B	A	Y	T	S	Z	U	D	M	H	B	B	P	L	I	C	A	M
U	I	M	E	U	Z	A	B	N	J	T	O	K	O	J	I	A	J	C	H
K	C	L	O	K	K	B	I	A	I	S	Y	A	L	A	M	N	O	A	U
G	W	S	O	H	I	J	N	O	R	T	H	K	O	R	E	A	E	S	T
F	L	Z	S	G	H	S	A	G	T	K	S	S	B	M	M	O	S	S	I
N	H	T	O	M	N	Z	T	P	G	G	F	I	R	A	L	T	A	H	N
N	A	Z	Q	U	Z	O	G	A	A	D	L	P	N	I	H	H	T	H	D
N	B	H	U	T	A	N	M	N	N	N	K	I	B	G	L	R	O	T	I
N	A	T	S	I	N	E	M	K	R	U	T	U	U	R	A	A	A	C	A
C	Z	M	I	W	N	A	T	S	I	N	A	H	G	F	A	P	N	I	C
N	I	D	P	A	K	I	S	T	A	N	L	A	P	E	N	C	O	K	N
Y	N	D	F	H	Z	I	E	N	I	A	R	K	U	A	W	V	Q	R	A
E	E	E	V	H	S	E	D	A	L	G	N	A	B	G	N	J	U	H	E
U	V	G	M	M	S	G	T	E	P	A	D	M	A	N	T	E	I	V	Q

AFGHANISTAN
BAHRAIN
BANGLADESH
BHUTAN
BURMA
CAMBODIA
CHINA
INDIA
INDONESIA
JAPAN
KAZAKHSTAN
LAOS
MALAYSIA
MALDIVES
MOLDOVA
MONGOLIA
MYANMAR
NEPAL
NORTH KOREA
PAKISTAN
PHILIPPINES
SINGAPORE
SOUTH KOREA
SRI LANKA
TAIWAN
TAJIKISTAN
THAILAND
TURKMENISTAN
UKRAINE
UZBEKISTAN
VIETNAM

California Counties

```
K I N G S A I N R O F I L A C S T I F D
A O T N E M A R C A S Y A O Y T D M R E
R M A R I P O S A S O T P N O A L P E C
A A R O D A M A A S L R A I W N O E S R
B W R S L K D N Y A O E N D S I B R N E
R N A U E A T K E N Y N Y R A S M I O M
A R E R T A K D S L S M E A R L U A H E
B O N S C N I E A U A U R N E A H L T C
A C R R S S E S N I N L E R V U N T O O
T C U A R A I V J S B O T E A S U D C L
N Z O E N S L S O O E U N B L B O S S O
A D V N K G A O A B N T O N A M I O A S
S I E I T N E O Q I I A M A C C O N N A
R A Y L D R D G U S T V A S N T E I T N
G O L I N A A I I P O R Z A C R T C A G
U L E A R O N C N O E H R N O I A O C E
S G E O M Y R M O D K F O I L N M D L L
O P D N O E X T A S N P N R U I N N A E
E L F N N Y D M E A T I O A S T A E R S
E E N I P L A A S C C A M M A Y S M A Y
```

ALAMEDA
ALPINE
AMADOR
BUTTE
CALAVERAS
CALIFORNIA
COLUSA
CONTRA COSTA
DEL NORTE
EL DORADO
FRESNO
GLENN
HUMBOLDT
IMPERIAL
INYO
KERN
KINGS
LAKE
LASSEN
LOS ANGELES
MADERA
MARIN
MARIPOSA
MENDOCINO
MERCED
MODOC
MONO
MONTEREY
NAPA
ORANGE
RIVERSIDE
SACRAMENTO
SAN BENITO
SAN BERNARDINO
SAN DIEGO
SAN FRANCISCO
SAN JOAQUIN
SAN LUIS OBISPO
SAN MATEO
SANTA BARBARA
SANTA CLARA
SANTA CRUZ
SISKIYOU
STANISLAUS
TRINITY
TUOLUMNE
VENTURA
YOLO

Florida Counties

```
F C O T O S E D B R A D F O R D Y E Z W
H Y A P R K L O P N I L K N A R F T M A
N A H L A L O D N A N R E H L E E T A K
L E M D H L A T O S A R A S D A L O D U
G I D I R O M W A S H I N G T O N L I L
L L B S L A U B S A L L E N I P P R S L
Y A A E D T V N E S U W A N N E E A O A
L A V D R A O E R A B R O W A R D H N R
E A L U E T G N R R C S U R T I C C E O
E A F C D S Y G S B R H O C S A P V S K
T A I A H I L L S B O R O U G H I A N E
A L E B Y O K A L O O S A I A R N A O E
N O L A M E R E I L L O C U N T R I S C
A E O I H A T N O I N U H A A R E B R H
M C N S A E C T L O I C I R E G L M E O
L S I U R I E S E Y A D O K Y U G U F B
E O M L D X K K E L N S A A Z L A L F E
O R E O E I A H A I A B B X P F L O E E
N L S V E D L T S I R H C L I G F C J M
J A C K S O N H I G H L A N D S Y V E L
```

ALACHUA
BAKER
BAY
BRADFORD
BREVARD
BROWARD
CALHOUN
CHARLOTTE
CITRUS
CLAY
COLLIER
COLUMBIA
DESOTO
DIXIE
DUVAL
ESCAMBIA
FLAGLER
FRANKLIN
GADSDEN
GILCHRIST
GLADES

GULF
HAMILTON
HARDEE
HERNANDO
HIGHLANDS
HILLSBOROUGH
INDIAN RIVER
JACKSON

JEFFERSON
LAFAYETTE
LAKE
LEE
LEON
LEVY
LIBERTY
MADISON

MANATEE
OKALOOSA
OKEECHOBEE
OSCEOLA
PALM BEACH
PASCO
PINELLAS
POLK

SANTA ROSA
SARASOTA
SEMINOLE
SUWANNEE
UNION
VOLUSIA
WAKULLA
WASHINGTON

CHAPTER 3

Word Searches on the Job

Careers

```
P R P B E N Z C B Q I H D T H M R R Q R
H O O P C A P X I M T W L D S O E P E N
X T G N P M J N W A I T E R T K O Y U R
P C G A M K C I W M T S D C A S W R F O
N O I W R R G A N E H Q A B T A S E K H
A D P S I O D T G C A L B M L E H R R T
I Y T O H W F P U H P R A U N C E V E U
C O S E L O Q A K A R N E O T T M Z E A
I U I M G I E C P N P E D G N L V E N X
S M C W A D C M Z I T F H I A F E N I F
U P A N A I U E A C Z N A C J N I R G I
M E M M O I D J M K A P E D T H A J N R
A N R K F E T L N A E T Y Y E U Q M E E
A D A N R R G R G I N R E P F N B S R M
J Z H Q W E M R E R E I H S A C T P H A
T I P C E K L Q U S R E G N I S I I I N
B Q V O N L P C V S S T E A C H E R S B
C H E M I S T R N U R O L I A T D N J T
F U J R T M N U Q U X B G V A D I T O E
Y W W J M L V G X L V F M O B X Q C K R
```

ACTOR
AUTHOR
BAKER
BUTCHER
BUTLER
CAPTAIN
CASHIER

CHEF
CHEMIST
CLERK
DENTIST
DOCTOR
ENGINEER
FIREMAN

JUDGE
LAWYER
MAID
MANAGER
MECHANIC
MUSICIAN
NURSE

PAINTER
PHARMACIST
POLICEMAN
POSTMAN
SHOEMAKER
SINGER
SURGEON
TAILOR
TEACHER
WAITER
WAITRESS
WORKMAN

Know the Ropes

T	T	N	S	Q	U	A	R	E	Z	K	Z	R	Z	U	B	P	H	X	C
O	O	J	S	R	E	J	S	K	T	S	N	N	D	O	L	C	V	L	I
N	N	Z	L	Z	B	K	N	H	D	I	Y	A	W	L	N	P	O	Q	M
K	K	T	I	N	U	P	Y	C	T	B	M	L	H	I	O	V	P	A	O
R	L	H	P	Z	O	G	Q	T	E	A	I	B	L	S	E	O	R	S	Z
O	L	G	K	A	D	C	R	I	D	N	C	C	E	H	P	L	P	J	N
S	A	I	N	B	S	C	X	H	E	R	Y	K	I	R	I	E	X	Y	N
D	W	E	O	I	T	H	V	E	E	O	A	T	B	N	H	R	E	O	G
N	Y	E	T	G	T	A	T	L	Z	D	C	Y	E	E	E	I	O	H	M
I	X	R	Q	H	E	W	Y	B	Y	H	I	S	L	B	N	S	T	S	S
W	H	U	I	T	I	A	Z	U	D	U	P	L	I	A	E	D	W	C	M
L	R	G	I	N	R	W	X	O	O	I	T	F	S	F	H	W	Q	U	H
Y	I	I	E	N	J	T	X	D	K	G	R	A	N	N	Y	K	N	O	T
R	J	F	Q	G	B	K	D	E	N	E	T	T	I	N	G	K	N	O	T
G	E	D	I	A	M	O	N	D	K	N	O	T	C	O	R	D	L	N	D
E	Y	P	G	F	Y	R	N	S	T	O	N	K	E	L	G	N	I	S	U
P	H	J	P	Q	B	Q	A	H	C	T	I	H	F	L	A	H	J	V	O
S	G	Y	N	O	F	O	L	A	N	Y	A	R	D	S	X	N	A	V	R
U	I	H	Y	B	T	B	G	M	A	V	H	C	K	I	Q	U	M	M	H
N	P	O	S	M	T	S	Z	O	Q	N	A	B	H	U	V	X	Q	I	S

BIGHT
BOWLINE
CLINCH
CLOVE HITCH
CORD
DIAMOND KNOT
DOUBLE HITCH
FIBER
FIGURE EIGHT
GRANNY KNOT
HALF HITCH
HALYARD
JAM
LANYARD
LOOP
MARLINESPIKE
NETTING KNOT
NOOSE
SHEEPSHANK
SHROUD
SINGLE KNOT
SLIDE
SLIPKNOT
SQUARE
STOPPER
TACK BEND
TIMBER HITCH
TWINE
WALL KNOT
WINDSOR KNOT
YARN

Lawyers

F F G Q W J Y R D I R S M L I V I C E Z

N P V R E N I A T E R E L A A D V I C E

P O G W E I W C T T F V V I C E T I C U

W M B R N G L K I I I B Z I T C V I B F

W K G D I I D U C W U Z W T D I U R Z E

A L I V E E S U C R Q Q E W N E G S A E

W C K N J G V L J L Q H C J H W N A E S

T B T J H H A A F Q D L I A J L C C T X

G D W I P W G T N E T U C E S O R P E E

P D B Y B J Z A Q C H R A E W S S R C E

E V Q K B K I J F B E C Z S O M E A A L

X X L A N I M I R C W G N C T C G B S I

A M A Z J M L Q J L P A Y E T M R E E F

U W R O B B D R T Y T M Z U B C A D E J

A B R X I P Y E N R O T T A O L H I U U

T W A D S N B T E Z T V L U D E C S S R

Y Z I P Y R X S K N K A N N O I T C A Y

V W G K I L A G E L I S N O M M U S B A

P K N E O S Q F D R E L O U M W D Y F Z

N F F P D Y I C T L V V T G B I P I O S

ACCUSE
ACQUIT
ACTION
ADVICE
ARRAIGN
ATTORNEY
BENCH
BRIEF
CASE
CHARGES
CITE
CIVIL
CLIENT
COUNSEL
CRIMINAL
EVIDENCE
FEES
FILE
GRIEVANCE
INDICT
JUDGE
JURY
LAW
LEGAL
LITIGATE
PROSECUTE
RETAINER
SIDEBAR
SUE
SUIT
SUMMON
SWEAR
TRIAL

Firefighters

A	D	M	I	W	H	E	D	I	A	T	S	R	I	F	B	T	A	K	Q
O	Y	Z	Y	E	Z	F	H	F	L	A	M	E	K	X	I	F	Z	H	O
F	C	B	L	A	O	E	O	Y	X	T	P	M	F	W	Q	D	W	E	T
A	J	M	X	N	W	N	M	E	D	L	A	D	D	E	R	A	F	T	S
O	E	Q	M	O	K	A	U	E	X	R	C	T	L	X	T	B	E	R	S
T	I	R	E	Z	C	I	C	O	R	T	A	H	O	E	Z	L	E	O	P
X	E	A	X	O	L	T	H	P	C	G	I	N	R	P	M	B	O	B	R
W	N	V	I	B	U	A	I	Q	A	T	E	N	T	A	M	R	C	G	A
J	B	D	W	O	X	M	E	U	Q	N	N	N	G	E	O	A	L	A	Y
E	A	B	G	J	L	L	F	F	O	U	R	H	C	U	Z	E	L	M	T
R	R	L	T	Q	B	A	Q	I	Q	E	N	B	X	Y	I	G	E	B	R
W	H	I	L	N	Y	D	T	C	S	S	O	I	M	F	U	S	B	U	U
E	H	I	F	K	R	A	K	C	T	A	E	H	F	R	F	W	H	L	C
U	F	P	V	D	T	U	U	H	O	S	E	A	A	O	A	E	P	A	K
X	X	M	R	S	L	E	B	W	E	K	O	M	S	X	R	L	K	N	Z
A	O	O	X	A	F	I	S	P	R	I	N	K	L	E	R	M	A	C	N
O	R	R	D	X	A	J	W	S	Q	V	Z	P	O	L	E	O	I	E	X
L	S	H	S	O	J	F	D	P	B	H	A	F	B	S	I	R	E	N	Q
T	Y	Z	S	P	C	Q	A	R	J	I	D	S	F	V	T	M	G	X	Q
F	E	Y	O	H	O	H	A	T	N	E	M	T	R	A	P	E	D	J	V

ALARM
AMBULANCE
AX
BELL
BURN
CHIEF
DALMATIAN
DEPARTMENT
EMBERS
EMERGENCY
EXTINGUISH
FIRST AID
FLAME
GEAR
HEAT
HELMET
HOSE
HYDRANT
LADDER
POLE
RADIO
RESCUE
SIREN
SMOKE
SPRAY
SPRINKLER
STATION
TRUCK
UNIFORM
WATER
WILDFIRE

Artists

```
E S M C D K I M A G I N A T I O N D L U
Y X X F Y A L C H F P O V L A C N B B G
E P B Q Y Y S M A N X K H S N L I X H W
T B N U U N P I W L J Y T B E Y K Q P P
T S Y W S D J X V B A I T S S Q C A A C
E S A C I C F U G P L O A U V X I Y S O
L V A D I D U O U L V E C Q S R A K T M
A O K A U L D L L G E N I R W J S P E P
P C K M R M Y I P P A P E R A E O O L O
A N K S M K F R M T I S C R T H M R L S
C T R Z A E T A C R U K W C C O C T A I
U G S R Y L D Z H A L R H K O I V R E T
C C R E A T I V I T Y I E N L D A A S I
R F L V B H X P T W N J Y I O U I I T O
A H L A C L P W N G Q C N R R T U T H N
Y Y N T U A S E E R W G P K E S V M E C
O V E O I S S G M C A N V A S L R Q T F
N K B N I O I R G H B R U S H O L N I B
S W T O P B I V I D M A D Y F Q W A C X
U V P E N C I L P G N I W A R D Z Z G B
```

ACRYLIC
AESTHETIC
BRUSH
CANVAS
CHARCOAL
CLAY
COLOR
COMPOSITION
CRAYON
CREATIVITY
DRAWING
EASEL
ETCHING
FORM
GALLERY
IMAGINATION
INK
MOSAIC
PAINT
PALETTE
PAPER
PASTEL
PENCIL
PIGMENT
PORTRAIT
POSE
SCULPTURE
SKETCH
STILL LIFE
STUDIO
VISUAL

Doctors

Q	X	O	E	U	N	D	X	W	J	T	R	O	K	L	U	M	F	T	R
A	V	V	W	P	H	A	T	N	W	E	F	J	M	E	M	E	R	N	Z
W	I	U	O	O	M	E	Y	T	V	F	K	X	U	T	I	D	H	E	W
S	Y	A	A	E	G	E	O	E	I	N	C	G	Y	M	T	I	V	M	S
E	T	E	N	N	A	J	F	C	L	B	R	R	E	J	O	C	R	T	P
H	M	E	R	I	H	L	E	Y	D	E	M	E	R	G	U	I	E	A	D
M	E	E	T	N	O	I	T	P	I	R	C	S	E	R	P	N	T	E	I
P	Q	A	R	H	C	Z	T	A	Y	O	U	T	R	G	T	E	E	R	S
U	T	T	L	G	O	E	C	I	T	C	A	R	P	N	L	N	M	T	E
E	B	X	T	T	E	S	S	G	U	R	D	N	E	X	R	C	O	E	A
S	X	S	S	L	H	N	C	O	K	A	W	I	U	E	F	P	M	M	S
L	I	A	O	O	P	Y	C	O	A	F	T	A	T	R	K	Y	R	N	E
A	S	S	M	T	K	G	U	Y	P	A	H	N	F	U	S	L	E	S	G
C	P	S	O	I	R	K	I	V	P	E	I	G	K	N	S	E	H	H	N
I	B	A	E	N	N	A	P	P	O	I	N	T	M	E	N	T	T	D	I
D	P	T	I	N	G	A	P	R	E	P	H	Y	S	I	C	I	A	N	L
E	Y	P	S	N	L	A	T	T	A	I	I	L	L	N	E	S	S	B	A
M	U	I	O	G	Q	L	I	I	H	N	E	E	D	L	E	S	M	O	E
Y	C	E	O	X	Q	Y	E	D	O	L	A	T	I	P	S	O	H	D	H
K	K	H	E	M	Y	G	U	W	P	N	N	O	E	G	R	U	S	Y	S

APPOINTMENT
BODY
DIAGNOSIS
DISEASE
DRUGS
EMERGENCY
EXAMINATION
FEVER
HEALING
HEALTHY
HOSPITAL
ILLNESS
INTERN
MEDICAL
MEDICINE
NEEDLE
NURSE
OFFICE
PAIN
PATIENT
PHYSICIAN
PRACTICE
PRESCRIPTION
REMEDY
SICK
STETHOSCOPE
SURGEON
THERMOMETER
TREATMENT
WELLNESS

Engineers

```
A E R O S P A C E R A E L C U N C B Z E
Y A C L A C I M E H C C C L O O Y E T F
T S M H T I R O G L A T A G M F E V F C
C I R C U I T S P R Y N N P B R L A F W
M U R T C E P S I U G L O I A U O W I P
S A L U M R O F Q I J N K W R S I R B Z
S D E S I G N L S O E T T K L P E L Z P
A C V L G P M W R N N F J C A C E P D L
N X H G A D R E T E O C R I C U I U Z A
L O M E E I T O M S F M E C I C J V L N
T R I V M U R E T H W W T E R T N U I B
W V I T P A R T Y A Y H L D T C D X B L
E C Q M A U T F S C L A I Q C F X M H M
E X O O S U A I F U N U F J E K T O J K
Z C E A K O Q X C W D E C J L Q Y F G Z
E S E B D S Y E O S O N U L E Z C N D A
T M T N E M U R T S N I I Q A O C R I C
E L E C T R O N I C X J R A E C Z Z P L
F L T E C M E C H A N I C A L R O K M G
P T B S L I D E R U L E D C Q G F H V A
```

AEROSPACE
ALGORITHM
BLUEPRINT
BUILD
CALCULATOR
CHEMICAL
CIRCUITS
CIVIL
COMPONENT
COMPUTER
DESIGN
DEVICE
ELECTRICAL
ELECTRONIC
EQUATION
FILTER
FORMULAS
FREQUENCY
INDUSTRIAL
INSTRUMENT
MEASUREMENT
MECHANICAL
NUCLEAR
PLAN
SCHEMATICS
SIGNAL
SLIDE RULE
SOFTWARE
SPECTRUM
WAVE
WIRE

Fashion

R	B	H	O	T	E	K	C	A	J	T	W	L	E	F	S	Q	H	X	U
G	L	A	W	O	C	I	Q	E	D	O	T	L	H	L	I	R	R	C	D
I	A	S	Y	L	T	Y	E	Z	R	P	R	Z	Y	L	Y	Q	S	B	G
D	J	V	T	D	T	J	E	L	A	I	R	E	T	A	M	T	D	T	A
Z	C	A	L	U	U	P	P	N	U	F	N	R	E	D	O	M	S	I	R
O	O	S	C	L	O	T	H	E	S	N	C	B	F	J	L	A	O	N	M
C	K	P	E	L	E	G	A	N	C	E	J	S	C	P	I	Y	N	K	E
K	U	V	K	K	Y	M	D	Q	Q	R	D	E	S	I	G	N	E	R	N
A	C	W	X	V	D	L	H	E	M	E	C	S	J	V	Z	R	J	H	T
R	A	E	W	S	T	R	O	P	S	T	T	L	U	N	A	B	X	I	I
H	G	D	G	U	Y	P	B	G	N	S	W	A	A	I	G	P	G	R	P
D	Q	Y	S	F	E	A	P	O	W	E	S	U	I	S	T	J	D	O	M
D	F	A	B	R	I	C	L	E	R	Y	C	E	T	L	S	E	U	L	M
S	V	F	T	W	M	A	U	U	O	L	O	G	W	N	O	I	L	O	G
K	Q	H	G	T	S	G	P	T	G	O	S	U	H	V	F	R	C	C	K
I	W	B	T	O	O	U	F	S	H	P	T	U	M	D	R	E	S	S	J
R	N	R	G	V	W	T	S	I	I	E	U	S	T	N	A	P	K	E	E
T	D	M	P	B	T	N	J	N	T	L	M	D	H	M	J	L	A	W	H
B	G	U	W	J	Z	A	H	W	W	O	E	E	P	L	I	N	B	V	J
P	E	R	S	T	I	T	C	H	X	W	M	E	W	S	S	D	C	J	T

CLASSIC
CLOTHES
COAT
COLOR
COSTUME
DESIGNER
DRESS
ELEGANCE
FABRIC
GARMENT

GOWN
HEM
JACKET
JEANS
KNIT
MATERIAL
MODERN

MOTIF
PANTS
POLYESTER
SALON
SEW
SILK
SKIRT

SPORTSWEAR
STITCH
STYLE
SUIT
TAILOR
TOP
VOGUE

Police Officers

B G H V J T S D T F K O I S S A F E T Y
O H N A S N G L E X P D C H Q K B D B U
W W C E N V U I P Z K I I E L U I U R J
I P R T G D H G F P S X F U Y O M T R J
Y R X I S C C O Z N U Q T K M F R Y Z V
A I U C L V R U E C I F F A R T E T X V
Q J W K X C R R F S I R E N O N D R A V
O A M E E W O W N F B J C Z F E Z E N P
R T H T F F C S B S S X J O P U W V T L
H E A D Q U A R T E R S R A I C P O P T
T F S Y T I R U C E S C R Y C N Q L T A
D N P E A C E F E P E T R N M O X V V C
Z E A S F L G Z N M M N B E O E P E V A
K K T N N A O L E E A E O R T I D R E D
L B J E E W N N N B A I M T E S T A P D
Z V Q G C T T T P T W J D B A D L A C Q
J A Z W I T U G U G F X J Y U B R O T A
Z W P U B Z I E Z S Q G L F S T G O H S
I Q X A Y W S V I T Q F P R O T E C T X
X P I M P W I J E L E V U N I F O R M E

ACADEMY
ARREST
BATON
BEAT
CHIEF
COP
DEPARTMENT
DETECTIVE
DUTY
ENFORCEMENT
FORCE
FORENSICS
GUN
HANDCUFFS
HEADQUARTERS
HOLSTER
LAW
LIEUTENANT
ORDER
PATROL
PEACE
PROTECT
REVOLVER
SAFETY
SECURITY
SIREN
STATION
TICKET
TRAFFIC
UNIFORM

Teachers

```
S C D K I B L D L K B J I L Y H C R K G
W C P O L E L O S M G S A R W U M E R G
H V H C C A U A D B F N Q X R N R P O S
H P F T D N H L C U O C G R Q E E O W U
L D U K G P E C H K S O I X L T D R E B
R R U E E A D V C P B C K E L A P T M A
E X B N R C E E A L U O S H C C E C O L
I O C N C Y Z Q S L A S A E D U N A H L
I I U I P E F F U K O S X R R D S R E Y
L A G Z S F R M X N L F S F D E C D C S
Q L B I A E X Q Q Y A P E G T A H P N S
E X H O K C D U O I S B B U P E O A A U
Z E Q O O L I A Z B T Z U P Q W L P D B
A M O U O Z E C R O H S L U Y E A E N J
B R R O T O K H A G V E R L I O R R E E
E S H B U L L E T I N B O A R D H S T C
E C V T T W A F R D A C K T A A H T T T
S C G E E Y V T N E M N G I S S A U A A
C K X T W S I U Z O S E W J Q I S D C Z
E T K F L K T W D G T M H R O L C Y W D
```

APPLE
ASSIGNMENT
ATTENDANCE
BLACKBOARD
BOOK
BULLETIN BOARD
CHALK
CLASS
COURSE
CURRICULUM
DESK
EDUCATE
GRADES
HOMEWORK
LEARN
LECTURE
LESSON
LOUNGE
PAPER
PENCIL
QUIZ
RED PEN
REPORT CARD
SCHOLAR
SCHOOL
STUDY
SUBJECT
SYLLABUS
TEST
TEXT

Waiters

```
W T S O W P L A T E K A G L S X I O E D
P R T K G F E C P S P H T G T T K E Q Z
N V Q R Q I V Q F P A P Y C G B S R B B
Y Z X L S R E P E B G E K N I Y S U A G
H C Z L E Z S T I B E K F S V A E N R A
A E U G J F I H U R T V T I N M T E C J
D K S P C Z P I T E R R E B N S S M D V
W P P I E P P F W A O E V R E K O K A P
S L E R L B E C F K N Q D R A S H H L K
T Q I G M V I Z O F A E V R U G V O A C
G N I G Z S E E O A M E U Z O M E M S E
L P A E L E K R D S R C E R E N N I D H
S K Q R T J Q N W T F C E H F E E F N C
M K Q Y U S U P I A F Q F C R V L O Y K
R R S J L A Q W U R R U F N V E O B R R
S M Q R W E T Q X O D E O U Y P T O A B
D A S V O S G S P C S U C L S G F A L T
V I D G B O F N E K T R A Y U Z S J W S
F R G V A B K N B R I I T F S T U G D U
A M T C G N S V D K Q W P E H U B K Z U
```

APPETIZER
BAR
BEVERAGE
BISTRO
BOWL
BREAKFAST
BUS
CHECK
COFFEE
CUP
DINNER
DRINKS
FOOD
FORK
HOSTESS
KNIFE
LUNCH
MENU
ORDER
PLATE
RESTAURANT
SALAD
SERVER
SILVERWARE
SOUP
SPOON
TABLE
TIP
TRAY
WATER

Chef

N T F Y D M V I D I C E N E V O G W L H
O W S U U A X T A Z P X H K D J B N S V
Q Y B A Y K C B U K H C U R Z O U C C X
I B L L I R G A U C G H M T Y N R K R Q
G J P J H C Z K W W O R Q F O T N J V R
C S D H X M O E Z N A C H O Q I E K V S
X B N C M P I O O W Y F P A O X R J Y H
O Y A Q N S A O K I N S E C I L S T U V
S R L H D F P N D Z E A U C E U I A B E
P F K F R S D K J L N Z E M L N S S R P
O O P D A T C A B E X N E S G I S T I I
O Q X E B Y U A P X V E L R H A O E U C
N H T N Q D T C H I L L E M U Y L R P E
Q C Z S C U O Q Y X C D I C F B F Q B R
G N H Q M N F O Z A I M E U Q L H I E Z
L I R I Q P M L F E L A S A U E K Z V T
V P X N C W Z M N Z N O G M B N K I O J
H T B X H O Q T G N I V R E S D H B T P
C G A D K N I F E E R U S A E M J Q S N
I F Q U G L J T N M K H E A T S T I R R

BAKE
BLEND
BROIL
BURNER
CHILL
COOK
CUT
DICE
FOOD
FRY
GRILL
HEAT
INGREDIENT
KNIFE
MEASURE
MIX
OVEN
PAN
PINCH
RECIPE
SAUCE
SERVING
SLICE
SPOON
STIR
STOVE
TABLESPOON
TASTE
TEASPOON
WARM

Postal Worker

X Q L U F L P M U D E I F I T R E C Y W
C U G M R E G I S T E R E D K A M R T N
I Y D S R C S Y E G A T S O P C X Y I E
N O O S A O B W T H W R Y P L D A K C T
S R Y R T L F B C I P A C K A G E S R A
T K D R B A R I T P R P M Z M Z G E P R
B S K C E O M W N Q S O I V F J B D O G
E V H O T V N P U U E P I Q O M S P S S
K U L Q E X I X H X V D B R U K S A T L
A D D R E S S L P R E O O N P B A R M A
M T D C M T W R E P X B E C U S L C A C
V E W K H X E Z Z D O S R S I D C E R I
E E B W T S J K N P U S N G W J T L K D
H R E A S B Q T G O G P T B B G S S I O
F T T Y H P R L H S X A G O H S R T O I
J S U Z H E L I C S W M R C F P I A K R
D G O D T K T A Z L W V N D N F F T D E
I H R T Z K L M C F O R W A R D I E W P
V M E Y B S S L P Y K M G Y U O T C D X
U L I C O L L E C T I O N B O X I Y E O

ADDRESS
BOX
CARDS
CERTIFIED
CITY
COD
COLLECTION BOX

DELIVERY
EXPRESS
FIRST CLASS
FORWARD
HOUSE NUMBER
LETTER
MAIL

PACKAGE
PARCEL
PERIODICAL
POST OFFICE
POSTAGE
POSTMARK
PRIORITY

RATE
REGISTERED
ROUTE
SACK
SORT
STAMP
STATE
STREET
UNIFORM
ZIP

CHAPTER 4

Word Searches Alive!

Mammals

```
H Z D E D I A R H C H E A G L D H N K J
G I T L D Y E T O E S D T C R Y H O N I
G C O L R E A Y L O D F O I B W S O U I
I J Y E D O O I O I T G E L G U A C K R
R Q F Z G T B G T H K Y E R P E M C S A
A G B A E R N B A D G E R H R H R A D T
F W M G E O H O R S E U S J O E I R O C
F T Y G M J A G U A R F O X R G T N X W
E C H I N C H I L L A G U I N E A P I G
G Z I N W P O F U J R C R N A M U H E P
I G S R X R G F Z I Z H H E L A E S L O
P W H A L E Q A N E Y H I E V B X H E R
K N U M P I H C C A M E L N E A A S P C
H L S U M A T O P O P P I H O T E T H U
A L E R R N I E S I O P R O P C A B A P
M L Z O R A B B I T S U R L A W E H N I
S A E V P F K R A V D R A A B H J R T N
T M B B A A L E S A E W R E T T O D O E
E A R L W Y R R K O A E X O H W O K T S
R Z A P Y V U D I E G X L E K G R L Y I
```

AARDVARK
BADGER
BAT
BEAVER
CAMEL
CHEETAH
CHINCHILLA

CHIPMUNK
COYOTE
DEER
DOG
DOLPHIN
ELEPHANT
FERRET

FOX
GAZELLE
GERBIL
GIRAFFE
GOAT
GUINEA PIG
HAMSTER

HEDGEHOG
HIPPOPOTAMUS
HORSE
HUMAN
HYENA
JAGUAR
LEOPARD

LLAMA
MONGOOSE
OTTER
PIG
PORCUPINE
PORPOISE
RABBIT
RACCOON
RAT
RHINOCEROS
SEAL
SKUNK
TIGER
WALRUS
WEASEL
WHALE
ZEBRA

Dogs and Cats

```
L P T N S H E E P D O G T E R R I E R L
A Y E A B R E N A R A M I E W O O V P E
B F S I L S I B E R I A N E I L L O C I
R G S N O G R E Y H O U N D Z N D G S N
A B A I O E S E N A V A J F Y O O M C A
D O B S D E N A D T A E R G B L A W O P
O R I S H O U D X K W D R E D I E E T S
R D R Y O T M N E O N E R E N B L L T R
R E I B U B A L H U L M N E K O G S I E
E R S A N M P C H I A R C E V X A H S K
T C H F D I W S E N E O P U G E E C H C
R O S W E O H W P T O Z A Z E R B O T O
I L E F H C T I R N P E R S I A N R E C
E L T C A T N I A U H A U H I H C G R G
V I T D O S E P E K I N G E S E L I R O
E E E R C V S A I N T B E R N A R D I D
R L R H E C W Y N D A L M A T I A N E L
K V E R T O N K I N E S E Y C I O Z R L
R R G E R M A N S H E P H E R D B A C U
J P O M E R A N I A N E S E N I L A B B
```

ABYSSINIAN
BALINESE
BASSET
BEAGLE
BLOODHOUND
BORDER COLLIE
BOXER
BULLDOG
CHIHUAHUA
CHOW CHOW
COCKER SPANIEL
COLLIE
DACHSHUND
DALMATIAN
DOBERMAN PINSCHER
GERMAN SHEPHERD
GOLDEN RETRIEVER
GREAT DANE
GREYHOUN
IRISH SETTER
JAVANESE
KELPIE
LABRADOR RETRIEVER
MAINE COON
MANX
PEKINGESE
PERSIAN
POMERANIAN
PUG
ROTTWEILER
SAINT BERNARD
SCOTTISH TERRIER
SHEEPDOG
SIBERIAN
TERRIER
TONKINESE
WEIMARANER
WELSH CORGI

Gardens

```
E O F V R L N T T R U K R S A G H U G R
H F R M E S Z C O D V O Z P W F C D O D
I A H E G W F C L M T Q L P W Y L Y Q Q
S O R L Z L V K Q O A A S U V O U B C O
N R O V O I L G T F N T S M L O M B H W
G R E W E S L I R T A E O P P A T C H O
L S E P Q S L I R E E Q W K G H X S C R
Y R P U P L T A T D E I I I R O L P H C
S Z A P E E I A S R U N M N O S E R L E
L S L R N N P S O M E N T S W E V I R R
H I B D C O M P O S T F A H X T O N E A
B E O W O R R A B L E E H W U C H K B C
R S X S N V E G E T A B L E S M S L M S
E O F D P H C M O X H K E W R Q B E U W
H R B I R O C A H Y E Y I L P E W R C E
F P F R T K T N Z T H G U O R D T S U E
U K K T W M U U W K T L S C E F E A C D
D S M E C S Z R Q R Q L R G O G O H W S
Q Y Q D R A R E T I B B A R U R H X V D
D R A H C R O X U H X C U D M B N V B E
```

BUGS
COMPOST
CORN
CUCUMBER
DIRT
DROUGHT
FERTILIZER
FLOWERS
GREEN THUMB
GROW
HARVEST
HERB
HOE
HOSE
MANURE
MULCH
ORCHARD
PATCH
PEPPERS
PLANT
PUMPKINS
RABBIT
RAIN
ROSE
ROTOTILLER
SCARECROW
SEEDS
SHOVEL
SPRINKLER
SQUASH
TOMATO
TOPSOIL
VEGETABLES
WATER
WEEDS
WHEELBARROW

Insects

L	L	E	F	X	N	K	M	F	S	U	G	R	L	Y	C	M	U	P	T
O	I	S	Z	I	K	R	X	I	D	I	H	P	A	L	O	E	R	K	E
C	V	U	W	T	O	B	L	E	L	T	E	E	B	F	C	A	E	S	N
U	E	O	H	W	E	V	N	S	B	P	F	F	Y	T	K	L	G	G	R
S	E	L	W	U	E	K	H	G	E	O	G	V	W	I	R	W	G	I	O
T	W	O	C	R	I	S	C	O	U	E	L	E	U	U	O	O	I	W	H
F	L	F	F	X	I	D	I	A	R	B	B	L	R	R	A	R	H	R	J
G	M	I	M	B	I	T	B	T	J	S	Y	T	W	F	C	M	C	A	S
S	S	O	W	D	E	G	J	P	N	W	E	D	E	E	H	J	D	E	B
H	T	H	Y	R	I	U	R	B	X	A	O	F	A	K	E	O	E	Q	U
H	L	T	M	A	O	G	P	A	J	Y	M	L	L	L	C	V	Q	B	T
R	A	I	W	A	S	P	O	C	S	A	L	G	L	Y	J	I	I	V	T
K	T	W	A	T	E	R	B	U	G	S	D	F	N	E	O	D	R	L	E
E	N	Y	L	F	E	S	U	O	H	X	H	A	D	I	Y	A	H	C	R
C	V	Q	M	L	G	U	B	L	L	I	P	O	C	A	Y	T	N	K	F
K	C	I	T	S	G	N	I	K	L	A	W	K	P	I	G	A	A	T	L
V	H	Q	A	T	C	O	T	I	U	Q	S	O	M	P	C	Q	R	N	Y
A	X	E	N	S	T	I	N	K	B	U	G	C	I	X	E	T	N	P	G
R	L	L	Q	Q	D	R	A	G	O	N	F	L	Y	F	K	R	C	F	M
F	F	X	Y	L	F	E	R	I	F	G	U	B	D	E	B	V	K	D	Q

ANT
APHID
BEDBUG
BEE
BEETLE
BOLL WEEVIL
BUTTERFLY
CHIGGER
CICADA
COCKROACH
CRICKET
DRAGONFLY
EARWIG
FIREFLY
FLEA
FRUIT FLY
GADFLY
GLOWWORM
GNAT
GRASSHOPPER
HORNET
HORSEFLY
HOUSEFLY
KATYDID
LADYBUG
LOCUST
LOUSE
MEALWORM
MOSQUITO
MOTH
PILL BUG
PRAYING MANTIS
SILVERFISH
STINKBUG
TERMITE
WALKING STICK
WASP
WATER BUG
WEEVIL
YELLOW JACKET

Birds

```
L P H E S M C J P Z X E A D P C R D N S
J E U S T R E N N U R D A O R A E U O D
T N M O W I J F P W O X O M C R L C O R
A G M V R A H V R S G O P T E D B K L I
P U I T M I N W T X O L X O R I R T B B
A I N E U C O R B T Z L Q S C N A Y L E
R N G K X R I L A O O U S U M A W N A V
T A B O W C K K E J B G C O T L I M C O
R V I M H A C E C G N K C E H G X K K L
I Z R E S O H H Y A O K R N H P T G B Z
D N D K C A I Q C O I G B T W O R C I R
G Y O P R C H I Z N E O I N O R E H R B
E D J C K R L Q G Y M N Y E R P S O D P
W Y R A L E S B R G G C O R M O R A N T
B O D A P A I P O A M A L L A R D Z I Y
D E L E Z R F O L N E K C I H C U M E R
E O V L D Z S E R E K C E P D O O W M A
Z O D Y A E U S P A R R O W H C N I F N
D Q A O W W S B C R A N E R O D N O C A
V J F M F S S T O R R A P K R O T S I C
```

BLACKBIRD
BOBWHITE
BUZZARD
CANARY
CARDINAL
CHICKADEE
CHICKEN
COCKATOO
CONDOR
CORMORANT
CRANE
CROW
CUCKOO
DODO
DOVE
DUCK
EGRET
EMU
FALCON
FINCH
GOOSE
GULL
HAWK
HERON
HUMMINGBIRD
JAY
LOON
LOVEBIRD
MALLARD
MOCKINGBIRD
NIGHTINGALE
ORIOLE
OSPREY
OSTRICH
PARROT
PARTRIDGE
PELICAN
PENGUIN
ROADRUNNER
SPARROW
STORK
SWALLOW
SWAN
TURKEY
WARBLER
WOODPECKER

Fish

Y M T G H O G Z K R T B H G U P P Y H N
T S Q C S R S L C E R L P S J G D A O I
K L W X O A H E R F O U E R I O O I T Q
T V Y U R S A C A F U E R D C F N B G V
P O P D I B X M P U T G C X O U D P Y N
T E I F A P A I P P W I H B R I F L T Z
R N T J G C G A I B D L D G E K I P O B
E A K S K N L L E U X L E Y E L L A W G
C D Q E I B O I D G U I T A R F I S H R
Z S R R A N S L F A A N O E G R U T S E
W E R C I B O R I L E D K D A S O L E P
L E O C F G U M R A O H U K A N T P U P
H R S H A R K H L G T U L C C R G I Q A
E A N U T L P B C A P W N L A O T E A N
M T J P B C R U G J S D O D U R D E L S
A O R A N G E R O U G H Y L E B R D R W
R X C C H I Q B A S S R X Q L R H A A T
L H M I N N O W T U B I L A H E F C B H
I B J A V M D S O Z Q F L U K E Y J B Y
N S D G F K F G C A R P A N C H O V Y Q

ALBACORE
ANCHOVY
ANGEL
BARRACUDA
BASS
BLUEGILL
BULLHEAD
CARP
CATFISH
CHUB
COD
CRAPPIE
DARTER
FLOUNDER
FLUKE
GOBY
GOLDFISH
GROUPER
GRUNION
GUITARFISH

GUPPY
HADDOCK
HALIBUT
HERRING
MACKEREL
MARLIN
MINNOW

ORANGE ROUGHY
PERCH
PIKE
PUFFER
SALMON
SARDINE
SHARK

SNAPPER
SOLE
STURGEON
TROUT
TUNA
WALLEYE
YELLOWTAIL

Flowers

```
L U Z E Y I A P Y D B C D A Z C A B L X
W I S I R L E I O B A Z I I L I V D O Y
G O D I N O I O S R A Q H L L J K Z T C
R Y S O N N W L N H X S C O E A A N U C
H B S Y F G I A D E C X R N B S I M S H
I H W I O F T A V A D U O G E M N U I R
B P A D A I A I H A N E F A U I E I M Y
I R T V O D O D I G D D L M L N D N P S
S I E N E L O N L P E B E W B E R A A A
C M R P E M O A O L D G U L E Q A R T N
U R L T A G D I K S K H O T I I G E I T
S O I Y E I N C P I L U T L T O S G E H
C S L B O S U P E T U N I A D E N S N E
A E Y L E S K C O H Y L L O H E R A S M
L W U T Y R E D N E V A L C C O N C D U
I S T E C N O R D N E D O D O H R R U M
L I N R E W O L F N U S C R O C U S O P
A O E L K N I W I R E P A N E M O N E D
H R M A R I G O L D H Y A C I N T H B C
G E X K B P A N S Y W C P Y P P O P A D
```

ANEMONE
BEGONIA
BLUEBELL
BUTTERCUP
CARNATION
CHRYSANTHEMUM
CROCUS
DAFFODIL
DAISY
DANDELION
DOGWOOD
EDELWEISS
FUCHSIA
GARDENIA
GERANIUM
GLADIOLUS
GOLDENROD
HIBISCUS
HOLLYHOCK
HONEYSUCKLE
HYACINTH
IMPATIENS
IRIS
JASMINE
LAVENDER
LILAC
LILY
LOTUS
MAGNOLIA
MARIGOLD
ORCHID
PANSY
PEONY
PERIWINKLE
PETUNIA
POINSETTIA
POPPY
PRIMROSE
RHODODENDRON
ROSE
SUNFLOWER
TULIP
VIOLET
WATER LILY
ZINNIA

Herbs

```
Z R M P A I Y G A V G E Y T M J T L Y U
E F O L W P Q R Y Y C C L O V E R A P K
K U M T B H E W H I M H A X D L W C M M
A H A F H D W P R G C W H L I A S H E O
N N D W T K N O P V L S C V R H P I H N
L N R M N A C A A E A X E A L O E C H K
G K A F U I R P W V R R C E M R A O A S
M Y C B L S X R O I W M N U I E R R U H
A N M K F Y T R A O N N I Y N H M Y M O
R N K T I R Y A R G E T L N T O I C A O
O E J G C A C T R F O B E X T U N I N D
J D N J T M H T Z D D N S R Y N T E D Y
R B I B U E A S O R R E L E G D E G R E
A T A L C S M B G I N S E N G R L A A L
M H Q S L O O C S M V D P H B G E S K S
X Y X H I R M T J Z U Z R V K V Z E E R
I M D M J L I D F R E D N A I R O C N A
P E N W Y Z L I J O R E G A N O E K M P
K Q A L W J E C A T N I P O P X Z N N O
P N Y V E S I N A H X Y Q X M S Q L I T
```

ANISE
BASIL
CARAWAY
CARDAMOM
CATNIP
CHAMOMILE
CHICORY
CLOVER
CORIANDER
DILL
FENNEL
GINSENG
HEMP
HOREHOUND
LICORICE
LIVERWORT
MANDRAKE
MARJORAM
MINT
MONKSHOOD
MUSTARD
OREGANO
PARSLEY
PEPPERMINT
ROSEMARY
SAGE
SAVORY
SORREL
SPEARMINT
TARRAGON
THYME
WINTERGREEN

Trees

```
H I Z Q I O F Q O I U O A Q H S A F I R
J A Z N B E A P D M F M Q N D P E Z Y Q
E A W J S U F K P R V L F V T B W O R S
W C U T R C C S M A G N O L I A G P R G
E A Y N H A G K A I R O N W O O D Y E C
C C P E E O L C E R D C E N I P Y N B H
U I P P M Z R P O Y F J H L P R J A L E
R A S S N L L N O T E A S E O B A G U S
P E S A M E A L L P T U S K R I D O M T
S D C Y M G M P B E T O C S O R T H S N
X K T O C L B P R P Y I N U A U Y A S U
E W N F E A U O Y E H L Q W N S E M E T
L S A C E E M L B A P E E O O L D D R B
D T S L G L A O S I S I C R P O V O P A
E D U N N C P L R V R O N P U F D O Y N
R Y A L U U A A K E C C A U I A P W C Y
Y R A E I B T A M Y Z S H G J H L G Z A
O C L B R P E J D O O W D E R W O O T N
D O I S N T O U V A F R E D L A F D E F
O Q P Q M J R Y I D O O W L A D N A S C
```

ACACIA
ALDER
APPLE
ASH
ASPEN
BALSA
BANYAN
BAY
BIRCH
BUCKEYE
CHERRY
CHESTNUT
COCONUT
COTTONWOOD
CYPRESS
DOGWOOD
ELDER
ELM
EUCALYPTUS
FIG
FIR
HAWTHORN
HICKORY
IRONWOOD
JUNIPER
LAUREL
LEMON
MAGNOLIA
MAHOGANY
MAPLE
MULBERRY
OAK
ORANGE
PALM
PINE
POPLAR
REDWOOD
SANDALWOOD
SASSAFRAS
SEQUOIA
SPRUCE
SYCAMORE
TEAK
TULIP
WALNUT

Snakes

```
B C O P P E R H E A D A V G F S R P B H
U L A O B R E B B U R U N X H U A U X Z
M M A K Z U A L C K O A D A M T T F E F
V I H C X A E D L O L Y R F Q Y T F K R
O S L D K A I H B S R P X J A B L A A E
X P Q K F S M F M F T A Q C O B E D N D
C Q Y N S T N O M A O C L A W A S D S N
Z D O T C N O A I R O K C A E R N E T I
O S G O H B A L K T W O T R K B A R A W
E W Y W J O B K T E N E A E A A K Y R E
B F D G O D N O E S R N C D N A E W A D
C T N N V K N R T M A O C D S M B V B I
B G H I W M E R O C B G K A P A Z I M S
J G R W O P I C O R S S K H I R B D A Y
O I R U I C C N A A J S X T H I D D M O
A G T V T A D G A R T E R A W L A S P W
P H Y O S A R O S Y B O A E N L S P N B
D M R I K I N G S N A K E D J A A K U K
F H N D I A M O N D B A C K R E C A R X
E V C C R E T S A M H S U B S D S K F P
```

ANACONDA
ASP
BARBA AMARILLA
BLACK SNAKE
BOA CONSTRICTOR
BOOMSLANG
BUSHMASTER
COBRA
COPPERHEAD
CORAL
COTTONMOUTH
DEATH ADDER
DIAMONDBACK
GARTER
KINGSNAKE
LEAFNOSE
MAMBA
MILK SNAKE
PUFF ADDER
PYTHON
RACER
RAT SNAKE
RATTLESNAKE
ROSY BOA
RUBBER BOA
SHARPTAIL
SIDEWINDER
VIPER
WATER MOCCASIN
WHIPSNAKE

Monsters

```
Q D D R A G O N O D A P P F G V N J H O
H R R Y Q V Z W U Z T E R O R S I C Y C
M G A A A Z H O B W Z A L S G R F P D V
L F Z B Z N O M E D N E N K I G F Z S K
N D F U O I Q X T K M A D F L C I R T C
D J E G F M W L E G M D L R U B R A M D
Z U F U S F I N H Y Q J W S D U G L J R
J S G N D A S N E G A R G O Y L E L W A
Z D K N G T S G A I P B Z U B S J I E C
A O G E E N O Q B B I G M B Z H C Z R U
Y B M I L O O M U G L W M K J A R D E L
E W N B B E Z K F A A E K J N D Y O W A
R I B E I C T O G O T T S I O O P G O P
I T D A Z E O O E N S C L N G W T F L H
P C E A V T Y D N O I M H S O V I K F A
M H V T B M Y I H H E K O M N W D D D N
A P I V M H D G E R L U O H G E M Y L T
V M L U R C U I G W A R L O C K I A D O
Y I M M K G N G O B L I N Z D X K L N M
G F R E I J T O I O L Q N E Q N H K A F
```

ABOMINABLE SNOWMAN
ALIENS
BIGFOOT
BOOGEY MAN
CRYPTID
DEMON
DEVIL
DRACULA
DRAGON
FRANKENSTEIN
GARGOYLE
GHOST
GHOUL
GOBLIN
GODZILLA
GOLEM
GREMLIN
GRIFFIN
IMP
KING KONG
MR HYDE
MUMMY
PHANTOM
SASQUATCH
SHADOW
SKELETON
VAMPIRE
WARLOCK
WEREWOLF
WITCH
WIZARD
ZOMBIE

Shrubs

J	D	E	Y	X	C	C	C	F	Q	Y	I	J	F	O	C	W	Z	O	Q
A	W	O	Q	R	C	A	U	X	R	U	U	T	L	A	O	E	M	Y	F
F	Q	Z	O	Z	R	C	L	R	R	N	W	E	M	L	A	L	D	E	R
M	H	D	S	W	H	E	E	I	I	J	A	U	L	N	Q	E	M	B	N
A	G	E	E	S	E	B	B	P	L	N	S	I	K	T	W	H	D	W	K
N	W	H	I	O	N	S	E	R	D	R	W	Z	U	D	P	J	X	T	D
Z	B	A	J	A	F	R	A	E	A	Y	Y	R	R	E	B	E	U	L	B
A	A	Z	R	Y	O	S	R	E	S	B	C	C	C	M	S	V	Y	R	I
N	Y	C	G	R	R	G	X	S	R	O	B	U	L	Q	B	T	Z	G	F
I	B	S	A	R	S	G	U	X	F	G	R	Y	G	L	Y	L	L	O	H
T	E	U	R	E	Y	P	K	F	Y	R	R	O	A	J	U	T	E	M	R
A	R	C	D	B	T	P	E	Q	A	A	O	C	V	M	Z	G	W	V	N
M	R	S	E	E	H	E	Q	N	M	S	K	E	T	I	U	Q	S	E	M
A	Y	I	N	L	I	M	T	E	E	B	H	S	U	R	B	E	G	A	S
G	A	B	I	K	A	K	S	B	E	C	H	O	K	E	B	E	R	R	Y
N	Z	I	A	C	G	O	E	R	B	P	K	D	P	K	U	L	B	J	C
O	A	H	C	U	R	R	R	L	Y	R	R	E	B	E	N	U	J	A	K
L	L	Z	J	H	R	Y	Q	G	Z	G	J	H	F	K	N	Q	P	I	K
I	E	P	Q	Y	Q	N	D	C	B	U	U	M	X	C	S	E	O	H	I
A	A	M	N	O	R	D	N	E	D	O	D	O	H	R	R	Y	T	X	Q

ALDER
AZALEA
BARBERRY
BAYBERRY
BLACKBERRY
BLUEBERRY
CAPER
CHOKEBERRY
COFFEE
CRANBERRY
CURRANT
FORSYTHIA
FUCHSIA
GARDENIA
GOOSEBERRY
GREASEWOOD
HIBISCUS
HOLLY
HUCKLEBERRY
JUNEBERRY
JUNIPER
JUTE
LILAC
MAGNOLIA
MANZANITA
MESQUITE
OLEANDER
PUSSY WILLOW
RHODODENDRON
ROSEMARY
SAGEBRUSH
SUMAC

Weeds

```
N A X L H O L L Y A S U M G W Y T J D X
E X W H E S H E E P S O R R E L I W I M
T I X Y L N U F O R M G K R Q K O V A C
T Z P K F Q R J J H H D P D S H T E Y W
L T E R M B Y E E G A B B A C K N U K S
E F R S I Z E D P E L S R D D D R V E U
T E J A U C E M L M P I R R G P E C K F
G W P M G E K T P E I A A Q U L U B O M
E X V F W W S L E S T P M T V B V W P S
N Y H A G I E D Y S S T T E E D U A C Q
A D E S H N W E U L U A T E E S D O U N
L S B T Z E T M D M E L R E L E R A N O
S Z G A L A B Y B D E T W G E R C O B I
R W J L R W K L S A V N T W B K A J H L
U J T W O C E D F I O B K U G A J C L E
P O E R X W M Y E S A L Q R C C R D S D
C E R M E P I M M O I D A S B E Q C N N
D A R E G S O I M M U S Y R O C I H C A
Y L D J L Z J K D R S D E E W E R I F D
S T I N K W E E D P I G W E E D H J G B
```

BURR
CHICORY
CRAB GRASS
DAISY
DANDELION
FIREWEED
HOLLY
HORSETAIL
IVY
JIMSONWEED
MILKWEED
MUSTARD
NETTLE
PIGWEED
POKE
PRICKLY LETTUCE
PURSLANE
QUACK GRASS
RAGWEED
SCARLET PIMPERNEL
SEAWEED
SHEEP SORREL
SKUNK CABBAGE
SPEEDWELL
STINKWEED
TARWEED
THISTLE
TUMBLEWEED
VELVETLEAF
YARROW

Reptiles

```
W E S T E R N S K I N K T J L Q O S F K
D Q P L I Z A R D A K A H E B C T L D Z
A S V A I S C M L X L A A W O R O C A L
E Z P L I P N L B G C T E T O R B R E R
H Y T E C N I A R O H P T R I H R O H C
R V G D C G T E P E K O F D S T O C R N
E R S L A T E E R P N C A Q N Y W O E K
P G E T Y N A B D M I S E D A U N D G G
P E O T A A A C O T O N W G K M A I G R
O R S N O C L U L F U L G V E M N L O E
C P O I K O T L T E D R I T G Z O E L E
B L B M O H C S A S D O T A U S L O H N
E I O L U T H R R W C C O L T R E X Q T
T G X B H E R F E E K A A L E P T R O U
A U T B L N N O R V D C L I B W I L F R
Z A U L A K O K T J I I U E M D B H E T
L N R T E R R A P I N R L H S A L T W L
Z A T L L I B S K W A H Q S C R N O Z E
P B L R Z C G R O U N D S K I N K M C N
W P E K K G I L A M O N S T E R J O J T
```

ALLIGATOR
BOX TURTLE
BROWN ANOLE
CHUCKWALLA
COLD BLOOD
COPPERHEAD
COTTONMOUTH
CROCODILE
FLORIDA SOFTSHELL
GECKO
GILA MONSTER
GREEN ANOLE
GREEN TURTLE
GROUND SKINK
HAWKSBILL
IGUANA
LEATHERBACK
LIZARD
LOGGERHEAD
PAINTED TURTLE
RIVER COOTER
SCALES
SLIDER
SNAKE
SNAPPING TURTLE
SPECTACLED CAIMAN
TERRAPIN
TORTOISE
WESTERN SKINK
WHIPTAIL

Cats

```
K R X E R N O V E D Y A B M O B X D R N
B U K E W D S R A G D O L L A E P I O A
L S D L O F H S I T T O C S R J A R E M
R S T B M J L C E O V S W H A H W T S E
U I U A A A A I Y N U B S P T E U U E R
C A R L I V T T V X H I A R G N A R M I
N N K I N A N O C D N N O I W X M K R C
A B I N E N E X H R E H A O E A N I U A
C L S E C E I E O S S N R R B B A S B N
I U H S O S R C E T F B K Y U T I H N W
R E V E O E O B N O A R S R A M T A A I
E H A N N T O I R N I S M R B A P N E R
M E N S A B O E A K I E O T T N Y G P E
A R G C T P S V L N S K C Y W X G O O H
N R I A R T A E I E N A M R I B E R R A
D C I O C H S A X U E R T R A H C A U I
O L L A F W N S I N G A P U R A N B E R
C O T R I A H T R O H S N A C I R E M A
C L R I A H T R O H S H S I T I R B H O
E S E N I K N O T P E R S I A N C U E I
```

ABYSSINIAN
AMERICAN CURL
AMERICAN SHORTHAIR
AMERICAN WIREHAIR
BALINESE
BIRMAN
BOMBAY
BRITISH SHORTHAIR
BURMESE
CHARTREUX
COLORPOINT SHORTHAIR
CORNISH REX
DEVON REX
EGYPTIAN MAU
EUROPEAN BURMESE
EXOTIC
HAVANA BROWN
JAPANESE BOBTAIL
JAVANESE
KORAT
MAINE COON
MANX
NORWEGIAN FOREST CAT
OCICAT
ORIENTAL
PERSIAN
RAGDOLL
RUSSIAN BLUE
SCOTTISH FOLD
SELKIRK REX
SINGAPURA
TONKINESE
TURKISH ANGORA
TURKISH VAN

Horses

```
D D K L M I N I A T U R E H O R S E C B
O R G A T D E H A N O V E R I A N A O W
O O Z E H E S D A O F O N C W S A M N G
L J Q R O R R E P N R L A E E P P E N B
B F U R R B O R P I I D Z H L E E R E E
M N A E O E H B A F E E I B S R N I M L
R A R T U L G E L O S N P R H U A C A G
A I T L G D N L O S I B P E M V I A R I
W G E A H D I D O A A U I T O I S N A A
H E R C B A K D S P N R L O C A U P P N
C W H L R S C A A U G G A N A N L A O W
T R O Y E N A S B A R O M Y C P A I N A
U O R D D A R P A L O M I N O A D N Y R
D N S E C C E K E T L A H K A S N T P M
C Y E S X I P E R C H E R O N O A H I B
S Q N D Z R C I C E L A N D I C V O N L
V T M A F E T R A K E H N E R W L R T O
S C T L W M D Z D K N A I B A R A S O O
Y D S E U A N A G R O M E R I H S E D D
R Q L Y N O P E U G A E T O C N I H C J
```

AKHAL TEKE
ALTER REAL
AMERICAN PAINT HORSE
AMERICAN SADDLEBRED
ANDALUSIAN
APPALOOSA
ARABIAN
BELGIAN WARMBLOOD
BRETON
CHINCOTEAGUE PONY
CLYDESDALE
CONNEMARA PONY
DUTCH WARMBLOOD
FRIESIAN
HANOVERIAN
ICELANDIC
LIPPIZAN
MINIATURE HORSE
MORAB
MORGAN
NORWEGIAN FJORD
OLDENBURG
PALOMINO
PASO FINO
PERCHERON
PERUVIAN PASO
PINTO
QUARTER HORSE
RACKING HORSE
SADDLEBRED
SHIRE
THOROUGHBRED
TRAKEHNER
WELSH

Dinosaurs

```
E A N U R O G N A T H U S Z X R S S C Q
W U N O D O R U E L P O I L N U U U A V
S M S S U R U A S O E T A L P A L R L A
A U U T O O A I S Y L I N I D S T U S I
N L H T R R R T N O D O N Y C O A A U S
A O L C T E N N W D H S O G I L O S D U
S R D O U A P I I P F T C A U L C O I R
I X A O S S B T T T C X M V R A A N L U
N W O J N A O U O H H K K C Y F Z N C A
R C I L E A U N R S O O V P U R T A O S
O W L C R P U R I R P L C D D A E R T O
S A H C K L A G U E A O E H G W U Y P M
E Z D T J R A T I S D S N S E D Q T Y L
M C O E L O P H Y S I S A D T I R C R A
O S U R U A S O L Y K N A U Y E R B C H
R S U R U A S O N I E T E P R L S U E T
E A R U A S A N Y L L E A E L U U X S H
B U J B R A C H I O S A U R U S S S L P
I C S M E T R I O R H Y N C H U S M F O
R H A M P H O R H Y N C H U S E S A B G
```

ALLOSAURUS
ANKYLOSAURUS
ANUROGNATHUS
BRACHIOSAURUS
COELOPHYSIS
CRYPTOCLIDUS
CYNODONT
DEINOSUCHUS
DINILYSIA
DWARFALLOSAUR
EUSTREPTO-SPONDYLUS
IBEROMESORNIS
IGUANODON
LEAELLYNASAURA
LIOPLEURODON
METRIORHYNCHUS
MUTTABUR-RASAURUS
OPHTHALMO-SAURUS
ORNITHOCHEIRUS
ORNITHOLESTES
PETEINOSAURUS
PLATEOSAURUS
QUETZACOATLUS
RHAMPHORHYN-CHUS
TAPEJARA
TYRANNOSAURUS

Endangered Species

```
S A B O W H E A D W H A L E S S B S K M
N S D A M A G A Z E L L E S A Q S E Q A
E I C S G X B T M E Q S M I C L Y V S L
K A I A E O A L L A P U M N I C B L F O
C N S A L P D F U O N A O V R U S O L G
I E D R I I O D T E A A E L R G E W O G
H L S R A W F T L R W D T R L S X N R E
C E S N L E E O I I N H O E E S O A I R
E P C S A D B N R A W W A A E S F I D H
I H D H O T G E I N I N T L A S T P A E
R A O W E E U N D N I U A L E S F O P A
I N L P D E A G G O R A L C A S I I A D
A T I S A M T O N T M I C D I P W H N S
R S E Z S K W A L A R R N O B R S T T H
P A U A F L A E H O R A E O N M F E H R
L C T U S D S K G S P O O K E D U A E I
P H I L L I P P I N E E A G L E O D R K
M S Y E K N O M S I C S O B O R P R S E
C D E Y S E L A H W K C A B P M U H S S
E L O H D S W A C A M H T N I C A Y H F
```

AFRICAN WILD DOG
ASIAN ELEPHANTS
BLUE WHALES
BOWHEAD WHALES
BURROWING OWLS
CALIFORNIA CONDORS
CHEETAHS
DAMA GAZELLES
DHOLE
ELF OWLS
ETHIOPIAN WOLVES
FLORIDA PANTHERS
GORILLAS
HUMPBACK WHALES
HYACINTH MACAWS
KAKAPO
KERMODE BEARS
LOGGERHEAD SHRIKES
MANATEES
ORANGUTANS
PANDAS
PHILLIPPINE EAGLE
PRAIRIE CHICKENS
PROBOSCIS MONKEYS
QUOLLS
SAIMAA RINGED SEAL
SEA TURTLES
SPOTTED OWL
SWIFT FOXES
TAPIRS
TASMANIAN DEVILS

Pets

R N I C H A M E L E O N A N T F A R M R
Z I V R A Q D C F M H U V R Q R G T E E
N Y G V I T R X A I T R E I H A U K Y T
T O R R A P I O S T L P T O E T I T H S
L Y Q N U S B D F E T W Y E S K N N D M
X I P C G O D G I I F U B E R W E I R A
E K Z Z B V A T L T F W O R O C A X Y H
I P K A I S A E I W W H A G H B P W R I
H A U I R K H A T V M I C I L C I G S M
V S R P C D Q R G Q I Q O D C I G M O S
T E Z O P U N E T T I K N E H G B U Q K
V O C P A Y X D U H C S S P I D S R D Q
O O R R H S I F D L O G T T N E O J E X
X C I T E V R E X C X P R I C Y N O P G
S U K K O I X L W K B N I B H O K C E G
M M A V M I T U R T L E C B I X T X X K
X N D S R J S H D D L K T A L Q Y W A I
S L S H R E T E U G G Y O R L W G A E Q
E K N Q I M V K E L J H R G A H A R E N
S L Q F D R M T R O P I C A L F I S H J

ANT FARM
AQUARIUM
BIRD
BOA CONSTRICTOR
CAT
CHAMELEON
CHINCHILLA
COCKATIEL
DOG
GECKO
GERBIL
GOLDFISH
GUINEA PIG
HAMSTER
HARE
HORSE
KITTEN
LIZARD
MOUSE
NEWT
PARROT
PEDIGREE
PONY
PUPPY
RABBIT
RAT
REPTILE
SNAKE
TORTOISE
TROPICAL FISH
TURTLE

CHAPTER 5

Celebratory Word Searches

Halloween

```
Y F U W L U O H G T V A F Z E Y D N A C
I G R N I F F O C G B R C I Y R A C S D
I X L Y H Z H B Q N Z F B B W A Z A V K
N R L C K X W V B K Q M T C X N L A C T
S C T O O X B S Z R O X P P W O M I G R
H A K L Y I K K V Z O N S E B P R N J T
P F T G H E F T C U E O R C I T I Y H R
A A H R L M I A A T B E M R A N Z K I E
C O Z E U Q B J H E W S E S E R G O Z T
S H T P R V H G N O R T W T T B E O H S
Z O W U N W I T L I L T H A M I H P E N
N U I M U R W F M K G G L L K C C S M O
L J T P F G H O S T I H Z U C A Z K U M
W V C K A E P Z A R C R T C P R X W T X
O T H I Y V F Z F U Z L Y A T R G Z S B
H D E N E N O T S B M O T R C Y A H O R
C A N D L E W Y P E E R C D Q P D N C O
X P P Y W G O B L I N H A U N T E D K O
Z Q D P C I B B L A C K C A T B R Z X M
J A C K O L A N T E R N S W E E T S S M
```

BLACK CAT
BROOM
BROOMSTICK
CANDLE
CANDY
COFFIN
COSTUME
CREEPY
DRACULA
FRIGHTEN
FRIGHTENING
GHOST
GHOUL
GOBLIN
HAUNTED
HOWL
JACK O LANTERN
MONSTER
NIGHT
PATCH
PRANK
PUMPKIN
SCARE
SCARY
SKELETON
SPOOKY
SWEETS
TOMBSTONE
TREAT
TRICK
VAMPIRE
WEREWOLF
WITCH
ZOMBIE

Thanksgiving

```
J Q W Y T N U O B J I G N I F F U T S Q
F A M I L Y S B P U M P K I N R N Z A R
S X I G Y R R E B N A R C I O H D C X Y
H U Z W R D D I N N E R N M T A E J R F
L S T C I A N O V E M B E R R R K I W D
Q K I H E L T T H A N K S Z Y V P F P X
P K R D U A L I H D Z S Y V H E A A C F
S M Z S N R A I T P C R R A E S K D R L
X Z S N K A S B A U L S J Q D T Q O M A
S Y S L H Y T D Z M D Y R Q P I Y O O V
S N H O E G S S A K B E M E I A L F B S
W U A K T H W E S Y E R W O L L N O F P
T L R I A L L W F E E S A K U T F G H I
C U J R D B Y E D M L A M D T T T W F D
T A I U B N A U U A N I V R F N H E P E
F N S O F S I U V G K O M V D O R Y S N
G R G F T V C O R N U C O P I A R O E D
E S W E E T P O T A T O E S T A E D C Q
Z S X X D D T A C Q M A Y F L O W E R S
S M I R G L I P O A D F O O T B A L L J
```

BOUNTY
CORN
CORNUCOPIA
CRANBERRY
DINNER
EAT
FAMILY
FEAST
FOOD
FOOTBALL
GOBBLE
GRATITUDE
HARVEST
HOLIDAY
INDIANS
MAYFLOWER
MILES STANDISH
NOVEMBER
PIE
PILGRIMS
PLYMOUTH
PUMPKIN
SETTLERS
SHARING
STUFFING
SWEET POTATOES
THANKS
THURSDAY
TURKEY
WILLIAM BRADFORD

Christmas

U S S L E D K D T A S R G E G G N O G V
P T H Y O G S T E Y E I P E W D T D G B
N C H T T N J S B E N A G W R M I C E U
T A W S H A V A D G A A T E C D N E S D
W N Y S L O L N E M J G P N Y W S K H C
B D N L S E I R B U R A C F A G E E M M
L Y K J O E B U M X P M A X S S L R H A
Z C S N R R L W Y G N U T C R A C K E R
L A Y R E A O Q N T E M O C Y R U M G M
U N H A E N Z I U B M B J Q Q A A Q U R
S E D E S L P S U G A R P L U M S A H E
T H L T D P O A T Y N R E C J K B O P C
O F S P A O R R T O W S E D U N Q G L N
C R O R R E N S A R Y I H C E P I O O A
K C W D C E O N E C M S M N N F I B D R
I W Z A E R S A E N P V N T T A O D U P
N Y C S F E T E Z R F A R S F W D N R W
G K C H M H R M N W T O R N A M E N T S
S O L E M U P T O T U W E P S P Z R B G
N S L R D S A U M Q S M V Z I C R A V C

BOW
CANDY CANE
CAROLERS
COMET
CUPID
DANCER
DASHER
DONNER
EGG NOG
ELF
FROSTY
GIFTS
GINGERBREAD
NOEL
NUTCRACKER
ORNAMENTS
PRANCER
PRESENTS
REINDEER
RUDOLPH
SANTA
SLED
SNOW
STOCKINGS
SUGARPLUMS
TANNENBAUM
TINSEL
TOYS
TREE
WRAPPING PAPER
WREATH

Easter

```
Q I D U U E E M C T P P V D H T V L P G
X R V T T Y H O R U S Q C D S Q B G T S
X M E D D W A G H J X F G P S D F P V S
M P N E N X T U D H J M L Z B A F J N E
B O V J E T A L O C O H C O M K Q C S T
S U L T E I A L D R E S S I W C R Z S A
Y X I E D L I U D X J D L D J E B V A R
A N T N S E L P E W L Y B M A L R B R B
D A R N W P C Y N F U C Z T Y E L S G E
N K D O R N I O B M P D R B A O C Q E L
U L C B C A K L R E Y L F R E T T U B E
S N N I C K B R U A A G R D R N M H Y C
U F D T H A T B S T T N M A L S U L O D
H F I N I C N P I R L E S F X N I D I E
T E K S A B R D P T G G E F T L Y N S B
B R B B P I Q I Y Z O L G O Y S N I G U
B M Y P N X Q P P B U V L D F E R K J N
F L L G J V G A J K I M E I R N G S A N
R E D A R A P E I X J O D L U B J J U Y
Q P Q A S P E F P G Y C Q S T D U H R M
```

BASKET
BONNET
BUNNY
BUTTERFLY
CANDY
CELEBRATE
CHICK
CHOCOLATE
DAFFODIL
DECORATE
DINNER
DRESS
DYE
EGG
FAMILY
FLOWERS
GRASS
HUNT
JELLY BEANS
LAMB
LILY
PARADE
RABBIT
SPRING
SUNDAY
SUNRISE
TULIPS

Labor Day

```
R E K K C S C F W O T P N R V E K C A C
E V T E N X Z Q Z I E T T H I D J Z D O
Y A Z A B A P I C N I C E Z A K R Y M X
O I N T S L T N A W K E N S P U E M S Z
L Z O K D A U I J O B P Q W O A X C Q R
P N I P T C Y E O S E H C E E P S J C O
M O T L Y G V F C N E C R O F K R O W Y
E I C D E K R K I O A W E E K E N D A P
U T U B Z C Y E M K L L D K N P Y P O S
O A D I X O O O K S V L H F A M K L H E
K C O Y M X N N E R T D A O A E I H O P
J A R G X D L G O O O C Z R L T R N U T
E V P C A L A Y I M P W H M I I O B R E
E M H Y Z W B L M Z Y K A C H I D Z L M
X D P E A R N I N G S N I F N K S A Y B
R D A L V C T K E P H A B U Q Q Q G Y E
H E V R O C N X H O N B A R B E C U E R
T C S H A Y O W U S I N D U S T R Y A W
A Y A T S P E R J L L X L L G D R C E E
S H Q M R R C E G D X C A J I I C G X Y
```

BARBECUE	HOURLY	PAY	TOIL
BLUE COLLAR	INDUSTRY	PICNIC	UNION
BREAK	JOB	POLITICIANS	VACATION
EARNINGS	MAN HOUR	PRODUCTION	WAGES
ECONOMY	MONDAY	REST	WEEKEND
EMPLOYEE	NATIONAL HOLIDAY	SEPTEMBER	WORKER
EMPLOYER	PARADE	SPEECHES	WORKFORCE

Holidays

```
E D C Y S H A N A H S A H H S O R K Z U
F A R Y A A Y A D E L L I T S A B L Y S
O S E A L D N F A T H E R S D A Y Y A T
U A T D S A S T E A R T H D A Y Y A D D
R R S L A C V T A F L A G D A Y A D S Y
T A A A I L H I N L R K Z R C C D S N A
H Y E I N Y U I T I U W B D J H G E I D
O A Y R T Y A N N S A C C S R U N N K S
F D A O P S A D A E E S I O K S I I W T
J S D M A A R D S R S F L A W U X T A N
U E G E T R M A S U N E N L D K O N H E
L K O M R G K A M R B E N R A A B E E R
Y W H Y I I T N Y A E M W E E N Y L I A
A A D A C D Z E G D D H U Y W T Z A D P
A F N D K R Z U T P A A T L E Y N V A D
Z Y U R S A G J K Q X Y N O O A E A S N
N U O O D M Y A D R O B R A M C R A L A
A G R B A Y A D S L O O F L I R P A R R
W G G A Y R Y A D S T N E D I S E R P G
K L I L N A O Y A M E D O C N I C B D A
```

ALL SAINTS DAY
APRIL FOOLS DAY
ARBOR DAY
BASTILLE DAY
BOXING DAY
CHINESE NEW YEAR
CHUSUK
CINCO DE MAYO
COLUMBUS DAY
DASARA
EARTH DAY
EASTER
FATHERS DAY
FLAG DAY
FOURTH OF JULY
GRANDPARENTS DAY
GROUNDHOG DAY
GUY FAWKES DAY
KWANZAA
LABOR DAY
LANTERN FESTIVAL
LUNAR NEW YEAR
MARDI GRAS
MAY DAY
MEMORIAL DAY
MOTHERS DAY
PRESIDENTS DAY
RAMADAN
ROSH HASHANAH
SADIE HAWKINS DAY
SAINT PATRICKS DAY
SANTA LUCIA DAY
VALENTINES DAY

Fourth of July

```
L W Y H D C R L R U T M N L V A J S G F
N E N A P O E F S T N A K D K Y T E B I
O I O M I N M A U Z M M C Z X A O O C R
S B I E C G M U O T S D M D T R T L E E
R D T R N R U A B K O O I E G T C I L C
E E U I I E S X R C D N S E L F V B E R
F C L C C S W O U E D W W E Y C L E B A
F L O A A S W M E E X A R D R K X R R C
E A V K W E E R P J S O H J P J B T A K
J R E G R N F E W H C P Z S T J E Y T E
S A R I T O N H I K O V N J Y O X H E R
A T F F A D E N E T N E M N R E V O G J
M I Q L E D G T C L Y D R A O H V A W W
O O U N A T M R C P D G K I C L T F J E
H N C R O S E P I R T S D N A S R A T S
T E A N S R E H T A F G N I D N U O F E
M P S Y L W P A T R I O T I S M X B T G
T N E D I S E R P M K D R U M A L I V A
I M I S M H U N I T E D E H M U H A U Q
H H G A L F M Z V C X B G R E W X X S X
```

AMERICA
BLUE
BOTTLE ROCKET
CELEBRATE
CONGRESS
DECLARATION
DOCUMENT
FIRECRACKER
FIREWORKS
FLAG
FOUNDING FATHERS
FREEDOM
GEORGE WASHINGTON
GOVERNMENT
INDEPENDENCE
LIBERTY
PARADE
PATRIOTISM
PICNIC
PRESIDENT
RED
REVOLUTION
STARS AND STRIPES
STATES
SUMMER
THOMAS JEFFERSON
UNITED
USA
WHITE

Birthday Party

```
L Y S I Y D X D F Q X V D M L E N K F X
V A T S B L L N Y P A R T Y B G E J L C
L L K U A D X J E S N O O L L A B M W F
X P U W H H U S Y J C F N U H A P P Y A
N R O B L J N I D Z V Y A C A K E X H Y
R G M J B Q D C C L O W N V M K A A R M
T W I W R L A E U N U Z K Y O L E N S A
X N I F O O H C A W Q K D J W R E N G N
M T E N T Q V R S U R P R I S E O R N N
I T W S V Q V E G L B S Y H T I Y S I S
G W B H E I W A A C R D F O T H F O C X
S U Q N O R T M B E E O R A S L F U I M
Q D E Q D B P A M V O L R Y U Y T F Q U
O V N S N A R A T D A O G A B Y D O O G
F F C E T O E T Z I C S E L D N A C M S
V G Q K I R H D R E O Y S E M E H T I A
I Y M C T R J C D E Y N D E E G A N T G
Y I O S M G F A N R A I V N M K G V Z T
X L N R S C N H Y U G T E G A A W D A X
C E R H W X U P Y J P V S Q K C G H J K
```

AGE
BALLOONS
BORN
CAKE
CANDLES
CANDY
CLOWN
DECORATIONS
FAVOR

FOOD
FRIENDS
GAMES
GIFT
GOODY BAG
GUEST
HAPPY

HAT
ICE CREAM
ICING
INVITATION
OLD
PARTY
PLAY

PRESENT
PUNCH
SING
STREAMERS
SURPRISE
THEME
TREATS

Traditional Anniversary Gifts

```
C D I J O A L P C X R S J J J P Z E U X
M E I N F A R R T L Q P T C K P W Q T K
K D C A A C U E P I L T K H Z N P W Q C
T G S J M N F S H A Q L E S Z O E L Q M
B T O A T O E G T T N D T X R R A A C D
K I O Z S H N I R V A E N U T I R R H O
T N X P C S N D B M E E B M E I L O I O
F V B T A U C R N L E Y L A Q K L C N W
A G A O M R O O E D A J A X E E S E A G
I W Z X Y N T O S A P P H I R E N G S Z
X L O S Z T S R K F F E L A C E N S S P
Y B T E O S P D E L A M M V P N E I V C
J A R C A O A F I P D G U E M N N L N O
L K N L T H J O B O P S R N R B I K K H
O H G T G X D S P Q T O J K I A L O I O
Y B E G O A W A C Z M Z C M Q M L C T H
O R A G L Z Z I X A I Y S E N A U D Y B
Y T R P D R F J H M M G E A Q H J L V T
S E O T O H M A E L O O W R E P A P A Q
R Y R O V I L O R E V L I S V G L S K N
```

ALUMINUM
BRONZE
CHINA
COPPER
CORAL
COTTON
CRYSTAL
DIAMOND
EMERALD
GLASS
GOLD
IRON
IVORY
JADE
LACE
LEATHER
LINEN
PAPER
PEARL
PLATINUM
POTTERY
RUBY
SAPPHIRE
SILK
SILVER
STEEL
TEXTILES
TIN
WATCHES
WOOD
WOOL

Parades

T G C U U J Q D A N C E R S C I S U M Q
S R H Y C U L H G J S Y S N G K Y D S S
F N D F E H O T E E R T S R Z G N O R E
N G W E E L A B Y A C E A T L A R Y O G
E Y N O I B A T O N S N P H B I D W S D
R I Q D L S K K R U D S T A D T N F N U
D U A P X C T E N M D R K N M B A E O J
L Y D G C N D A A V O O T K E V W C P Q
I N H D D A K R O O Q W K S M Z A N S G
H M N A E E S P P L J A Q G O J R I L O
C W M L T H Z S V P F V B I R T D Y J L
W C R U A S L I U O Z E K V I B S S L H
O G E L I M K A R O I B S I A A R I Q P
G S N G S L D W V P U Q T N L L Q N K P
Q E U L G R E A N I D W I G D L R G C J
T S B D U X V H H J T N Z V A O R I J H
O R L M D F V K O O P S A Y Y O Q L C M
A O S E X A J K O Z O U E R Z N Y R M V
W H Y A D S R A E Y W E N F G S A B P B
C S J D K P R O C E S S I O N M K L A W

AWARDS
BALLOONS
BAND
BATONS
CHILDREN
CLOWNS
DANCERS
DRUMS
FESTIVAL
FLOATS
GRAND MARSHAL
GRAND PRIZE
HATS
HELIUM
HOLIDAY
HORSES
JUDGES
LEADER
LINE
MARCH
MEMORIAL DAY
MUSIC
NEW YEARS DAY
PROCESSION
QUEEN
SING
SPONSORS
STREET
THANKSGIVING
TROOPS
WALK
WAVE

Valentine's Day

```
I F J B O Z E D E L M V X E D R A C O Y
Z U R S G Y I L R C A R N C W Y R J E C
Q B M Z V S T I O U C I Z S C X D R H Q
D K Z U K K E L R V T U C O T B B V H X
N Q L T Z S E V R N E N U G F Q O D O C
A R H I B T W Z E B M J P D I X Y N Y P
B O P S I H S L S S I K I D G X F O Y J
S Y U B W P A W M T H Y D V X M R I D U
U P E S T V D N E I R F L R I G I T L L
H W H N T B E M I N E Z Y C X E E C A P
O D I N O G Y A R Q I H H R T Q N E C K
F O I F C H N E P A G O I T A L D F E Z
K A G M E A C I S Q C Y A V A U R F B D
S M P G A N N E L O V E N U S C R A C J
V O E O A S S D L R F L O W E R S B E K
Y G E M E O H A Y R A U F H A D S W E L
N R O O R T T E W O B D D L A R E R E F
G R Y F F E R A A S T E O L A L R T S P
Y D D E A R L Y R R R H X M R M D O J T
H T N Y T J N R Y S T W R Y E E E W W W
```

AFFECTION
ARROW
BE MINE
BOY FRIEND
CANDY
CARD
CHOCOLATE
CUPID
DARLING
DEAR
FEBRUARY
FLAME
FLOWERS
GIFT
GIRL FRIEND
HEART
HONEY
HUSBAND
JEWELRY
KISS
LACE
LOVE
POETRY
RED
ROMANCE
ROSES
SAINT VALENTINE
SWEETIE
VENUS
WIFE

Party Supplies

```
O L J E O Q W F O Q N B V C Z S Q Z M P
A Y R K C S A A E S L A V L N T N Z C G
J O Q Z B K A V S N H N L T J H M Q E R
V E H X W S P O E C V N P E C G O B C G
R W J L X A A R X X Z E S L D I J C E H
C H T E S M G S Y U A R S T A L N I I P
B S N O I T A R O C E D O R F T W C P S
K A N S I P R C A R D S R X R I E F R N
P P S O P N Z T E F I F T H P J G S E O
P J C K I U V C R E P E P A P E R S T O
Q S D G E S C I F S S G R K S I D I N L
E V G R A T E V T T E E A T B O C T E L
I P H X T B S M R A V Z A M O W O T C A
T V O I B T E E A O T H I G E C S E N B
Y X T I R A A I C K F I R R A S T F A T
D Q W P T M L E D A E E O N P Z U N P O
V F T I E G L S I O P R D N Q W M O K Y
D T F R M B U Z D A O L S N S G E C I S
S Y S L A F D J P N E G S I E L S X N S
B U T T Y D N A C S J N T H E M E I S S
```

BALLOONS
BANNER
BASKETS
CANDLES
CANDY
CARDS
CENTERPIECE
CONFETTI
COSTUMES
CREPE PAPER
CUPS
DECORATIONS
FAVORS
GAMES
GIFTS
GOODIE BAG
HATS
INVITATIONS
LEIS
LIGHTS
MASKS
NAPKINS
NOISEMAKERS
PAPER GOODS
PLATES
PRIZES
STREAMERS
TABLECOVER
THEME
TOYS

Baby Shower

```
E H O D Y A V H U Z C Y F I Z S S R W E
Z B G A U T H K X K Z L X J X Q E R M S
D G H Y I L I A V G V G S R Z T A T B G
I G U A T Z R S S E T A L P H P T W E M
Z V N E Z I T I Q P R P Z G P S H G V N
N C K L S E N K G E T T U I P T M D E R
S A Q P L T P R L N L A N F A O R E R O
S E P P R S L A E C L G P A R R N C A B
O P I K T E T I F T P J A V T K X O G W
F R O B I I G S S A A D C O Y H W R E E
T X L Y V N K N P T Y M I R D F L A S N
H Y B E R S S E A F R J F S D L S T E K
M O S L S T R W I N T A I W N R M I C D
A P L C A T E R E D T E E S E G P O I B
L C A K E Z Z A I J K W R P D R V N V O
I N V I T A T I O N S S A S I N F S D Y
K M M N Y G I F T S E I N Z H N E O A G
K Y P R O G S C B M D I E S P U C I O A
B W D K B Y Z Z A D W S U N E M K K R D
M E K P E E D G Z T L S U D K D C E Y F
```

ADVICE
BEVERAGES
BOY
CAKE
CATERED
CUPS
DECORATIONS
DIAPERS
FAVORS
FOOD
FRIENDS
GAMES
GIFTS
GIRL
GUEST LIST
INVITATIONS
LAUGHTER
MATERNITY
MENU
NAPKINS
NEWBORN
PACIFIER
PARTY
PLATES
PREGNANT
PRIZES
RELATIVES
STORK
TRIPLETS
TWINS
WRAPPING PAPER

Hanukkah

M	M	F	S	X	Q	J	L	A	S	D	H	I	F	G	T	E	V	E	T
K	V	P	E	N	A	S	E	Z	L	T	O	C	U	A	Z	F	U	C	M
M	U	D	U	A	L	F	M	W	M	T	F	O	U	M	B	U	E	P	M
Y	E	S	H	U	S	Z	I	Y	O	L	A	I	F	E	M	G	O	C	A
R	H	L	A	V	F	T	G	E	C	Z	N	R	G	S	S	T	L	A	C
O	E	G	A	D	E	D	I	C	A	T	I	O	N	H	A	J	A	L	C
T	B	N	L	S	F	M	S	K	N	Q	S	Z	A	T	E	V	V	E	A
C	R	I	A	I	U	B	L	O	V	B	G	M	O	L	S	E	I	N	B
I	E	N	T	C	F	R	V	I	E	X	A	P	L	H	A	L	T	D	E
V	W	N	K	X	F	I	E	N	O	S	A	Y	I	Z	U	S	S	A	E
K	U	I	E	V	V	G	D	J	H	N	D	N	Y	O	L	I	E	R	S
K	S	G	S	I	E	U	V	L	C	O	S	N	I	O	C	K	F	J	J
Y	N	E	S	L	R	R	I	A	U	T	O	Y	I	N	A	G	F	U	S
G	A	B	T	I	Y	G	K	G	D	U	M	L	A	T	D	L	H	H	E
I	H	D	N	Z	H	E	H	S	G	N	O	S	E	Q	X	E	O	A	L
V	S	G	T	T	S	N	H	A	R	O	T	N	K	R	T	D	L	R	C
I	I	L	S	H	U	C	A	N	D	E	L	A	B	R	A	I	I	O	A
N	W	T	J	T	G	J	A	B	C	M	P	T	D	M	U	E	D	N	R
G	E	Y	S	L	H	I	E	L	D	N	A	C	O	O	H	R	A	E	I
Q	J	T	V	A	G	A	E	T	Q	X	T	D	L	P	X	D	Y	M	M

ALTAR
BEGINNING
CALENDAR
CANDELABRA
CANDLE
COINS
DEDICATION
DREIDEL
EIGHT DAY
ENDURING
FEAST
FESTIVAL
FOOD
GAMES
GELT
GIFTS
GIMEL
GIVING
HEBREW
HOLIDAY
JELLY DOUGHNUTS
JERUSALEM
JEWISH
KISLEV
LATKES
LIGHTS
MACCABEES
MENORAH
MIRACLE
OIL
POTATO PANCAKES
SHAMASH
SHIN
SIVIVON
SONGS
SUFGANIYOT
TALMUD
TEVET
TOP
TORAH
VICTORY

CHAPTER 6

Delectable Word Searches

Cocktails

```
V E P M U I S P E M R F L O Y S Y N Z R
B T E M I Z A Q T E C O O W R O R T I A
F L L F R N F T V U L X N H A K Q G R N
W Q A A F G T I I D J N G I M I I E I J
Y H Z C R O R J F A A S I S Y H L G U M
R C I R K D C A U T M T S K D M O Z Q A
I E E T W R S H I L O O L E O A Q P I R
R F D E E H U L S M E Y A Y O N C Y A T
A E R N I R O S C I O P N S L H Z L D I
E C G O A P U O S R R X D O B A Z I A N
S G N N O X L S B I C I I U A T I F S I
F E G M I L E O S Y A Z C R T T F R O M
D C S N I T R L P I L N E K I A N O M O
L O X N O J S I A D A B D H R N I D I J
C M S T S G Q K E Y O N T Y A R G L M I
N O O G A L E U L B D X E Y G G S A V T
C I N O T D N A N I G N A N R Z T W G O
P I N A C O L A D A D C A W A J Y G P C
E L P M E T Y E L R I H S R M P U W B P
T E Q U I L A S U N R I S E B R C Y B Y
```

BLACK RUSSIAN
BLOODY MARY
BLUE LAGOON
BRANDY ALEXANDER
COSMOPOLITAN
DAIQUIRI
EGGNOG
GIN AND TONIC
GIN FIZZ
IRISH COFFEE
LONG ISLAND ICED TEA
MAI TAI
MANHATTAN
MARGARITA
MARTINI
MIMOSA
MINT JULEP
MOJITO
OLD FASHIONED
PINA COLADA
ROB ROY
SCREWDRIVER
SHIRLEY TEMPLE
STINGER
TEQUILA SUNRISE
TOM COLLINS
WALDORF
WHISKEY SOUR
WHITE RUSSIAN

Fruit

L	M	R	Z	R	X	A	T	N	W	M	O	M	H	O	W	M	P	M	J
Y	I	H	A	E	A	U	Y	A	O	D	K	Q	W	Y	V	A	E	R	P
I	J	B	Q	E	N	S	T	A	E	L	X	U	B	R	A	N	A	C	W
T	T	Z	Y	O	P	E	P	W	P	U	E	L	D	R	P	G	C	F	A
D	L	I	C	R	R	B	N	B	S	A	U	M	S	E	Y	O	H	P	N
I	A	O	U	M	R	G	O	J	E	E	P	L	X	B	R	S	N	I	Q
C	C	T	E	R	U	E	W	Y	B	R	F	P	S	N	R	T	O	N	G
S	Y	L	E	C	F	O	B	E	S	B	R	I	P	A	E	A	M	E	T
B	O	Y	N	A	I	E	R	E	T	E	L	Y	G	G	B	U	M	A	O
N	G	R	E	N	I	R	P	W	L	N	N	A	G	O	L	Q	I	P	C
T	M	R	G	T	Y	O	P	A	Y	K	A	B	C	L	U	M	S	P	I
A	K	E	N	A	U	Y	N	F	R	J	C	R	E	K	M	U	R	L	R
N	B	B	A	L	A	V	A	U	G	G	Q	U	R	R	B	K	E	E	P
G	A	N	R	O	H	O	N	E	Y	D	E	W	H	U	R	E	P	G	A
E	N	A	O	U	C	H	E	R	R	Y	R	A	E	W	C	Y	R	R	E
R	A	R	A	P	N	E	T	A	N	A	R	G	E	M	O	P	Z	R	R
I	N	C	P	E	O	L	S	T	R	A	W	B	E	R	R	Y	M	P	Y
N	A	Y	P	N	M	D	I	A	P	L	U	M	G	R	A	P	E	Q	W
E	B	Z	L	V	E	R	X	M	T	I	S	V	N	G	F	M	D	D	T
M	V	T	E	X	L	S	Z	D	E	G	C	Y	K	N	L	R	S	B	R

APPLE
APRICOT
BANANA
BLACKBERRY
BLUEBERRY
BOYSENBERRY
CANTALOUPE
CHERRY
COCONUT
CRANBERRY
CURRANT
DATE
FIG
GRAPE
GRAPEFRUIT
GUAVA
HONEYDEW
HUCKLEBERRY
KUMQUAT
LEMON
LIME
LOGANBERRY
MANGO
MELON
MULBERRY
ORANGE
PAPAYA
PEACH
PEAR
PERSIMMON
PINEAPPLE
PLUM
POMEGRANATE
RASPBERRY
STRAWBERRY
TANGERINE
WATERMELON

Vegetables

E	S	Z	W	M	P	W	T	L	W	J	O	H	L	L	C	S	I	P	B
W	R	X	P	G	O	Z	B	N	H	N	S	Z	E	V	P	O	I	J	U
C	Z	M	M	R	R	P	U	T	T	A	O	T	H	I	W	G	E	S	R
A	U	K	W	E	K	E	N	R	U	O	T	I	N	R	A	D	I	S	H
D	C	Z	P	E	W	L	B	Q	Z	U	R	A	N	I	B	P	V	W	L
E	C	K	W	N	W	A	S	M	C	C	C	R	A	O	E	B	F	R	E
Z	H	W	Z	P	F	R	T	E	U	H	Q	P	A	A	E	R	E	S	N
S	I	J	P	E	O	T	M	E	V	C	U	O	R	C	T	O	G	C	T
N	N	I	J	P	X	A	U	C	R	M	U	T	U	S	O	C	U	N	I
A	I	C	U	P	Y	R	P	R	P	C	I	C	I	Z	K	C	V	T	L
E	H	A	K	E	C	I	E	K	N	C	R	O	Y	A	R	O	H	S	S
B	D	M	R	R	N	G	I	K	H	I	Z	E	D	R	A	L	L	X	I
N	F	A	K	S	G	N	A	O	F	L	P	D	S	A	E	I	S	L	M
E	O	O	R	P	L	L	K	Y	C	I	O	L	A	S	C	L	P	P	Z
E	O	A	L	L	E	E	S	U	G	A	R	A	P	S	A	O	E	X	K
R	P	A	R	U	T	A	B	A	G	A	I	C	E	D	C	W	V	C	D
G	N	U	B	H	U	R	R	E	W	O	L	F	I	L	U	A	C	A	B
T	G	S	T	U	O	R	P	S	S	L	E	S	S	U	R	B	R	U	Y
E	Z	S	O	W	F	P	E	A	S	K	E	G	A	B	B	A	C	I	O
B	B	B	V	O	Z	B	E	U	Q	C	Y	O	T	A	T	O	P	N	N

ARTICHOKE
ASPARAGUS
AVOCADO
BEET
BROCCOLI
BRUSSELS SPROUTS
CABBAGE
CARROT
CAULIFLOWER
CELERY
CUCUMBER
EGGPLANT
GREEN BEANS
GREEN PEPPER
JICAMA
KALE
LENTILS
LETTUCE
OKRA
ONION
PARSNIP
PEAS
POTATO
PUMPKIN
RADISH
RUTABAGA
SPINACH
SQUASH
TURNIP
WATERCRESS
YAM
ZUCCHINI

Pies

S	D	R	E	H	P	E	H	S	R	H	S	P	T	G	Y	C	L	R	A
C	T	N	C	C	S	I	D	P	G	X	G	R	X	R	C	U	D	E	F
F	R	G	L	V	E	G	E	T	A	B	L	E	R	F	U	U	P	T	F
E	Y	M	O	B	Z	J	E	V	Y	Q	W	E	C	C	S	T	D	A	I
F	C	B	W	U	X	Q	C	O	L	R	B	T	O	I	T	H	C	L	A
D	W	A	P	T	R	H	L	M	E	E	R	C	V	W	A	Y	N	O	P
V	Z	N	H	T	Y	R	A	P	U	D	O	E	E	E	R	D	Y	C	P
N	J	A	K	E	C	Y	E	L	M	N	O	M	B	B	D	R	T	O	L
T	H	N	H	R	H	R	B	T	U	I	I	M	R	P	R	M	N	H	E
S	O	A	N	S	E	R	E	T	T	L	N	A	A	E	S	O	V	C	Y
U	V	C	P	C	R	E	V	L	Y	U	B	C	B	L	M	A	T	S	E
R	R	R	E	O	R	B	B	E	P	U	B	K	E	E	A	H	R	U	N
C	E	E	A	T	Y	W	K	A	H	P	C	T	L	M	T	E	G	P	I
F	Q	A	C	C	F	A	U	R	K	A	A	N	U	S	E	N	A	U	C
T	R	M	H	H	S	R	O	D	L	E	A	E	I	N	I	A	J	M	R
W	Z	U	G	A	F	T	F	B	U	C	D	N	N	R	A	V	T	P	E
O	T	I	I	S	T	S	Y	Y	E	M	Q	D	E	I	K	E	O	K	A
J	Y	K	F	T	I	E	E	P	N	U	T	M	O	B	P	M	P	I	M
F	R	Y	Y	J	O	T	A	T	O	P	T	E	E	W	S	T	Y	N	C
A	E	I	F	C	T	L	M	A	E	R	C	E	C	I	P	Q	E	B	K

A LA MODE
APPLE
BAKED
BANANA CREAM
BLACKBERRY
BLUEBERRY
BUTTERSCOTCH
CHERRY
CHOCOLATE
COCONUT
CREAM
CRUST
CUSTARD
FRUIT
ICE CREAM
KEY LIME
LEMON
MERINGUE
MINCEMEAT
MUD
NUT
PEACH
PEANUT BUTTER
PECAN
PINEAPPLE
PUMPKIN
RASPBERRY
RHUBARB
SHEPHERDS
STRAWBERRY
SWEET POTATO
VEGETABLE

Sandwich

```
N J P E G Y O Q S C M N C C X T C M S J
L I E X N E L D H C W E Z F S O E M B P
W Z T O M O F I V G F A B E T A O D B R
F U W I W E C I V F N G L E L K L O M O
O Y Z E A K A A R E G R U B E U L A W W
P S G F E A G T B S R G O D T O H V M U
U Z F N Y C L U B Q D W S E G G L O P I
O H Q M L B E H B A A A U N H R F C M F
F D H P Q R N L L E L H A R N E S A D I
T R X T N S I A A M A L B O S D R D A J
P P Y R Q U S V O T S I R C E T N O M J
S A U S A G E N I R A M B U S O T Q H N
Y F C E G S J S L E N J F A L A F E L N
A Y L E T T U C E X U T P E M X B U H O
R G N S O U S K A E T S U O K L B T U D
G A D H X O R T E T H W T V W R T J Q X
P V K I Q R I K R Y R C A L I D C A V H
H B B B B P V W E C S K Y I X B I H W Z
E V M J O S R B J Y H Q M V L G F R W N
A D L E P D U N Q J U N L Q I N P J Z H
```

AVOCADO
BACON
BLT
BOLOGNA
BURGER
CHEESE
CHICKEN

CLUB
CORNED BEEF
EGG SALAD
FALAFEL
HAM
HERO
HOT DOG

LETTUCE
LIVERWURST
MEAT BALL
MONTE CRISTO
PASTRAMI
PITA
REUBEN

SALAMI
SAUSAGE
SMOKED SALMON
SPROUTS
STEAK
SUBMARINE
TOMATO
TUNA SALAD
TURKEY

Breads

```
U I T A L I A N S T Y U G R R S T Q E P
N T X Q P M D I N F G W O U O S H G L C
L Q V G V V N A L A E H U U A Y X N E C
E F F K V C S G R L U D R O K K J H O U
A E H S A S R L C N T D T Q Z U S R M I
V Z I S I T I A P J O I Q F F R N W H X
E T N O M C I J C U P E U C C D L H U P
N E R U L E H P G K I W H C O K L O S J
E C R C T E L H A V E I H D S G O L H O
D B C C X A K B G D M D G I T I R E P H
D R O O H K S C A X O E W P T W B W U N
A I Z U F C J L I T R S P H O E S H P N
N O A E O F E P H N O P H O E N C E P Y
I C O N S K E A F A R A R S P A E A Y C
S H E D A N R E F R B E S E I O T T E A
H E J C I D S Q C N E A P T T R V S A K
D V E S T E Y R W A R N G M T Z I E R E
E O I A M U F F I N K O C E U E E I R Q
H A C C R U M P E T F E C H L P J L L V
R K K C A L B V A L L I T R O T B U N N
```

BAGEL
BISCUIT
BLACK
BRIOCHE
BUN
COFFEE CAKE
CORN
CORN DODGER
CRACKED WHEAT
CROISSANT
CRUMPET
DANISH
FRENCH
GARLIC
HARDTACK
HOECAKE
HUSH PUPPY
IRISH SODA
ITALIAN
JOHNNYCAKE
MELBA TOAST
MUFFIN
NUT
PITA
PONE
POPOVER
PRETZEL
PUMPERNICKEL
RAISIN
ROLL
RYE
SCONE
SOURDOUGH
TOAST
TORTILLA
UNLEAVENED
WHITE
WHOLE WHEAT

Candy

J	G	N	M	I	N	T	D	P	W	E	P	O	R	D	M	U	G	N	C
Z	Q	X	P	T	C	K	S	H	E	U	C	J	U	J	U	B	E	S	E
F	C	P	P	T	I	E	W	I	L	P	H	I	C	E	H	E	A	D	J
A	H	P	R	H	O	R	L	Q	N	O	P	A	R	M	G	L	V	Q	L
M	O	F	A	M	B	T	T	T	R	Y	N	E	Y	O	T	D	X	X	W
R	C	X	L	D	C	D	U	E	T	D	D	D	R	W	C	E	U	O	B
G	O	L	I	R	L	T	H	T	Y	I	N	N	A	M	L	I	P	F	B
V	L	O	N	V	Q	O	R	C	T	A	R	T	A	P	I	O	L	U	S
N	A	L	E	O	U	A	O	E	C	I	E	B	P	C	P	N	T	O	M
A	T	L	E	N	S	R	E	N	M	R	F	A	T	C	D	T	T	U	W
E	E	I	D	A	N	F	O	U	T	C	D	R	O	U	E	R	G	N	O
B	Y	P	V	F	F	T	G	A	Y	E	O	R	U	R	N	G	A	R	L
Y	F	O	W	O	T	E	F	C	I	D	N	U	S	I	N	A	A	H	L
L	F	P	T	O	L	F	L	D	A	B	N	C	G	I	T	B	E	N	A
L	A	Q	C	B	Y	S	N	O	A	R	O	A	W	H	T	T	O	P	M
E	T	U	B	D	S	A	D	L	Z	T	A	E	C	U	D	B	I	F	H
J	M	U	Q	I	C	H	L	Z	C	E	H	M	N	K	N	R	Y	C	S
P	B	B	K	Y	S	S	K	H	V	C	N	A	E	O	C	S	O	I	R
U	O	S	U	G	A	R	P	L	U	M	E	G	B	L	E	O	E	P	A
A	N	O	U	G	A	T	K	C	K	P	O	V	E	P	G	W	R	V	M

BONBON
BUBBLE GUM
BUTTERSCOTCH
CANDIED APPLE
CANDY CORN
CARAMEL
CHEWING GUM
CHOCOLATE
COTTON CANDY
COUGH DROP
FUDGE
GUMDROP
HARD CANDY
HOREHOUND
JELLY BEAN
JUJUBE
KISS
LICORICE
LOLLIPOP
LOZENGE
MARSHMALLOW
MINT
NOUGAT
PEANUT BAR
PEANUT BRITTLE
PEPPERMINT
POPCORN BALLS
PRALINE
ROCK CANDY
SALTWATER TAFFY
SUGARPLUM
TAFFY
TOFFEE
TUTTI FRUITTI

Cheese

O	C	F	F	A	S	D	E	T	T	C	F	O	N	T	I	N	A	P	I
D	U	Z	N	O	M	T	X	G	K	R	N	U	J	O	U	L	Q	C	C
X	W	U	W	S	X	E	R	W	M	H	E	K	F	Z	D	T	Y	K	L
B	A	M	Z	S	N	O	R	I	T	A	D	A	T	G	W	X	W	R	A
S	L	T	L	R	D	M	P	I	N	D	A	T	D	X	G	A	N	G	N
H	P	E	T	O	W	I	G	Q	C	G	M	E	P	O	E	U	L	B	L
X	K	A	T	O	M	J	D	N	N	A	K	F	R	K	H	W	Y	B	M
K	O	P	R	E	C	S	S	V	V	C	N	G	F	E	B	B	D	M	S
B	T	R	N	M	F	I	E	S	A	O	O	C	H	E	D	D	A	R	Z
B	E	T	E	M	E	R	R	J	I	N	P	Y	U	C	M	L	Z	M	N
D	O	I	Q	D	E	S	N	H	Z	W	C	V	O	A	D	N	C	T	R
S	Y	P	R	Y	A	S	A	O	M	G	S	L	K	D	A	P	A	R	M
D	R	T	U	B	I	S	L	N	N	U	B	S	P	R	R	F	M	O	U
M	Z	R	U	M	H	A	A	G	A	Y	N	X	K	O	S	A	E	F	E
A	G	A	L	L	E	R	A	Z	Z	O	M	R	V	G	M	R	M	E	N
F	J	P	C	H	Z	U	X	R	Q	U	E	O	Q	O	O	M	B	U	S
W	J	I	G	S	A	O	L	G	W	D	L	T	S	U	K	E	E	Q	T
K	G	K	T	K	A	S	U	T	E	O	G	M	D	D	E	R	R	O	E
P	F	W	L	O	C	C	C	I	N	G	O	A	T	A	D	D	T	R	R
C	P	K	N	H	C	W	L	E	L	I	M	B	U	R	G	E	R	C	Y

AMERICAN
ASADERO
BLUE
BRIE
CAMEMBERT
CHEDDAR
COLBY
COTIJA
EDAM
FARMER
FETA
FONTINA
GOAT
GORGONZOLA
GOUDA
GRUYERE
JACK
LIEDERKRANZ
LIMBURGER
MOZZARELLA
MUENSTER
PARMESAN
PIMENTO
PROVOLONE
RICOTTA
ROQUEFORT
SMOKED
STRING
SWISS

Condiments

T	Y	Y	X	L	E	N	N	E	F	S	E	V	I	H	C	E	N	H	A
N	X	S	C	S	E	V	I	L	O	G	E	M	T	U	N	G	S	P	E
P	O	H	O	R	S	E	R	A	D	I	S	H	G	H	S	I	P	A	S
A	Y	M	E	C	U	A	S	R	A	T	R	A	T	A	D	L	V	N	I
R	R	S	A	Z	B	B	O	G	J	C	F	D	L	A	E	T	C	C	A
S	R	L	U	N	J	Z	D	L	I	C	A	A	R	S	X	H	O	H	N
L	U	R	A	G	N	E	D	R	A	N	D	P	A	Q	I	X	M	O	N
E	C	J	E	H	A	I	E	N	A	D	G	U	E	L	R	I	B	V	O
Y	Z	L	J	D	N	R	C	C	R	T	C	E	I	R	N	H	E	I	Y
N	O	I	N	O	W	P	W	E	U	E	S	S	R	T	N	O	N	E	A
S	P	I	C	E	I	O	S	X	N	A	A	U	L	O	N	Y	I	S	M
Z	Q	Y	X	C	W	S	P	P	R	U	S	I	M	A	E	O	R	Y	T
V	O	G	K	M	I	Q	W	C	C	A	O	N	G	G	T	X	A	E	L
P	Q	L	A	N	G	S	N	E	I	E	G	E	I	N	A	L	G	N	A
H	E	L	G	O	D	P	Z	R	M	L	R	E	E	S	E	Z	R	T	S
S	B	U	T	T	E	R	E	A	F	O	R	M	N	Z	I	E	A	U	C
R	E	L	I	S	H	P	S	V	U	V	I	A	P	I	A	O	M	H	W
I	V	K	Z	O	P	E	H	W	Z	P	I	H	G	P	V	S	H	C	S
C	F	Y	X	E	S	A	K	C	H	I	L	I	P	E	P	P	E	R	G
X	M	P	P	E	C	U	A	S	Y	O	S	C	A	T	S	U	P	E	I

ANCHOVIES
APPLESAUCE
BUTTER
CAPER
CATSUP
CHILI PEPPER
CHILI SAUCE
CHIVES
CHUTNEY
CINNAMON
CURRY
FENNEL
GARLIC POWDER
GINGER
HOISIN SAUCE
HORSERADISH
MARGARINE
MAYONNAISE
MINT
MUSTARD
NUTMEG
OLIVES
ONION
OREGANO
PARSLEY
PEPPER
PICKLES
PIMENTO
RADISH
RELISH
SALAD DRESSING
SALT
SESAME OIL
SOY SAUCE
SPICE
SUGAR
TARTAR SAUCE
VINEGAR

Wine

U	V	M	H	O	U	S	P	S	L	E	D	N	A	F	N	I	Z	S	P
O	M	T	V	Y	I	K	P	V	C	U	R	R	A	N	T	J	U	B	Q
Q	C	I	S	L	R	A	J	E	N	I	W	T	R	E	S	S	E	D	Y
T	C	M	B	X	R	I	N	O	J	L	E	T	A	C	S	U	M	E	E
J	I	A	H	K	B	L	A	C	K	B	E	R	R	Y	D	N	T	J	L
K	H	H	L	C	J	R	V	G	O	Y	U	X	D	G	S	I	U	X	L
C	C	I	Q	J	L	K	I	C	R	D	R	O	K	A	H	G	G	P	A
N	N	U	P	C	H	I	S	O	E	E	O	R	U	W	E	Y	C	G	V
G	O	L	D	D	H	U	M	I	N	T	N	V	E	L	D	E	C	E	A
L	A	I	F	D	R	A	F	U	R	T	I	A	D	H	T	L	H	A	P
O	I	N	L	B	L	I	M	O	A	G	O	E	C	E	S	L	A	I	A
G	Z	T	M	E	T	O	P	P	N	R	R	N	N	H	T	A	R	N	N
A	Q	A	N	R	D	Y	C	O	A	B	F	R	I	R	E	V	D	R	B
N	L	I	O	A	N	N	N	E	E	G	E	B	O	P	F	A	O	O	U
B	E	F	R	W	I	B	A	R	X	B	N	P	E	U	Q	M	N	F	R
E	N	Q	A	E	L	H	R	D	A	Y	P	E	X	I	U	O	N	I	G
R	I	T	H	A	D	Y	C	C	K	O	S	H	E	R	L	N	A	L	U
R	H	J	N	C	N	A	L	B	N	I	N	E	H	C	F	O	Y	A	N
Y	R	C	P	Q	D	B	P	B	O	R	D	E	A	U	X	S	A	C	D
Q	Y	E	D	Y	G	O	Y	T	Q	R	I	E	S	L	I	N	G	R	Y

BLACKBERRY
BORDEAUX
BURGUNDY
CABERNET
CALIFORNIA
CHABLIS
CHAMPAGNE
CHARDONNAY
CHENIN BLANC
CHIANTI
COLD DUCK
CURRANT
DANDELION
DESSERT WINE
ELDERBERRY
FORTIFIED
GRENACHE
JUG
KOSHER
LAMBRUSCO
LIEBFRAUMILCH
LOGANBERRY
MUSCATEL
NAPA VALLEY
PINOT NOIR
PORT
RED RHINE
RIESLING
SAUVIGNON BLANC
SHERRY
SONOMA VALLEY
SPARKLING
TAWNY PORT
WHITE
ZINFANDEL

Salads

P L N I W P J P R Z C A T C S T D C V Z
E M H X Z R Z C F I J M R W F F C I B E
X D E E N C A F L Y W A C O W L N N R P
C E Z N R E H N T M D O N O H A S W A U
S Q S E S A J I Q D D T R V I K A R D Z
T I Y A Y R A V N A O O C G X T F E I H
O Y R C P I D M C E M C R O E A U B S Y
S W C E O V C O B A S E R R B H E M H R
S E F S I L V E I R T E C O V B O U F X
E G R I N A E N B T O R C J U T V C R T
D A O A M D E S E E E S K H A T L U U H
G B D N C D O D L S R H I T I I O C I R
N B L N X P Y Q S A S G O A O C Q N T E
I A A O C S S E S I W P K R O E K F S E
S C W Y R U V P F C I L A N T R O E B B
S H Z A U I I A P D A L A S F E H C N E
E H Q M D N N A O J I N O R A C A M F A
R G K N A U S S D P I L E T T U C E S N
D E E C T T I D D C W S T O M A T O E L
C H H R A C K H N K D Z G L J G H N J O

AMBROSIA
AVOCADO
CABBAGE
CAESAR
CHEF SALAD
CHINESE CHICKEN
CILANTRO
COBB
COLE SLAW
CROUTONS
CUCUMBER
DRESSING
ENDIVE
FRUIT
ICEBERG
LETTUCE
MACARONI
MAYONNAISE
OIL
PASTA
POTATO
RADISH
ROMAINE
SPINACH
THREE BEAN
TOMATO
TOSSED
TUNA FISH
VINAIGRETTE
WALDORF
WATERCRESS

Pasta

W	U	V	A	V	O	F	J	L	L	C	L	I	I	K	P	T	I	R	R
X	Q	X	U	V	J	H	I	U	A	O	L	T	F	Q	R	A	N	L	A
D	N	X	X	P	W	N	M	V	J	L	T	N	B	I	E	G	I	P	V
T	T	J	I	V	G	A	A	O	E	E	E	B	C	E	L	L	L	A	I
A	Y	E	W	U	C	T	H	C	H	G	Z	E	R	X	U	I	L	D	O
G	R	E	I	H	E	Y	I	G	G	N	N	I	W	B	M	A	E	T	L
L	E	N	E	L	L	M	A	N	V	O	T	R	T	E	A	R	T	H	I
I	E	N	L	B	R	P	O	M	O	W	P	U	L	I	C	I	R	A	N
A	I	I	I	E	S	O	O	D	H	C	W	L	F	K	O	N	O	I	T
T	N	V	V	C	D	E	L	Y	P	I	E	R	L	C	N	I	T	L	O
E	O	C	O	L	C	E	I	F	F	N	P	R	G	J	I	Y	M	K	J
L	T	K	E	P	S	U	C	L	A	C	A	N	N	E	L	L	O	N	I
L	A	S	K	E	E	I	T	P	G	D	F	M	F	U	S	I	L	L	I
E	G	J	F	N	P	C	M	T	L	I	U	A	A	F	W	R	C	F	N
E	I	I	K	N	N	A	D	O	E	A	H	M	R	C	I	Q	H	M	O
H	R	Y	B	E	C	A	X	Q	X	F	S	C	P	F	A	O	W	O	T
C	S	L	L	A	B	O	Z	T	A	M	R	A	N	L	A	R	R	Y	N
I	R	A	M	E	N	W	T	A	A	P	B	M	G	O	I	L	O	I	O
L	H	Y	O	D	M	G	C	K	P	F	H	N	A	N	C	N	L	N	W
E	L	I	D	Y	U	B	A	K	Y	V	V	R	C	T	A	O	G	E	I

CAMPANELLE
CANNELLONI
CAVATELLI
CONCHIGLIE
DUMPLING
EGG NOODLES
ELICHE
FARFALLE
FETTUCCINE
FIORI
FUSILLI
LASAGNA
LINGUINE
LUMACHE
LUMACONI
MACARONI
MATZO BALLS
PAD THAI
PENNE
RAMEN
RAVIOLI
RICE NOODLES
RIGATONI
SPAGHETTI
TAGLIARINI
TAGLIATELLE
TORTELLINI
VERMICELLI
WON TON
ZITI

Liquor

U W E A A Q G Z K C A W Q Y Y X R R E P
L S I B B Q S I W L B P D T H U Z Y D V
L I P P U M R L S I T S A P M V U E T L
R G Q G G S V W I Y P H M U E X C I E Y
V M G U C R Q S R V R U A H C T H M M Z
P E Y H E O M Z A N O R L R G X H R A H
Z Z N N L U T Z G O E V E Q X W N B O P
E N J G A T R I P B N T I H U C O J U R
B Z T N A J I J R R I G V T S E O F B M
O Q Z S U P I Z A U H B O K Z P Z S H Y
O S P Y T W M O K O S G R A P P A J B L
Z Y Z R N I M A I B N T W Y D N A R B A
E N I G J S R D H K O E H C O G N A C C
J K J M E G C I Q C O Q I H C F G P V S
L C P G Z H O O P U M U S N C O C O O E
B J R A F A E P T S T I K S R O Z R D M
Z T B T W Y N P W C M L E G R U O I K K
U K A B S I N T H E H A Y V O J K H A O
E U E H X W X V J V D A L E Y D U T K K
I P S C I D L U A U J Q O M O K K U D R

ABSINTHE
BOOZE
BOURBON
BRANDY
CHAMPAGNE
COGNAC
GIN
GRAPPA
GROG
HOOCH
KIRSCH
LIQUEUR
MESCAL
MOONSHINE
OUZO
PASTIS
PULQUE
RAKI
RUM
RYE
SCOTCH
SHERRY
SLIVOVITZ
SPIRITS
TEQUILA
VODKA
WHISKEY

Beverages

A	C	S	W	G	K	U	A	I	O	O	D	E	L	A	D	O	S	R	F
J	M	G	F	P	J	M	L	C	E	N	D	I	C	I	O	W	E	Y	C
M	P	S	R	N	L	E	O	N	E	A	C	G	O	B	Q	T	Q	O	D
G	Y	M	O	A	G	I	C	E	E	H	A	I	C	R	A	U	G	G	T
T	N	V	E	G	P	F	M	G	D	J	E	N	K	W	A	N	E	E	U
E	W	I	N	H	B	E	N	E	D	H	F	G	T	W	A	T	V	U	H
Y	D	O	L	E	O	A	J	W	A	X	X	E	A	C	B	M	C	B	R
Z	G	A	E	K	R	T	T	U	Y	D	I	R	I	C	U	P	I	E	L
D	E	R	N	O	R	N	C	H	I	E	E	A	L	D	T	O	M	L	N
O	E	C	E	O	B	A	O	H	C	C	U	L	S	J	T	R	O	C	K
I	A	Q	O	G	M	M	P	I	O	L	E	E	P	P	E	A	T	E	A
O	O	O	O	F	C	E	U	S	S	C	S	R	U	X	R	N	B	Y	U
X	W	E	C	I	F	J	L	N	A	N	O	N	N	G	M	G	Z	R	T
A	O	H	D	O	O	E	P	R	O	O	C	L	A	B	I	E	R	U	M
Y	E	E	D	T	C	C	E	R	M	H	Z	C	A	A	L	J	M	Z	Z
Y	R	T	A	D	E	T	A	N	O	B	R	A	C	T	K	U	U	U	J
R	O	M	D	A	B	H	O	P	E	C	U	K	Q	P	E	I	S	O	E
H	O	O	X	E	X	B	C	M	U	H	H	W	I	N	E	C	L	A	U
T	L	K	F	B	C	R	V	K	O	E	T	I	Z	M	J	E	G	G	C
G	O	O	K	R	M	I	S	R	Z	O	S	S	E	R	P	S	E	F	F

BEER
BUTTERMILK
CARBONATED
CIDER
COCKTAIL
COCOA
COFFEE
COGNAC
COLA

EGGNOG
ESPRESSO
GINGER ALE
GRAPE JUICE
HOT CHOCOLATE
ICED TEA
LEMONADE

LIMEADE
LIQUEUR
MILK
NECTAR
ORANGE JUICE
ORANGEADE
PUNCH

RUM
SODA
SPARKLING
TEA
TOMATO JUICE
WATER
WINE

Soups

```
H N Y Q D L C V G A D A L A Y H Y R G M
G B O O W H C W V O E G A T T O P K I O
Q A S L I U S Z E O L T Y F I A J A O C
V F Z C L M L G M G W K P M R W N N R K
J F K P W I D E N R H I I X E O I E M T
A E I B A I U O D U G N H S I O D Z U U
N J D O R C O O E B E E S N N W K T S R
U K J R N D H L B S G I O T O A E L H T
Q A O Z L B B O T G A H S H H B R P R L
M P M E G A A R D B C A C H A C O N O E
A I K W T Y O R A N W M N H A T S S O V
S Z S E T N O L E H A C P V A R O R M O
U P G H E P L R N L P L C T Y K K W O H
I E L W O I F O C P A S O O S I M F I B
V O G I U S T Z A L L A B O Z T A M I T
H X T O T N H T O M A T O B I S Q U E N
T T B G O P N I G U M B O S T O C K Z W
O A E W Q A E B R C I H T P T T F Z H C
R I Q D E X T A Y U O E H K W X Z Z T J
B L J B F T F I S H C H O W D E R R L J
```

ALPHABET
BEAN
BISQUE
BORSCHT
BOUILLABAISSE
BOUILLON
BROTH
BURGOO
CHICKEN
CLAM CHOWDER
EGG DROP
FISH CHOWDER
FRENCH ONION
GAZPACHO
GUMBO
MATZO BALL
MINESTRONE
MISHOSHIRU
MISO
MOCK TURTLE
MUSHROOM
NOODLE
ONION
OXTAIL
PORRIDGE
POTATO
POTTAGE
SHARK FIN
SPLIT PEA
STOCK
TOMATO
VEGETABLE
WON TON

Sauces

```
X T T E E U C E B R A B A S K Z P J J N
E Z Y A L M A C Q E C Q P W E A X H W I
M T R D R A O L H F N G Q E S Y V A R G
E A T A N T C O F E E C B E E M A E R C
D S R E G A A N R R E B L T E M X N L R
H R I S R E L R E H E S A A H A E N I C
C O A A A G N S S V S D E N C R C B A W
F H I T N L I I I A O U O D U I U O T Q
J G I S S G A A V D U R M S E N A R K C
F C W L I U O G N D N C P O L A S D C V
B K I W I N M L V I N A E U B R E E O A
X U I W A O V A O X V A S R Q A T L C I
K N K K P T O N R B R B L U R B I A R C
E K L E M O N B U T T E R I O V H I N I
Q M I E S I A D N A L L O H O H W S N D
J B X G N I S S E R D D A L A S T E Y S
A P M A Y O N N A I S E A U P O I V R E
W P U S T A C J R O Q U E F O R T Y H Z
G Y M N G R U E S S A H C C U R R Y O U
P F Y G S S D E M I G L A C E G S Y Y S
```

ALFREDO
AU POIVRE
BARBECUE
BLEU CHEESE
BOLOGNAISE
BORDELAISE
CATSUP
CHASSEUR
CHEESE
CHILI
COCKTAIL
CREAM
CURRY
DEMIGLACE
GRAVY
HOISIN
HOLLANDAISE
LEMON BUTTER
MARINARA
MARSALA
MAYONNAISE
MUSHROOM
MUSTARD
OIL AND VINEGAR
PROVENCALE
ROQUEFORT
SALAD DRESSING
SOY
SWEET AND SOUR
TARTAR SAUCE
THOUSAND ISLAND
VINAIGRETTE
WHITE SAUCE
WINE

Seafood

```
E Q J Q P J P I B E X C Q Y A E E J J O
L T P P J Z W O J R A E S N A P P E R L
O W U L Q U U D L V X H H D K A R W E R
S D X B U E P Z I L X Y S B G W P S O L
D T S S I I C A Y D A E X I R D S B Y O
H H W X Z L R T T Y S C I W F U I A S B
O C Z N Z T A Z G C C T S A M D S R T S
J R R T S U W H A S H R I M P E R C E T
C X A E A K I R Z E K N D Q M F E O R E
C O O N P H G K K W H Z S N A T O L W R
A R D Q G O S M O K E D H E R R I N G S
B K A F T E M Q K G Y O Y O M D C U H C
A S C Y I N R W T T R C Q V G E V S A R
L O N O F S O O C A L I M A R I I N I A
O H C A D I H M U K E G S F X F T W P W
N X X T I D S Z L G S X N W T T K A A D
E C D M O L A H Z A H R Q A I F T R L A
Q U A A G P J H O U S Y C Z G G K P I D
O L Q K J O U S T R I P E D B A S S T C
C O L L K L I S S Q U I D C V X V H F Y
```

ABALONE
CALIMARI
CATFISH
CAVIAR
CLAM
CODFISH
CRAB
CRAWDAD
CRAYFISH
EEL
ESCARGOT
HADDOCK
HALIBUT
LOBSTER
MUSSEL
OCTOPUS
ORANGE ROUGHY
OYSTER
PERCH
PRAWN
SALMON
SCALLOP
SHRIMP
SMOKED HERRING
SNAIL
SNAPPER
SOLE
SQUID
STRIPED BASS
SWORDFISH
TILAPIA

Italian Foods

```
I B T A N Q O F D P P O L E N T A E K P
Q P I R T F O B R U S C H E T T A V Z R
E M O S E T O R A C T A T S A P V F E O
B L E L C C O E U Z N L E S E R P A C V
N J A L L O C C W S Z T E N A P L V L O
Q B U S A A T I I Y H I H Y Q V X T D L
K C T G A N V T A R P E P L Y O L W F O
P L W Q N G Z A I G B G Y T C Q E M J N
S A Z Z D O N A C B O C C O N C I N I E
E S N Y D A C A N O P A N Z E R O T T I
J C L N A F B C O E I M H C W A O A A P
A A P Q E C T L H R L C U B T Y R N O E
I M O C B L I C I I K M A T O A T T A C
C O Y E H V L S F B P G O C N I A L G O
C R V F E L O E H I J B D C P L I A A R
A Z U O L T I Z T S M I I A E C L C V I
C A I Z T J D T Q A A N S G I A N N W N
O L V O W L U K I Y I T C A L Z O N I O
F D O L C I T C E T I S P A G H E T T I
D T C V F E C Y X K C I C O R I A Z W W
```

ALICI
ANTIPASTI
ARANCINI
BISCOTTI
BOCCONCINI
BRUSCHETTA
CACIOCAVALLO
CALZONI
CAPRESE
CIAMBOTTA
CICORIA

CUMPITTU
DOLCI
FOCACCIA
GELATO
GNOCCHI
LASAGNA
MELANZANE

OLIVE OIL
PANE
PANNELLE
PANZEROTTI
PASTA
PECORINO
PIZZA

POLENTA
PROVOLONE
RICOTTA
RISOTTO
SCAMORZA
SPAGHETTI
TRECCIA

CHAPTER 7

Scientific Word Searches

Body Parts

```
W T S T O M A C H P R F L B M L Z M W N
I U D O O L B G I X S T E R R P R B R V
I V Y O O B F H O E A E G R A K K O I H
W M U K U L F K P I L C L F A K N H S I
V I O F I O J H P T T A K E E L T E T B
E C N T S D E O T H A F U E H U P Y E I
J I G G W D N P G R E N H A O D L O O C
K S E K F O E E O O A C K M N Y A U O P
H L H A C U B I Y A R X M L E S C U J E
T Q R R G E N L J T U U B B E S S E S F
O T G N G O N I E F S D A E H P O H Y M
O U O B F A U Z A C O S W S J M O N L E
T T L K E T R N L R W O K L K U N A I L
K B Q A S E B E I Z B K T R L I X M F U
J D X E G D A M K H P O P D E C N F T M
B O H N C H D V U P C L E W Z V L B R X
D C I M U R A D A H B R R G T E I E A V
K F B O Y S P I Q P T N U O S D N L E R
K R L F K D F B R K R G Q H U O M G H T
K I X M N Z Y D N A H B X Q B H K Q V E
```

ANKLE
ARM
BLOOD
BONE
BRAIN
CHEEK
CHEST
CHIN
EAR
ELBOW
EYE
FACE
FINGER
FLESH
FOOT
HAIR
HAND
HEAD
HEART
HIP
KIDNEY
KNEE
LEG
LIP
LIVER
MOUTH
MUSCLE
NAIL
NECK
NOSE
SCALP
SHOULDER
SKIN
STOMACH
THROAT
THUMB
TOE
TONGUE
TOOTH
WRIST

Constellations

```
T C I S M L E P U S L U P U S S G G O W
O G A N U U S C U L P T O R P N W J G S
R D D C S T L I L U M R X I T E R Y R L
I O E A C U E U J E E S S S J P I P I D
O V L M A Y N C G T O C U G W R F T V O
N P P E I M J R A N E U S N S E I A A R
U U H L E I U R O S A U S U G S E J T A
G N I O P P C T X C N I I U K Y K V T D
L K N P O X H N U A I R R S V A C O I O
Z E U A I A Y O D C A R O T N R P Q G V
G Y S R S L R I E T S R P D P H O G A L
U T L D S T R A T N E X R A I F J C S C
G E Y A A E U I S C I O H U C O C A R D
S Z R L C R G U O G M X C P E R S E U S
S U A I B A I N E E D H S U I R A U Q A
U C S S S P O M D H U S E L U C R E H A
R X J A R M I A E S A U R I G A P E F M
U W U O G N R E C N A C A R I E S K D R
A C C R I E M E N S A M A R D Y H I C O
T S F W C K P F H K C E N T A U R U S N
```

ANDROMEDA
AQUARIUS
ARA
ARIES
AURIGA
CAMELOPARDALIS
CANCER
CAPRICORNUS
CASSIOPEIA
CENTAURUS
CETUS
CORVUS
CRATER
CRUX
CYGNUS
DELPHINUS
DORADO
DRACO
ERIDANUS
GEMINI
HERCULES
HYDRA
LEO
LEPUS
LUPUS
LYNX
LYRA
MENSA
MONOCEROS
NORMA
OPHIUCHUS
ORION
PEGASUS
PERSEUS
PHOENIX
PISCES
SAGITTA
SAGITTARIUS
SCORPIUS
SCULPTOR
SCUTUM
SERPENS
TAURUS
TRIANGULUM
VIRGO

Diseases

```
M G C X Q Q R C S I S O I H C I L R H E
G Q R S L F G A T U B E R C U L O S I S
M U E A V I H M S I S O I S E B A B Y E
V T J L A T I P H H G I A R D I A S I S
U S V M D Y K Y A E E C H L A M Y D I A
C J Q O T L N L L M P P J F O E P W A S
S N S N Z Y Q O A C E A A K P O O O L U
S V E E J Z P B C H S B T T B Z L N L A
I P L L V V T A C Q E I I I I V I V E L
N E S L I E Q C O I Z P T A T T O N B L
F R A O C Y S T C L D T A I S I I L U E
L T E S Z Q A E O F B D W T G I S S R C
U U M I U Z M R T E T I X T I N S B C I
E S B S V U X I P S E I B A R T I S K R
N S N T M V P O E C O P H W D Q I N L A
Z I A P M P T S R S Y P H I L I S S E V
A S S O U F E I T G O N O R R H E A A M
Q V E D T B K S S S I S O L L E G I H S
O S I S O I D I R O P S O T P Y R C R C
H W E S T N I L E V I R U S L Y M E O I
```

AMEBIASIS
BABESIOSIS
CAMPYLOBAC-TERIOSIS
CHLAMYDIA
CRYPTOSPO-RIDIOSIS
EHRLICHIOSIS
GIARDIASIS
GONORRHEA
HEPATITIS A
HEPATITIS B
HEPATITIS C
HIV
INFLUENZA
LYME
MEASLES
MENINGITIS
MUMPS
PERTUSSIS
POLIO
RABIES
RUBELLA
SALMONELLOSIS
SHIGELLOSIS
STREPTOCOCCAL
SYPHILIS
TUBERCULOSIS
VARICELLA
WEST NILE VIRUS

Elements

V	X	C	V	N	E	Q	N	S	O	D	I	U	M	R	P	M	A	K	J
D	W	G	V	D	R	Q	M	E	R	L	K	S	K	A	R	U	O	C	S
F	E	J	E	C	B	N	M	U	G	E	E	L	Z	D	T	I	V	O	Y
M	X	N	X	F	I	I	U	R	I	O	P	A	O	I	I	S	T	B	W
R	S	C	I	C	N	X	N	T	N	N	R	P	D	U	T	S	C	A	G
M	E	F	K	D	N	G	E	Y	G	E	A	D	O	M	A	A	M	L	W
W	M	E	X	E	O	H	D	M	T	E	G	R	Y	C	N	T	U	T	Y
L	L	U	G	F	T	I	B	D	U	N	R	O	U	H	I	O	N	I	N
T	V	Y	I	U	Y	C	Y	W	I	I	K	M	R	N	U	P	I	O	M
L	X	I	M	R	A	I	L	T	C	M	M	R	A	T	M	M	M	F	U
O	U	S	J	L	A	C	O	X	T	E	U	O	Y	N	I	X	U	L	I
X	I	T	C	A	E	B	M	U	N	S	M	I	R	P	I	N	L	U	H
B	H	I	R	R	R	R	N	B	O	E	U	I	N	H	T	U	A	O	T
A	U	G	I	R	E	G	O	N	B	N	I	R	D	O	C	O	M	R	I
M	O	U	A	V	S	R	O	Y	R	A	S	O	Q	L	C	S	N	I	L
N	M	D	L	T	O	E	P	Y	A	G	E	N	Z	M	O	R	J	N	F
Q	O	I	E	N	N	Z	H	U	C	N	C	C	N	I	Z	G	I	E	P
N	S	N	C	A	D	M	I	U	M	A	C	I	N	E	S	R	A	Z	K
M	U	I	R	O	H	T	Y	B	W	M	M	U	N	I	T	A	L	P	A
S	U	L	F	U	R	H	Y	R	U	C	R	E	M	M	U	I	L	E	H

ALUMINUM
ARGON
ARSENIC
BARIUM
BISMUTH
BORON
CADMIUM
CALCIUM
CARBON
CERIUM
CESIUM
CHROMIUM
COBALT
COPPER
FLUORINE
GERMANIUM
GOLD
HELIUM
HYDROGEN
IODINE
IRON
KRYPTON
LEAD
LITHIUM
MANGANESE
MERCURY
MOLYBDENUM
NEON
NICKEL
NITROGEN
OXYGEN
PLATINUM
POTASSIUM
RADIUM
RADON
SILVER
SODIUM
SULFUR
THORIUM
TIN
TITANIUM
TUNGSTEN
URANIUM
ZINC
ZIRCONIUM

Minerals

```
J E U S J U P Y R I T E U M U S C O W F
Q P T D M V R Y B Y T B B H U V A K Z I
U X J V D A G A V G K C B A R I T E M V
A N M X W H L F P T A G A A F E D A T M
R B U B Q D L A L S Y S E L T A O G C I
T E L Y P I C A C A D S B I C N P A T D
Z R A Q G V S L M H I L R E Y I D T E E
T Y G N A C C E D O I O E X S D T E T R
K L I M H I T I U T U T D F M T H E I I
C T B V S H A Q Y L E M E N F I O X T H
E E X P Y A R V F H D A E E O E C S A P
R O C S N U F E E J A G T T M M Z A M P
T O T U T A S G B A J N E C I E A D E A
M O M A G N E S I A A E N H M H R I H S
Q C P G F J M R A N Y T R A Q G P A D H
Y L Z A A G F D E U B I A L A P G A L O
P A N S Z K J L F Q U T G K L A P O R D
X T P I P G A K P H R E E T I X U A B G
Q E Z B A G T W R M L H G Y P S U M U Q
R L G C E P O J J P F N D R V B S C F A
```

AGATE
ALUM
AMBER
AMETHYST
ASBESTOS
BARITE
BAUXITE
BERYL
CALCITE
CHALK
DIAMOND
EMERALD
FELDSPAR
FLUORITE
GALENA
GARNET
GRAPHITE
GYPSUM
HEMATITE
JADE
JASPER
LIGNITE
MAGNESIA
MAGNETITE
MALACHITE
MICA
ONYX
OPAL
PYRITE
QUARTZ
RUBY
SALT
SAPPHIRE
TALC
TOPAZ
TURQUOISE

Scientists

```
G P A I X G O K G E V W E Z I A P B T M
R W I N C L A Q C J I R K M O I Q I R I
E Z R O Y N D L N I N R R C E J E R C C
B T E T L A I I I S R E U R X H Q H Q H
N Y L W H I V V T L F C E C N K A O E A
E A P E L O N M A O E D S E E R T D Z E
S L E N Q O A U C D E O R I L I W T C L
I B K C R C R I S F O H G E C I R A Z F
E E S A H P R D E P A D S A N N R A D A
H R E A I N Y R K F A D R H L L A I M R
R T N S E F M G L E A U U A G I L R L A
E E N I P A F E W R L B L A N C L O F D
N I A R T L I F W G B V U I U O Z E T A
R N H I P R H I D L U S I E N S E A I Y
E S O S B B N I E I S P C N K G F L O U
W T J A N I L K N A R F N I M A J N E B
I E G I N O C R A M O M L E I L G U G C
T I G N I K W A H N E H P E T S O H W O
U N O K N A B R U B R E H T U L W A Z N
N N E D W A R D T E L L E R P A O C M I
```

ALBERT EINSTEIN
BENJAMIN FRANKLIN
CARL GAUSS
CHARLES DARWIN
EDWARD TELLER
EDWIN HUBBLE
ENRICO FERMI
ERNST MACH
EUCLID
FRANCIS CRICK
GABRIEL FAHRENHEIT
GALILEO GALILEI
GUGLIELMO MARCONI
JOHANNES KEPLER
LEONARDO DA VINCI
LINUS PAULING
LORD KELVIN
LUTHER BURBANK
MARIE CURIE
MICHAEL FARADAY
PIERE DE FERMAT
SIR ISAAC NEWTON
STEPHEN HAWKING
WERNER HEISENBERG

Medicines

```
N Q O R N D W Y C A M R A H P L L I P W
F L V D G I E V C B I Q U I N I N E U D
N W X Z S L R O K N H H L J N A O A K R
Z O M E I T D I J E T A I P O N E E Q U
C E I X T E E E P R E M E D Y T T S H G
Q T I T I A C R S S N F N H T I O O G W
M R Y N P T L H O I A E X N N S D D S E
X E E A I I O O C I F D E U A E I Q E X
L U T O D T R A I O D H W C T P T I N K
W I N H Q D R C R H P K A W S T N N I T
T H Z M A T I P S O T P O H E I A S C W
T L L R I D U C N E S R E F G C I U C J
D N J C D B O I T U R R E D N H G L A F
K G A L I F M N L I B P F M O F F I V V
U B W Z S A K E E P V V B M C A B N K R
X Q L S T T E L B A T E D W E J B A P Z
L A K E H A N A L G E S I C D Q U X L I
P A C I S J K C B C I T O I B I T N A M
L A N B P A Q N I L L I C I N E P A J Q
D E N O S I T R O C A N T A C I D L A X
```

ACETAMINOPHEN
ADDICTIVE
ANALGESIC
ANTACID
ANTIBIOTIC
ANTIDOTE
ANTISEPTIC
ASPIRIN
BACITRACIN
BALM
CAPSULE
CODEINE
CORTISONE
DECONGESTANT
DOSE
DRUG
ELIXIR
HERB
IBUPROFEN
INJECTION
INSULIN
MERTHIOLATE
METHADONE
OPIATE
PENICILLIN
PHARMACY
PILL
PRESCRIPTION
QUININE
REMEDY
SHOT
STEROID
TABLET
VACCINE

In the Lab

```
N F J A C C J B S V T O X Y G E N K Q A
L V A A P G A E E X A N P T O K O N T T
N T H M T L L B Z A I W E I Z S U I X O
J C E J I U A D I R K Q S M P F X S P O
P N J S C C O B S N V E M R I E J A D L
A K D E T O R M C C E J R E S R S B I S
A G L M H T D O L O A T N N L W E K O H
Q O O E E R U Q S T A L J R A C A P T K
M W M G N A Y B S C Q T E U C A K T X Z
R U Z W G N S I E F O O N B I V A D E E
F Y W G S L T U E C V P L N M N S D G R
A S G A V N E L R F B C E E E O T D E R
C M J N E X I S Q E I P Q S H T S W G S
A M C I Z A E Z G F M N M N C E E Z S G
J Q C H C R A E S E R E K U P B T C K R
B S W K T O C N Q U A Z N B Y O X Q G X
L E O B S E R V A T I O N T S O J B P U
F S N F S T N E M P I U Q E M K J H N X
Q Y U C X N O I T C A E R M I X T U R E
S Z N X H O P I P E T T E E M Y Z N E I
```

BEAKER
BENCH
BUNSEN BURNER
CABINET
CHEMICALS
ENZYME
EQUIPMENT
EXPERIMENT
FUME HOOD
GOGGLES
KNIFE
LAB COAT
MEASUREMENT
MICROSCOPE
MIXTURE
MOLECULES
NOTEBOOK
OBSERVATION
OXYGEN
PIPES
PIPETTE
REACTION
RESEARCH
SCALE
SCIENTIST
SINK
TEST
TEST TUBE
TOOLS
WATER

Bones

```
W Y L P S P G S G I W Y P I U Y C I B R
D V A A O K W J C O K J D V G Y M U Z U
S K P T Y K U H I B M I H R E K J X Q N
D A R E E Z Z L Q W U E O D N A H V Z O
B Z A L B E D P L B N G I Z P G S A E T
K B C L N R L X Z P R R P N O T C C Q E
P S W A C G M C Q A E Q K K R P C Y A L
F D K V B U A Z I H T R D R G J E U I E
G F E M U R G G O V S W Y F J K W Z B K
P A Z A L A R E B R A R A B M U L V I S
R R N A L A A L A I U L D I O Y H E T G
Q L X U H L P D L M R H C Y S S I R X V
U O B B U J I R E L B I D N A M E T S J
C I M C W U V V A L A C I V R E C E A I
F R A Y S C H M S C S C A P U L A B C R
Y B L A S R A T J A A U I Q W F K R R Y
J Q E G Z F J D H H L T J B H V E A U O
X E G N A L A H P W V T E A I U T E M S
R H U M E R U S G B Q G A M T O O F Z M
J Z O H Q K X F C C I C A R O H T A J E
```

ATLAS
BACULA
CARPAL
CERVICAL
CLAVICLE
COXA
FEMUR
FIBULA
FOOT
HAND
HUMERUS
HYOID
LEG
LUMBAR
MANDIBLE
METACARPAL
PATELLA
PHALANGE
RADIUS
RIB
SACRUM
SCAPULA
SKELETON
SKULL
STERNUM
TARSAL
THORACIC
TIBIA
ULNA
VERTEBRAE

Geometry

```
U X V R T D M V N K T Q J Q T M K Y Y R
Z L A R A K O O P N Q J S O F C S N F K
F E G P P L I M L O X F E B R A K I R L
H A G Q V S O S A G R F L V C R Q P E G
D J T S N T U P N A H Y G A U T X E L U
P C V E O I R S E X P L N D X E W L C W
G E M F D T I I T E A C A R Z S T M R H
O I U A P N I B G H R M T X B I F B I X
D Q R C E C R C P O G P C P H A A H C A
Y Z N D L M Q O R R N O E D O N P L O T
K E O I A I N O Y E O O R B E L K T U R
F H R U E H D R A Z T T M S R G Y G I F
Y U A A A R Q D N I J E R E B T R G P W
H H N S U C J I G M T V M A T I N E O E
T V R C L Q X N L P O G T A C R S I E N
A V A H T Y S A E S E N I L I T Y E O S
M L T C P I H T S U R F A C E D O P C P
E E I E N N O E T C E S R E T N I R M T
F I O G S O Y N Q J T R I A N G L E T Q
R N X T N E G N A T G I A E R E H P S H
```

ANGLE
BISECT
CARTESIAN
CIRCLE
COORDINATE
DEGREES
DIAMETER
DIMENSION
EUCLID
FUNCTION
GRAPH
HEXAGON
INTERSECT
LINES
MATH
PLANE
PLOT
POINT
POLAR
POLYGON
PROTRACTOR
RADIUS
RATIO
RECTANGLE
SINE
SPHERE
SQUARE
SURFACE
TANGENT
TRIANGLE
TRIGONOMETRY

Astronomy

```
E F Y H T O C P V X R Q G S X F J W D M
A V Z N T S V U G C M O U F S Z R C E P
R A S L U P Q X C K X N T I N E Z R T E
K R X H W N K J U I E E N C G O E L P K
E X I E B E I B B V Q V I P E D V O N G
P C O N S T E L L A T I O N N L C A A Q
L T F R Q B J T C H E G S I Y S F L J L
E E W A G R O F T O G C F R E L I E Z E
R N O S P Y O S P W P W A L A L E J R S
R A F A H A F B S G E E E P E M L U F R
J L L U P K A A S I S T R O S U B P R E
I P B Q M Q D T V E O T O N G E B I E V
H M I L K Y W A Y I R C A P I R U T Z I
Y Y W J A G D B M P K V Y R T C H E A N
X R E F R A C T O R E K A Q Z I U R G U
A K D E L A I T S E L E C T S D C S R O
L M L N G F R P D L L O L U O M J S A T
A A O A S R J H F S H U N N B R L S T U
G O P O F P L A N E T A R I U M Y O S L
M A O W G J R X I A H Q K V Q S Y E O P
```

CELESTIAL
CONSTELLATION
COPERNICUS
GALAXY
GALILEO
HUBBLE
JUPITER

KEPLER
MARS
MILKY WAY
MOON
NOVA
OBSERVATORY
OPTICS

PLANET
PLANETARIUM
PLUTO
PULSAR
QUASAR
REFLECTOR
REFRACTOR

SPACE
STAR
STARGAZER
SUN
TELESCOPE
UNIVERSE
VENUS
VIEWFINDER

Fields of Study

```
Y G O L O T P Y R C W U I E M M P L A B
T Y M O N O R T S A G G Y W J I H N B J
M R Z E Z Y G R U L L A T E M N A S U C
P A E R O D Y N A M I C S Q E E R C Y Y
G E O L O G Y A E E C B L R C R M I G P
Z O O L O G Y D N P E R G U O A A M O Y
C H E M I S T R Y T I F V W L L C O L G
O S C I T S U O C A H D U Z O O O N O O
C Y G O L O I S Y H P R E E G G L O R L
E S C I T A M E H T A M O M Y Y O G O O
A Y G O L O H C Y S P E O P I K G R E I
N X Z Y G O L O M S I E S U O O Y E T D
O S C I M A N Y D O M R E H T L L U E R
G M F E G N I R E E N I G N E L O O M A
R S C A G E R O N T O L O G Y E E G G C
A X G D C L I N G U I S T I C S H E Y Y
P H O R T I C U L T U R E B I O L O G Y
H S C I S Y H P D E R M A T O L O G Y G
Y B O T A N Y A R C H A E O L O G Y V Z
C R I M I N O L O G Y A S T R O N O M Y
```

ACOUSTICS
AERODYNAMICS
ANTHROPOLOGY
ARCHAEOLOGY
ASTRONOMY
BIOLOGY
BOTANY
CARDIOLOGY
CHEMISTRY
CRIMINOLOGY
CRYPTOLOGY
DERMATOLOGY

ECOLOGY
ENGINEERING
EPIDEMIOLOGY
ERGONOMICS
GASTRONOMY
GEOLOGY
GERONTOLOGY

HORTICULTURE
LINGUISTICS
MATHEMATICS
METALLURGY
METEOROLOGY
MINERALOGY
OCEANOGRAPHY

PHARMACOLOGY
PHYSICS
PHYSIOLOGY
PSYCHOLOGY
SEISMOLOGY
THERMODYNAMICS
ZOOLOGY

Physics

```
N O T W E N S W Y R E T T A M O B Z M D
C H A A S Y C N P G W A D M S E Z I M L
O Z G I M V I N O A R Q M F U Z C O B E
H Y U T Y I M Y V I L E G A P M T R L I
K T D R S X A E F N A N N Q E A S Q O F
L I G E E F N E Y V I U L E R Q F L Y F
O C D N D P Y Q B N R C P W C L A S E R
S I O I J A D V D M E L K Z O S W B Y E
C R F Y R R O T K O T E K R N I F H D I
I T S W H T M M E F A A T M D Q E C O R
T C F A V I R S M M M R F D U B L D R N
P E S S T C E C U E P M E T C G E W C C
O L E L H L H S I P C E F O T B C H V V
H E C P F E T C M T E H R L O I T I Y I
Y T I V I T A L E R E R A A R X R V U O
M O L E C U L E S B U N C N T K O X K O
V A C U U M F U S I O N G O I U N W Z G
J U X R E S N O I S S I F A O C R G Z K
F C U L V D V Q U A N T U M M L S E B D
Z G N O I T O M Y T I V A R G H T O F R
```

ATOM
ELECTRICITY
ELECTRON
ENERGY
FIELD
FISSION
FORCE
FUSION
GRAVITY
INERTIA
ION
LASER
MAGNETIC
MATERIAL
MATTER
MECHANICS
MOLECULES
MOTION
NEWTON
NUCLEAR
OPTICS
PARTICLE
QUANTUM
RELATIVITY
SUPERCONDUCTOR
SUPERCOOL
TEMPERATURE
THERMODYNAMICS
VACUUM
WAVE

CHAPTER 8

Compound Word Searches

Ball Words

I	B	V	N	U	K	G	V	W	W	D	N	K	C	E	J	I	E	Q	O
L	M	U	K	M	S	B	I	L	L	I	A	R	D	L	O	A	E	F	R
Q	C	L	A	T	S	Y	R	C	V	A	P	L	B	F	H	S	K	V	T
T	A	E	H	M	R	U	P	V	R	I	T	L	B	F	K	E	Q	C	R
A	N	T	M	H	H	P	L	P	N	I	Q	I	V	I	L	X	E	E	J
E	N	H	I	A	T	M	Y	G	X	C	A	C	Z	H	R	B	B	M	O
M	O	O	V	B	G	W	P	J	Z	U	V	X	K	W	E	B	O	P	T
E	N	S	O	S	F	O	J	M	F	R	J	R	Q	A	U	T	D	D	O
B	L	W	F	I	N	D	F	T	T	V	P	W	R	R	H	E	N	L	N
L	B	I	U	G	S	L	E	A	Y	E	O	I	S	I	N	N	E	T	T
G	F	C	V	T	O	T	C	H	S	N	N	H	H	W	E	Q	B	N	N
Y	X	S	I	G	H	S	N	V	S	G	B	A	S	E	G	O	R	E	I
Q	O	C	O	E	H	P	O	S	O	T	H	G	I	E	Y	O	T	N	O
L	K	U	R	C	M	I	C	F	Z	L	I	H	F	C	C	U	O	I	P
M	S	Z	R	B	C	N	W	G	T	X	L	K	A	P	U	Q	O	C	U
D	O	P	Q	M	J	E	A	N	U	I	K	E	O	N	Q	E	F	I	Y
E	L	O	Z	S	V	V	R	E	D	Z	Y	P	Y	E	D	L	U	D	G
K	Y	Y	R	V	T	P	I	D	E	X	Q	I	U	S	Y	K	L	E	W
Z	P	E	D	B	I	Z	D	F	X	W	G	N	I	L	W	O	B	M	N
G	P	T	O	I	K	O	J	R	A	Z	O	T	T	E	K	S	A	B	N

AIR
BASE
BASKET
BEARING
BILLIARD
BOWLING
BOY
CANNON
CRYSTAL
CUE
CURVE
EIGHT
EYE
FOOT
GAME
GOLF
HAND
MEAT
MEDICINE
MOTH
ODD
PIN
PING PONG
POINT
POPCORN
ROOM
RUBBER
SNOW
SOCCER
SOFT
STICK
TENNIS
TETHER
VOLLEY
WHIFFLE

Book Words

V	M	G	I	A	D	R	A	E	Y	D	P	B	V	X	F	E	N	F	A
F	F	C	E	A	L	K	N	M	N	L	O	A	E	C	L	W	M	E	K
V	Q	J	M	I	Q	A	G	A	J	Q	Q	B	R	I	E	Y	Y	A	C
M	Z	I	D	G	S	X	H	W	K	R	H	R	B	C	U	D	H	Z	K
W	C	Y	W	S	H	O	P	L	K	D	E	O	S	A	S	N	Q	L	J
P	R	R	S	N	G	Y	B	E	C	D	M	H	P	B	B	A	E	M	Z
F	C	T	E	V	E	L	E	Z	N	H	E	I	A	L	A	T	S	C	K
M	P	Q	J	Y	U	P	L	I	O	L	E	N	Q	R	A	S	S	K	B
F	Y	A	L	U	E	J	B	U	F	T	K	C	S	O	N	Y	R	W	R
J	W	W	C	R	E	P	A	K	S	R	H	Z	K	V	N	E	J	L	E
J	E	R	E	D	L	O	H	L	H	C	T	E	K	S	L	B	E	S	V
M	Q	D	E	N	H	Q	O	F	M	I	P	T	Z	L	C	G	N	O	O
M	L	D	O	G	R	O	S	A	R	N	I	V	E	T	A	U	O	N	L
L	G	E	W	C	H	T	R	I	E	S	H	S	K	X	S	I	H	G	R
Z	R	A	Y	C	A	K	L	T	Q	T	T	R	K	E	E	D	P	E	B
P	A	L	S	L	J	N	R	L	P	T	O	O	B	T	F	E	K	U	P
A	N	E	L	C	P	G	E	R	O	T	S	N	R	W	D	A	L	D	L
N	B	R	Q	G	W	C	Z	H	C	O	O	K	P	Y	M	C	N	T	Q
N	V	C	A	W	H	R	U	H	M	R	O	W	X	N	O	E	X	Y	M
P	O	C	K	E	T	K	R	O	W	Q	X	A	F	M	Z	B	L	R	R

BANK
BINDER
CASE
CHECK
CLUB
CODE
COOK
DEALER
END
GUIDE
HAND
HOLDER
HYMN
KEEPER
LOVER
MAKER
MARK
MOBILE
NOTE
PHONE
PLAY
POCKET
SCHOOL
SCRAP
SELLER
SHELF
SHOP
SKETCH
SONG
STALL
STAND
STORE
STORY
TEXT
WORK
WORM
YEAR

Day Words

```
H S R W N L V D S M Q D T U S O M E J G
N W L J K G T O M C Z J Z Y R E V E V D
S N Y W U Z R O L Q D P Y K F B T X H C
F H Y U E X T M H R C W A J F I B R T H
K R I F M S S S E V M Q L C M R E N R D
C L I A V L A A C A R E P E E P C M A Y
T P I T O F M F T S L Z N A P S Q F E I
G S T O F F V P I W K O K I H W H G O D
Q U H J F T T X C G O S R T G O P I M Y
J C D O L O W A G N A T R E N X O I F R
S J F E R C A M P M H I M I A L D H L T
O Y O Y L O H G T S B A E L X M H C G X
S J T W C H X S A S Y Q T E Q C O G T U
A D L W H H I W F T U C U R W L M Y F R
N Q H J N R P S W C S J X L T I F B X U
W L H E H K R U Q R H D W C T G L W W Y
N C B C Y R A G A L O N G K D H Y E G U
M F W R E O P C O L U M B U S T E A Z S
Q D T X R W Y D R T Y H N W S K B W P J
M J K O O O J F H Y A P F D O V J U S G
```

BIRTH
BREAK
CAMP
CARE
CHRISTMAS
COLUMBUS
DOG
DOOMS
DREAM
EARTH
EVERY
HEY
HOLY
LIGHT
LONG
MAY
MID
NOON
OFF
PAY
PLAY
SCHOOL
SHIFT
SOME
TIME
TO
TRIPPER
WASH
WEEK
WORK

Green Words

Q	B	N	A	V	N	U	I	D	S	Q	B	Y	I	P	C	F	Y	L	F
T	F	V	N	U	G	P	C	A	R	D	P	E	A	K	J	E	S	S	C
F	C	Z	V	M	Y	J	E	H	J	E	O	T	L	K	Q	B	B	T	L
O	R	R	M	J	J	Y	N	A	B	R	K	A	K	G	E	P	M	R	P
W	I	N	T	E	R	Y	H	P	C	C	L	E	D	R	O	L	U	O	V
R	X	K	C	S	P	T	W	N	A	E	L	E	E	M	N	S	H	P	B
E	P	D	W	C	U	R	B	B	F	L	Y	T	A	Y	I	S	T	A	J
V	D	Z	I	T	B	A	K	L	Y	E	F	I	Y	I	O	X	Y	Y	Y
E	X	M	F	L	A	P	F	E	H	C	L	X	F	E	N	M	O	O	R
P	D	B	E	V	J	D	K	G	T	F	N	J	B	L	N	W	Q	P	W
T	A	X	S	R	F	Z	W	A	P	E	P	P	E	R	E	S	U	O	H
M	A	P	G	D	W	T	O	L	T	S	V	N	C	N	E	W	W	W	G
X	M	Z	V	N	B	L	M	L	P	J	A	O	A	V	T	L	E	B	E
V	O	R	G	Q	I	O	K	I	W	S	L	L	I	E	G	D	A	E	S
G	T	A	P	L	S	T	W	V	C	D	H	L	A	R	B	X	N	S	F
R	W	G	U	F	V	W	T	L	Y	D	O	Y	O	D	H	T	C	A	P
K	V	C	B	M	D	V	B	U	I	H	W	C	P	O	G	L	H	X	L
S	S	B	J	X	B	M	Y	U	P	N	E	C	R	F	A	E	T	B	U
O	D	Q	V	G	C	T	P	E	S	R	G	N	C	T	Y	A	N	S	A
A	L	V	B	W	N	G	E	R	M	J	R	E	P	M	P	G	G	C	A

BACK
BAY
BEAN
BELT
BERET
BOWLING
CARD
EVER
EYED
GROCER
HORN
HOUSE
KELLY
LAND
MAIL
OLIVE
ONION
PARTY
PEA
PEACE
PEPPER
PUTTING
ROOM
SALAD
SEA
TEA
THUMB
VILLAGE
WINTER

Snow Words

```
T O H K E N E M Z Z M O N X K G K S F S
K F R Z T X Q G M M W F N Z U H S N X T
W W J E C J U B D L A P F D W P Y I E N
X X H B V M O P X L Q I N S L M M A R B
T F Z I L Y O B T L A C U G S E Q H T E
R M D G T J G B L C Z I D S X N I C C W
U P P Y I E J Z I T T O Q G E V P F H T
K U I Y G D I O A L C R A N X U E O D L
L Z F L A K E L J Y E I E K N A B R L F
N N A E J P W Y X L P T B W A K I A R N
H I Y A D V B D A B L M R A O B F P N V
H Q U O V B A L L E C Y A A V L H I Y E
A M J R E Y E X M G W A I N B G B C N E
Y L T H R O W E R M P R P O U A O I G T
S Z Z K C X X M Z A I Q A O U N L R L Q
T U Z T M N L H A K P R L P E T R L L S
O A R V J F I O U I D P E E P P I P P H
R K Y D X G L Z N N Q A Y W O T N R K O
M Q J C N W R C W G V B V R K C A P E W
B L I N D L Z V T O L V D G S D K Q O D
```

BALL
BANK
BIRD
BLIND
BLOWER
BOARD
CAP
CHAINS
CONE
DROP
FALL
FIELD
FLAKE
JOB
LINE
MAKING
MAN
MELT
MOBILE
PACK
PEA
PLOUGH
SHOW
STORM
SUIT
THROWER
TIRE
WHITE

Anti Words

```
L A G N U F T U S T A T I C I P L O Z U
C U N M W L T O R T E T V U E H E R O D
U H U A S D W D X N H K H R T H T Y T V
L O D R N Z Z J C I E P S E M K R D N U
I D L G D U L I B G N P H V S O X K A O
A E X A Y U T V L I I I C I T I R D D M
T P H K M O O F T R S M R A Z L S J I N
G R E N I H R Y A T K E M V Z A C D X V
G E W B T E A N A U T M L L P I S D O V
H S I E E N T M K T A Q S O Z R Y D O B
T S A Z E K I T A L P V O G H E Y W P L
Z A E L J N K M F S A A C L P T H M J C
Z N U O E K K N C N R C I Z O C A L I T
B T K K T D I C C Y T I A R D A U T F Y
R A E L C U N X O R I T L A Q B C A T C
Q X H V I R U S L L C P V E T A R I T H
Q G D I U R E T I C L E R F M C V R I R
A Y H T R C T I Q H E S E I R A U J T I
V V X Q L M G H Q V C H L I R S E U B S
N E Y N Q S O K I M T C A G T U C Q R T
```

AIRCRAFT
BACTERIAL
BIOTIC
BODY
CHRIST
CLIMACTIC
DEPRESSANT
DIURETIC
FREEZE
FUNGAL
GRAM
GRAVITY
HERO
HISTAMINE
INFLAMMATORY
LOCK
LOG
MATTER
NUCLEAR
OXIDANT
PARTICLE
PERSPIRANT
SEPTIC
SOCIAL
STATIC
THEFT
THESIS
TOXIN
TRUST
VIRUS

Mail Words

```
S B I E I R D F Q K V V C X I H X X W M
S N A T R A I N B T N I G L Q H T A S I
E E K G F N A F V N M N D M Y U F K B B
R E P D D Y K O K P Y V R I T B M D B B
P R K L Q F G A R R S E B S I S Y H R G
X G S G Y Y O Y G E D E B P R O W G W A
E F E A L Y J I G R G M A U O R A V N T
V Y Y M I A N Z O G O I I G I T S I C L
O V L K N Q Z S C B X D S X R E O E R I
E Z S C I N O R T C E L E T P R R M I A
C M J U D U A R F K Y V Z H E I K B F N
G B K O R E Q U H C U N X T D R N N L S
Y R D B V F B A A A D R O P O W E L U R
S C N O G S A N T L K G M J C L A D E J
C N H C E L R C E B K A L A G C S I E A
V R Y A E L I K E W L H O K N I R T Q G
K U H G I G P W S F U Y O Q S R P J I R
T F B C F N X O B Y B U V L A E C I O V
R E K N Z Z S G H L T K Q C F X A S X C
D E I F I T R E C K A S U Q S K T X N B
```

AIR
BAG
BLACK
BOMB
BOX
BULK
CALL
CARRIER
CERTIFIED
CHAIN
DIRECT
DROP
ELECTRONIC
EXPRESS
FAN
FRAUD
GREEN
HATE
JUNK
MAN
ORDER
OUT
PRIORITY
REGISTERED
SLOT
SNAIL
SORTER
SURFACE
TRAIN
VOICE

Cross Words

E	R	J	R	A	P	V	S	E	I	X	F	T	E	L	B	U	O	D	N
H	F	S	H	T	Q	Z	B	K	G	D	A	O	R	X	A	Z	F	T	Z
Y	S	G	J	O	N	U	I	A	O	G	T	E	S	C	M	Q	M	C	N
H	U	W	Y	E	A	R	O	K	K	O	L	A	A	M	Q	Y	O	E	O
U	Y	Z	Q	H	H	S	E	F	K	F	I	L	E	P	G	U	T	N	I
R	Y	T	F	K	R	Q	T	H	R	A	I	D	O	B	N	P	U	I	T
W	V	I	C	W	Q	R	A	Y	T	L	S	L	G	T	B	M	C	M	C
A	O	B	H	C	A	V	F	T	W	U	L	P	R	K	F	F	O	A	E
P	O	R	R	B	S	C	G	Z	K	I	O	Y	L	R	P	Y	E	X	S
V	N	M	D	E	S	I	T	A	N	F	W	S	G	R	W	C	C	E	H
E	L	D	E	G	E	T	W	A	E	S	K	L	E	E	N	W	O	T	A
O	Y	D	D	G	A	D	T	R	S	C	H	V	W	E	C	A	U	U	I
K	B	Z	W	L	A	E	T	D	E	T	O	O	R	H	U	L	R	O	R
W	B	O	K	Q	R	I	T	H	N	K	I	E	L	R	L	K	T	D	W
C	E	M	W	S	L	R	C	E	Y	I	F	T	R	Y	T	K	D	X	E
Z	A	T	B	I	S	I	E	S	I	E	W	B	C	F	U	D	O	R	D
S	M	Z	Z	N	O	R	I	D	R	T	U	S	W	H	R	Y	I	E	D
C	U	E	M	D	V	Y	I	P	C	H	A	T	C	H	A	F	Y	V	G
U	N	S	Y	P	I	H	U	P	X	E	D	N	I	V	L	E	F	Y	U
O	Z	I	J	S	D	Y	J	R	E	S	S	E	R	D	X	M	L	I	G

BAR
BEAM
BOW
BREED
CHECK
COUNTRY
COURT
CULTURAL
CUT
DOUBLE
DRESSER
EXAMINE
EYED
FERTILIZE
FILE
FIRE
HAIR
HATCH
HOLY
INDEX
IRON
OFF
OUT
OVER
POLLINATE
RED
REFERENCE
ROAD
SECTION
SOUTHERN
STITCH
TALK
TIE
WALK
WIND
WORD

Card Words

```
O J Y I M W P A M I G N I D A R T A A M
M S X Z G H P J R D C W N H T O W P E R
G G W I O T J E B E Q I H F X A G M L U
V H T C T O K X F N W L F Y A B B Q Z F
Z N Q T F J D U C T A D R L O E P N S S
R M S B V N R I F I Y D A C R H P A W Q
Z E C O G F E R Y F Y Q H S T A M P T I
Y G Q A N K Y T C I C J H T H T M O O R
I X S R S L A D D C X I U P S S L A J E
T U K D B N L R E A P R G I L G A V D G
L N W I G U P Z Z T O P R N R A A L D R
E B N N W O S M F I E H Y G I E Y M F A
S H A G K T L I O O C V A R Y Y P I E H
T C L S I F H A N N W O D E V K R O N C
R P O B E C A E T E L K H E A X N R R G
U O E R N B M C C A S B T N G J V A A T
M D Y U E I A U E M C S R T A B L E B C
P P P A T P E L Z K U R I T R I C K R F
S J X R M K R Z L T Q R B C H P U E U B
C A L L I N G Z S T S O P T G W R R A X
```

BANK
BASEBALL
BIRTHDAY
BOARDING
BUSINESS
CALLING
CARRYING
CATALOG
CHARGE
CHRISTMAS
CUE
DEBIT
FACE
FLASH
GAME
GREEN
IDENTIFICATION
MEMBERSHIP
PLAYER
PLAYING
POST
PUNCH
REPORT
ROOM
SCORE
TABLE
TIME
TRADING
TRICK
TRUMP
WILD

Step Words

```
H I G H P M I S J Q Q O E H N J R K S Q
R O R F S D I X N V M C V B H U O Q D T
I P A E B E L U L O R Y S A C P N Q J C
L Y V V T K L R X T T V L B Z A R E F T
N A W V A H Y U M Q E F A X Z Q Z Q T S
Y F W K K R G L J N I J A B T G W W J R
E C D V E R Y U Q X L W T T T H E R E I
P B T D X Y K B A K G B O R G L N X K F
A Y D R D M T Y B D D E O Q V C H I L D
H A L E H O X H S Y P A F E U M J Y S R
L N W T T T A H E D I S N D N I X F O K
N C M S V H Z U R G T Q R C E U C O D C
R B O I U E T N E R A P E T E S D K S O
Z F N S I R R D D B N J H W G L O O Z L
S N A J X D E K R P P I T O W O N O J X
L E E T M N V J S D N F O F Y O N W G P
O I Q X H T O H E O U P R U A T T M W W
L G U Z T E G X U W R T B K F S B U S P
Y Q Z B N H R P G N U V G R O A S O O R
Z P J V E J Y L K D W L J K F K Z J U B
```

BROTHER
CHILD
DANCE
DAUGHTER
DOOR
DOWN
FATHER
FIRST
FOOT
GOOSE
HALF
HIGH
IN
LADDER
LOCK
MOTHER
NEXT
ON
OUT
OVER
PARENT
QUICK
SIDE
SISTER
SON
STOOL
TWELVE
TWO
UP

Back Words

```
J I V X H K G L A Y P M O P E D A L F H
P D X Z U D X I M B J Y D Z A C H E A P
P Q L R W Q I S K W S U P A U P C N A X
E A B O P H R C O O K T K M A V D C B S
C F O Q H O B K Q I O I R N Z M K D J W
U M N I O L L A F U C L C E X N O Q O T
T P E D Y Y A P V K A C Y P E U K G R O
P J A Z R T G W O I R R K B B T R U F B
K V I N T L E N N A H C T L B O O F C R
X W F Y N S U N H C J G E E U C I Y A E
T U O L U G V C A R A S O N R C B N X A
B P R K O U R L W E L Q D L E W R E L K
Y R E L C O L A P N E W N A O C A V Q S
O E V S P X R M G R O G T M Y P C K E T
E P G R W D U T U U H G R E E N E X A D
P A D P O H X A H B Z O K L A T A E G E
Y P B T O V W D L F S S R P F T B M G E
O W D Y S R E K R H S A Q S D N E B T F
N W U U U D B W F L A S H R E H U N C H
F G H Z B X J X G D I M P O R D Y U B Q
```

ACHE
BEAT
BEND
BONE
BRACE
BREAK
BURNER
BUY
CALL
CHANNEL
COUNTRY
COURT
CUT
DOOR
DOUBLE
DRAW
DROP
FALL
FEED
FLASH
GREEN
GROUND
HAND
HOLD
HORSE
HUMP
HUNCH
KICK
LOG
LOOK
OFFICE
OUT
PACK
PAPER
PAY
PEDAL
PORCH
QUARTER
STREET
TALK
TAXES
UP

Out Words

S	P	R	W	R	X	S	X	Y	V	V	A	J	O	G	V	T	F	H	L
N	V	E	Z	E	Z	X	K	S	G	X	F	B	N	U	A	K	X	Y	K
M	I	B	A	T	K	S	N	U	P	Z	E	T	I	L	O	C	K	A	A
P	G	M	Y	L	M	C	N	L	P	F	H	O	U	S	E	D	P	M	C
N	T	U	E	A	L	R	E	A	E	V	I	L	D	U	V	E	N	T	W
O	S	N	R	N	R	K	T	H	C	O	O	K	G	S	R	K	P	A	S
Y	L	T	M	X	I	I	U	G	C	P	P	D	W	F	W	A	L	N	H
D	D	I	U	S	E	L	X	F	Q	Y	B	L	O	T	A	R	U	N	N
K	R	P	C	N	D	F	A	N	U	L	I	R	R	R	H	K	A	F	R
P	O	E	T	E	V	L	Z	B	A	H	M	J	R	U	G	Y	T	Z	H
Y	P	G	P	D	L	Q	H	C	R	C	W	C	T	H	G	I	R	A	T
K	A	D	U	A	A	H	K	P	D	A	O	E	L	Y	K	B	N	S	R
R	I	P	L	F	R	U	F	K	M	E	A	K	K	O	S	G	A	A	E
Z	I	W	B	R	E	A	K	B	R	R	T	Q	O	A	S	L	D	S	B
U	R	A	E	E	D	S	H	I	D	E	X	O	Z	O	T	E	D	U	S
J	O	Q	R	X	B	Y	S	H	I	N	E	I	O	V	L	S	R	T	R
O	N	U	V	J	J	K	L	L	E	S	Z	Y	B	H	T	N	A	O	L
G	S	U	I	O	Q	F	N	S	T	R	E	T	C	H	S	N	L	A	Y
A	B	L	O	W	C	N	J	A	Q	D	L	E	R	U	D	L	Y	T	H
X	Q	O	Z	D	O	O	V	O	R	P	O	R	K	T	P	A	L	Y	A

BLACK
BLOW
BREAK
BURN
CHECK
CLOSE
COOK
DROP
FADE
FALL
GUN
HAND
HANG
HIDE
HOUSE
LAST
LAW
LAY
LINE
LIVE
LOCK
LOOK
NUMBER
PATIENT
PAY
PERFORM
RANK
REACH
RIGHT
ROLL
RUN
SELL
SHINE
SHOOT
SMART
STAKE
STAND
STRETCH

Point Words

```
X M Z F Z Z I M P G F R S P Z K H A C J
H D C F R E C J N R H E W E R Q N U G F
Z I A F M O J I E J K T E R G N O R T S
W B S P N N L E K I R N I C J W T L Z C
P I J T R L Z N O A R U V E T E C R R O
E A A L E I E I O E H O X N S B B F B B
L C V S N X U P F Z E C L T A L M R C O
T W X G F U V E U X D B C A X D E C D I
U D R A U G R T C H I G H G I A D R N L
A D X V M E U L Y Z I Q W E K N G A Z I
S W S Z N R A S T N E X C I E X M P M N
Y Z S C N M R E T U C V N K N A L B A G
S P E I A B V W L A L G E R U S S E R P
T X N T N X X N D D R G N I K C I T S B
E G I S S A P M O C E T L A M I C E D R
M O O O C L S Q T B K E I T U W F M Y O
N U M H X O Z S F W F C N N T F L A S W
T R E F Y X E T A L K I N G G W A T V N
D C Y A W W G W R G N I T L E M S C Y I
K B A L L E Q Q P F V F O C A L H H Y E
```

BALL
BLANK
BOILING
BREAKING
BROWNIE
CHECK
COMPASS
CONTACT
COUNTER
DECIMAL
END
EXCLAMATION
FLASH
FOCAL
FREEZING
GUARD
GUN
HIGH
MAN
MATCH
MELTING
NEEDLE
OUT
PERCENTAGE
PIN
PRESSURE
REFERENCE
SELLING
SET
STARTING
STICKING
STRONG
SYSTEM
TALKING
TURNING
VIEW
WEST

CHAPTER 9

Word Search Fun and Games

Dances

```
L U Z K E G C V H R E I O I J V N S X Q
Y O S Q U G Q H W C W D A R M J A D M B
N G L P G L Q Y Z C D H D F I J C I O Y
X A R K N X P O Q P X Y S J N O N S O R
R W M C E T G C D O B L F I U B A C R L
N Y F A R R V C U L R P M N E R C O L H
L S L J E S T A L K W S P C T X M J L G
X F H L M Q H P B A C O N G A B I B A I
T J F I R O U O D M E N R K O T R Q B J
G D Q U M E L R K L A E C S T O J I V E
I A M T X M A F F U E S S E S F B V W T
M B Z W Z C Y F J L N A R F A G G M Q E
A C T I T D U W O H N B F N O T R O I C
P Y L S Q H J F O O U V D L K X W Q S L
G F A T S L R X V G P A U D A K T K X V
G G W W C J U A X D N Q B C M M Y R J H
P E T S K C I U Q G O G N A T Q E B O Q
L I N D Y S N C O V A A H C A H C N O T
W Y N V T O C S V Y X I O B M A M L C N
P M H W D J P E G J Q Y X Q V P U E K O
```

BALLROOM	FLAMENCO	LINDY	RUMBA
BOSSA NOVA	FOX TROT	MAMBO	SAMBA
CANCAN	HULA	MERENGUE	SHIMMY
CHA CHA	JIG	MINUET	SHUFFLE
CONGA	JITTERBUG	POLKA	TANGO
DISCO	JIVE	QUICKSTEP	TWIST
FANDANGO	LIMBO	REEL	WALTZ

Hobbies

```
D G Q G G G O S O A C O M I C B O O K S
F N P N N N S C T U S C J G M S Q D C W
D I J I I I S U G T E O O N U T G O G A
H K Y T T V G L N O W I K I A A N L N L
F I M N I R E P I G I N V D J I I L I K
B H O I R A N T L R N C P A J N K M T I
I K N A W C E U E A G O K E M E O A C N
R I O P V D A R V P G L E R O D O K E G
D T R G G O L E A H N L M K D G B I L H
W E T N N O O K R C I E B N E L P N L O
A F S I I W G B T O K C R I L A A G O M
T L A N D G Y I G L R T O T B S R Q C E
C Y D E E N C R N L O I I T U S C U K B
H I R D E I R D I E W N D I I G S I O R
I N A R F P O I K C D G E N L N P L O E
N G W A D M C N O T O A R G D I O T B W
G W I G R A H G O I O J Y N I K E I A I
W W N B I C E P C N W L X H N I T N W N
W Z G T B F T Q D G S S Y A G B R G V G
X G N I T C E L L O C P M A T S Y F Q I
```

ASTRONOMY
AUTOGRAPH COLLECTING
BIKING
BIRD FEEDING
BIRD WATCHING
BIRDING
BOOK COLLECTING
CAMPING
COIN COLLECTING
COMIC BOOKS
COOKING
CROCHET
DOLL MAKING
DRAWING
EMBROIDERY
GARDENING
GENEALOGY
HIKING
HOMEBREWING
KITE FLYING
KNITTING
MODEL BUILDING
PAINTING
POETRY
QUILTING
READING
SCRAPBOOKING
SCULPTURE
SEWING
STAINED GLASS
STAMP COLLECTING
TRAVELING
WALKING
WOOD CARVING
WOODWORKING
WRITING

Cartoons

N	E	M	G	E	N	O	T	S	T	N	I	L	F	D	E	R	F	K	R
I	O	K	I	G	P	E	Y	S	H	D	X	E	E	W	H	R	P	C	A
V	W	S	U	G	Y	O	U	T	A	L	L	W	L	O	E	O	O	U	E
T	W	M	P	E	H	P	R	F	E	K	Y	H	B	O	C	A	O	D	B
W	B	I	P	M	E	T	F	K	N	E	O	J	B	D	K	D	B	D	I
Y	O	O	N	R	I	Y	Y	I	Y	M	W	E	U	Y	L	R	Y	L	G
T	P	N	M	N	D	S	W	M	E	P	S	T	R	W	E	U	T	A	O
F	H	A	D	U	I	L	A	R	O	U	I	R	Y	O	A	N	T	N	Y
E	N	E	C	E	L	E	S	S	O	U	E	G	E	O	N	N	E	O	W
L	M	K	G	U	R	I	T	M	I	C	S	B	N	D	D	E	B	D	I
I	Y	R	B	R	M	W	Y	H	A	L	U	E	R	P	J	R	O	Y	L
X	B	L	M	P	I	E	O	R	E	G	V	I	A	E	E	D	O	P	E
T	J	A	S	A	K	N	D	M	S	P	I	P	B	C	C	Y	B	O	E
H	T	O	T	C	G	E	C	B	A	D	O	A	N	K	K	Q	O	O	C
E	N	I	I	M	E	O	U	H	S	N	E	O	T	E	L	U	O	N	O
C	L	M	H	P	A	N	O	N	I	V	L	A	H	R	E	S	B	S	Y
A	O	N	S	N	N	N	C	H	A	R	L	I	E	B	R	O	W	N	O
T	J	L	O	Y	K	T	O	M	A	N	D	J	E	R	R	Y	G	W	T
D	E	M	U	U	N	O	S	P	M	I	S	T	R	A	B	Q	A	Z	E
Z	F	A	T	A	L	B	E	R	T	S	C	O	O	B	Y	D	O	O	Q

ALVIN
BARNEY RUBBLE
BART SIMPSON
BATMAN
BETTY BOOP
BOO BOO
BUGS BUNNY
BULLWINKLE
CHARLIE BROWN
DAFFY DUCK
DONALD DUCK
FAT ALBERT
FELIX THE CAT
FRED FLINTSTONE
GUMBY
HECKLE AND JECKLE
HOMER SIMPSON
LISA SIMPSON
MICKEY MOUSE
MIGHTY MOUSE
MR MAGOO
POPEYE
PORKY PIG
ROAD RUNNER
SCOOBY DOO
SNOOPY
SPEED RACER
SUPERMAN
THE GRINCH
TOM AND JERRY
TWEETY
WILE E COYOTE
WINNIE THE POOH
WONDER WOMAN
WOODY WOODPECKER
YOGI BEAR

Baseball Players

B	I	L	L	Y	W	I	L	L	I	A	M	S	W	Z	O	W	W	K	A
E	G	J	O	S	E	C	A	N	S	E	C	O	E	V	G	H	Q	Z	M
C	A	I	C	N	O	S	N	I	B	O	R	S	K	O	O	R	B	C	N
A	Y	A	U	U	P	K	V	E	R	I	W	G	C	M	K	R	A	M	G
S	L	D	U	U	J	A	C	K	I	E	R	O	B	I	N	S	O	N	R
E	O	W	T	R	E	N	G	A	W	S	U	N	O	H	L	K	W	R	O
Y	R	Y	E	X	U	V	N	S	K	N	A	B	E	I	N	R	E	O	L
S	D	N	O	S	L	I	W	K	C	A	H	C	F	U	C	H	I	Y	L
T	P	W	I	L	L	I	E	M	A	Y	S	J	T	G	M	M	Q	C	I
E	E	D	A	R	R	Y	L	S	T	R	A	W	B	E	R	R	Y	A	E
N	R	G	I	R	H	E	G	U	O	L	B	S	M	I	P	C	R	M	F
G	R	T	E	D	W	I	L	L	I	A	M	S	J	K	U	A	E	P	I
E	Y	D	O	N	D	R	Y	S	D	A	L	E	W	I	V	L	V	A	N
L	B	A	R	R	Y	B	O	N	D	S	M	K	O	Z	M	R	A	N	G
W	A	B	N	E	R	D	O	U	B	L	E	D	A	Y	C	I	E	E	E
C	U	P	R	J	Y	E	F	F	I	R	G	N	E	K	M	P	S	L	R
Y	E	L	T	N	A	M	Y	E	K	C	I	M	F	U	I	K	M	L	S
N	X	A	F	U	O	K	Y	D	N	A	S	I	O	R	O	E	O	A	M
O	D	D	Y	S	A	T	C	H	E	L	P	A	I	G	E	N	T	S	X
P	E	T	E	R	O	S	E	B	I	L	L	Y	M	A	R	T	I	N	H

ABNER DOUBLEDAY
BARRY BONDS
BILLY MARTIN
BILLY WILLIAMS
BROOKS ROBINSON
CAL RIPKEN
CASEY STENGEL
DARRYL STRAWBERRY
DON DRYSDALE
ERNIE BANKS
GAYLORD PERRY
HACK WILSON
HONUS WAGNER
JACKIE ROBINSON
JOSE CANSECO
KEN GRIFFEY JR
LOU GEHRIG
MARK MCGWIRE
MICKEY MANTLE
PETE ROSE
ROLLIE FINGERS
ROY CAMPANELLA
SANDY KOUFAX
SATCHEL PAIGE
TED WILLIAMS
TOM SEAVER
WILLIE MAYS

On the Baseball Field

```
V O L X K U J O S U J Z G H D D Q L J Q
A T G G T M H Q O H I E M G P J B B J S
S Z W J F E Z H N V A L L U K G B U D Y
R V O K F V I M E O E L X W R L M I S I
N D X G O J N N Y U M A L D K P A U I W
I E C N G T W F G S R B Y P I M H I T S
E I F B U G O A S E M E F R O S E S A B
Z V A W C R E D T O Y V E N X M S J E I
J L O P U L E T O B G R D X G G Y N I J
K X E L R H A M S V P U Q V Y V W X U K
A X I O G B X L O C R C I N F I E L D R
E G J E W P P E F H G R A N D S L A M P
Y A S H O R T S T O P L B E D G S I U R
M P T R I P L E P W L A L L F T Y E E E
S I K A Y O Y L O A S B E G R O G T L H
T T L L H Y A R B E U I M I N N U U G C
E C A W B T H T B O F A K M A I V L N T
A H W X E T I A D T E E A H S E N V I A
L E S O F P L K U T T N C V M O M N S C
Y R F G S L H O X V X N V X D D X Y I G
```

BALK
BASEBALL
BASES
BATTER
CATCHER
CHANGE UP
CURVE BALL
DIAMOND
DOUBLE
FOUL
GLOVE
GRAND SLAM
HITS
HOME RUN
INFIELD
INNING
MAJOR LEAGUE
OUTFIELD
PITCHER
PLATE
RUNS
SHORTSTOP
SINGLE
SPIT BALL
STEAL
STRIKE
TEAM
THROW
TRIPLE
UMPIRE
WALK

Football Players

N	O	T	N	E	K	R	A	T	N	A	R	F	U	G	V	L	E	X	B
Q	N	A	C	Z	A	G	N	I	N	N	A	M	N	O	T	Y	E	P	A
E	O	K	U	J	D	N	M	T	N	S	K	H	L	Y	Y	H	E	N	R
H	T	N	T	T	A	E	I	T	I	A	E	H	S	V	B	I	O	A	R
T	Y	O	J	W	M	S	K	E	F	T	Y	J	R	I	R	Y	S	M	Y
I	A	S	I	A	T	L	E	S	F	I	S	O	E	H	J	A	D	H	S
M	P	C	N	H	I	O	G	R	I	N	H	E	D	T	G	N	E	S	A
S	R	Y	E	S	M	N	A	O	R	U	A	T	N	I	B	C	L	I	N
T	E	R	L	D	M	I	R	D	G	Y	W	H	A	D	E	E	B	D	D
T	T	R	L	A	E	L	R	Y	E	N	N	E	S	E	R	Y	W	S	E
I	L	A	A	R	R	R	E	N	I	N	J	I	N	R	N	T	E	I	R
M	A	L	S	B	M	E	T	O	H	H	O	S	O	E	I	H	R	R	S
M	W	R	U	Y	A	M	T	T	C	O	H	M	I	M	E	I	D	C	J
E	R	I	C	R	N	R	Y	P	R	J	N	A	E	N	K	G	M	V	F
N	C	N	R	R	Q	L	E	K	A	L	S	N	D	O	O	P	E	B	J
H	X	U	A	E	X	I	G	U	A	F	O	N	O	D	S	E	G	J	D
Z	M	K	M	T	Z	M	T	Q	X	Z	N	G	U	R	A	N	O	B	M
S	H	E	R	S	C	H	E	L	W	A	L	K	E	R	R	V	H	O	H
Q	W	Z	X	A	S	O	N	N	Y	J	U	R	G	E	N	S	O	N	S
O	O	R	V	N	O	S	R	E	K	C	I	D	C	I	R	E	R	V	K

ADAM TIMMERMAN
ARCHIE GRIFFIN
BARRY SANDERS
BERNIE KOSAR
CRIS DISHMAN
DEION SANDERS
DON MEREDITH
DREW BLEDSOE
EMMITT SMITH
ERIC DICKERSON
FRAN TARKENTON
HERSCHEL WALKER
JOE THEISMANN
JOHNNY UNITAS
KEYSHAWN JOHNSON
LARRY CSONKA
MARCUS ALLEN
MERLIN OLSEN
MIKE GARRETT
PEYTON MANNING
SONNY JURGENSON
TERRY BRADSHAW
TONY DORSETT
WALTER PAYTON
YANCEY THIGPEN

Picnic

```
I H N G U O K B R B A S K E T V L K F X
W R G G N N I K P A N S A O C L D L V Z
A F N F T K Q Y B E X F V S I W I B G M
V P T A U R R D L T P J L R H K H U L R
J S W M B Y Z J G G K L G O N E O C D U
G G Q I R E H O T D O G U N K U L O G R
X X L L C Z E O J S P U C R T D O T G Q
T Q R Y S O Z R K B P H E D Q F P N E O
C T O I N Y O R R X O G O Z V L O P Z R
W H N M U Y A L T M R O D R A I H I G Q
A S A M B P T A E U R W G Y T J E C R S
T H Q R H A B K B R O F G A E W C K A K
E T C X C L O M M M K R E S U G K L S E
R S E I E O A C J K O R I Q C A A E S O
M W F K W H A R P U C L S A E O L M G L
E R A T N D G L N E N Q L G B L A O E R
L P V R G A N D R H O I X R R T B Z C S
O E L Q Y A L A C N R W Q B A K V B W D
N K U N J A X B S A N T S G B E E A T A
V M Q Z B W G D M L L L A B T F O S Q K
```

ANTS
BARBECUE
BASKET
BEER
BLANKET
BUNS
CHARCOAL
COLA
COOLER
CUPS
FAMILY
FOOD
GAMES
GRASS
GRILL
HAMBURGER
HOTDOG
NAPKIN
OUTDOOR
PARK
PICKLE
PLAYGROUND
RECREATION
SANDWICH
SHELTER
SOFTBALL
TABLE
WATERMELON

Swimming Pool

N	A	H	Q	J	Z	W	S	V	T	R	S	M	W	C	T	O	U	R	B
H	I	M	B	K	L	W	A	A	A	B	K	N	S	L	D	K	Y	G	J
U	P	R	W	K	I	I	U	F	W	S	N	T	A	N	D	Z	J	S	G
C	O	U	Q	M	N	P	T	U	T	F	U	F	P	X	I	E	D	A	W
M	T	B	S	I	C	V	A	R	S	V	R	H	A	I	V	P	T	A	J
W	L	U	K	S	U	Y	O	R	M	O	T	O	X	U	I	I	W	B	N
E	I	I	H	U	M	K	H	U	T	E	A	T	I	S	N	D	K	E	L
T	B	T	S	N	E	S	S	A	K	Y	O	T	W	I	G	M	E	A	T
S	M	C	H	Y	Y	C	U	Y	F	C	Q	U	W	Q	B	V	P	E	W
T	X	S	A	Q	L	F	I	X	D	S	H	B	O	N	O	S	H	A	D
S	W	I	L	E	R	E	W	O	H	S	F	L	O	W	A	T	Z	N	A
X	S	V	L	G	B	W	W	G	N	L	P	I	O	W	R	I	Y	L	D
K	D	U	O	X	Y	G	N	D	O	A	T	J	H	R	D	R	L	E	R
R	I	W	W	A	B	O	R	A	T	O	X	I	R	S	I	E	R	V	A
N	R	M	C	C	I	R	T	C	L	R	S	E	P	L	R	N	V	I	I
T	D	R	A	U	G	E	F	I	L	T	D	L	E	B	G	Z	E	D	N
U	W	R	S	L	I	D	E	A	L	D	A	W	M	W	A	T	E	R	C
B	U	A	C	B	X	M	U	E	A	S	O	U	L	E	K	R	O	N	S
E	N	J	V	G	K	O	S	L	H	T	X	W	D	E	E	P	B	T	J
H	B	C	Q	E	K	G	L	Y	R	J	F	Z	D	T	Y	T	T	F	B

BIKINI
CHLORINE
DEEP
DIP
DIVE
DIVING BOARD
DRAIN
FLOAT
HOT TUB
LADDER
LAPS
LIFE GUARD
LOTION

MUSCLE
PARTY
RAFT
SHALLOW
SHOWER
SLIDE
SNORKEL

SPLASH
STROKE
SUN
SWIMSUIT
TAN
TOWEL
TRUNKS

TUBE
UMBRELLA
WADE
WATER
WAVE
WET
WHISTLE

Tennis Men

S	I	F	B	E	A	E	H	A	R	I	E	V	G	M	P	O	N	G	J
I	M	M	J	S	B	W	L	E	N	H	V	N	H	A	P	I	J	H	A
T	T	I	H	I	F	M	V	A	S	D	I	A	N	L	E	A	C	M	R
I	G	T	C	T	M	A	O	A	D	M	R	C	N	T	I	I	X	N	T
A	U	T	I	H	L	M	R	C	E	S	H	E	S	L	T	L	E	H	I
L	I	Y	O	D	A	U	Y	L	W	O	Y	K	A	S	E	D	T	D	M
U	L	P	O	N	H	E	F	C	G	E	C	R	L	G	L	N	O	O	R
R	L	R	W	T	Y	R	L	O	O	I	N	E	D	I	A	N	D	I	A
E	E	K	R	Y	E	R	N	C	R	N	A	N	T	F	B	S	B	L	Y
G	R	A	G	T	E	Z	O	K	H	H	N	L	H	U	F	S	S	J	A
S	M	P	E	I	A	M	N	C	C	A	L	O	D	O	S	I	G	I	J
A	O	P	Z	L	N	O	W	I	H	I	N	G	R	Q	J	W	L	S	I
T	V	G	E	X	R	W	M	S	B	E	E	G	T	S	K	W	Q	C	V
I	I	S	I	A	G	O	R	A	N	I	V	A	N	I	S	E	V	I	C
V	L	T	A	M	K	E	T	N	O	C	E	L	I	R	N	E	H	U	P
D	A	U	P	W	A	Y	R	O	S	C	O	E	T	A	N	N	E	R	K
E	S	G	R	E	B	D	E	N	A	F	E	T	S	T	Z	A	Y	M	H
B	O	R	I	S	B	E	C	K	E	R	H	T	I	M	S	N	A	T	S
X	T	R	E	B	L	I	G	D	A	R	B	P	A	T	C	A	S	H	U
M	W	F	U	I	L	I	E	N	A	S	T	A	S	E	U	D	E	K	O

AARON KRICKSTEIN
ANDRE AGASSI
ARTHUR ASHE
BILL TILDEN
BORIS BECKER
BRAD GILBERT
CLIFF DRYSDALE
DON BUDGE
GORAN IVANISEVIC
GUILLERMO VILAS
HENRI LECONTE
ILIE NASTASE
IVAN LENDL
JIMMY CONNORS
JOHN NEWCOMBE
MICHAEL CHANG
MICHAEL STICH
PANCHO GONZALES
PAT CASH
PETER FLEMING
ROD LAVER
ROSCOE TANNER
STAN SMITH
STEFAN EDBERG
TONY ROCHE
VIJAY ARMITRAJ
VITAS GERULAITIS

Basketball Players

```
C M C P E D L A B I H C R A E T A N B L
N A H A Y T S X O F K C I R K L S K I J
O D A R T A A J W N U R L L A W O E L L
T N R T G Y M U T O H E K R R I G V L G
L O L I D H O L V M S G S H E L N I B D
A S E S E T H I F E I G Q C E T I N R K
W T S G R R T U G L R I E I M C W M A M
L R B I E O H S A K R E N V A H E C D A
L E A L K W A E R R A M O A B A K H L G
I B R M F S I R Y A P I L R D M C A E I
B O K O I E S V P L T L A A U B I L Y C
F R L R S M I I A W R L M M L E R E J J
D R E E H A I N Y O E E S E J R T Z E O
M A Y E E J F G T D B R E T A L A F R H
V C B T R K U I O A O X S E B A P K R N
C S C I A X J U N E R G O P B I R S Y S
V O M H Q P B B S M R D M S A N L Q W O
A L L E N I V E R S O N B P R C G B E N
L E D O M I N I Q U E W I L K I N S S S
O L N A D R O J L E A H C I M U G V T Y
```

ALLEN IVERSON
ARTIS GILMORE
BILL BRADLEY
BILL WALTON
CHARLES BARKLEY
DEREK FISHER
DOMINIQUE WILKINS
GARY PAYTON
ISIAH THOMAS
JAMES WORTHY
JERRY WEST
JULIUS ERVING
KAREEM ABDUL JABBAR
KEVIN MCHALE
MAGIC JOHNSON
MEADOWLARK LEMON
MICHAEL JORDAN
MOSES MALONE
NATE ARCHIBALD
OSCAR ROBERTSON
PATRICK EWING
PETE MARAVICH
REGGIE MILLER
RICK FOX
ROBERT PARRISH
WILT CHAMBERLAIN

Sports

```
Y E K C O H J V B F M N E W H C U R F L
I N O T N I M D A B L S J A Y R H E E L
O F C Q Y G J S K D S O M T R I I C N L
W R E S T L I N G O C M G D E C C C C A
S S S T Y F A N R U E B I I H K E O I B
I A K E V C G C R R M S D F C E S S N T
N I A E O E A L T F C S B D R T K H G E
N L T K F L I H O U D E N L A G A O R K
E I I S C N R O S R X S L A T N T R A S
T N N A G O T G A B K A D A L I I S G A
S G G H W B N I E I B G B G L D N E N B
T J C I A I L G I D O L T N A D G S O I
I N N L L L N N N G E N E I B E G H P C
C G L W I I G A N T W N U L E L N O G E
K A O B W S H I E G P B Q D S S I E N H
B B G O Q W F N O L O P O R A B T S I O
A Z R U S R N R U G B Y R U B O O F P C
L T A P U I G N I X O B C H Y B O I K K
L S M S S P B A C K G A M M O N H J O E
H T H C V O L L E Y B A L L B S S G R Y
```

ARCHERY
BACKGAMMON
BADMINTON
BASEBALL
BASKETBALL
BILLIARDS
BOBSLEDDING
BOWLING
BOXING
CRICKET
CROQUET
CURLING
DISCUS
FENCING
FOOTBALL
GOLF
HAMMER THROWING
HANDBALL
HOCKEY
HORSESHOES
HURDLING
ICE HOCKEY
ICE SKATING
LACROSSE
PING PONG
POLO
ROWING
RUGBY
SAILING
SHOOTING
SKATING
SKEET
SKIING
SOCCER
SQUASH
STICKBALL
SURFING
TABLE TENNIS
TENNIS
VOLLEYBALL
WRESTLING

University Teams

L	L	S	H	S	N	A	T	R	A	P	S	H	S	H	S	S	R	D	F
O	L	E	O	S	S	G	S	E	T	U	O	S	A	R	R	M	M	F	Q
N	F	L	O	K	T	O	C	W	C	K	B	W	E	E	E	Z	A	Q	Y
G	C	O	S	C	E	L	F	O	I	O	K	U	I	I	G	G	S	R	E
H	S	N	I	U	K	D	N	E	R	E	M	L	C	N	K	R	D	D	V
O	B	I	E	D	C	E	S	I	Y	N	A	M	S	K	E	S	I	A	M
R	U	M	R	S	O	N	T	E	T	V	H	R	O	K	E	T	U	I	B
N	L	E	S	T	R	G	S	P	A	T	E	U	A	D	N	Y	D	H	R
S	L	S	S	A	S	O	B	C	H	V	A	M	S	O	O	S	E	W	A
S	D	S	C	C	O	P	F	L	A	G	R	N	S	K	H	R	O	S	Z
N	O	E	E	D	O	H	S	E	U	E	C	M	Y	I	E	L	E	S	O
I	G	L	T	L	N	E	B	R	L	E	I	A	P	L	V	R	K	S	R
U	S	G	Z	I	E	R	S	I	E	R	D	M	R	E	I	W	S	G	B
R	E	A	A	W	R	S	O	E	C	H	E	E	R	D	A	O	A	M	A
B	Q	E	Q	L	S	B	F	V	I	N	T	I	V	H	I	T	N	G	C
H	U	R	R	I	C	A	N	E	S	G	N	N	Y	I	O	N	I	S	K
S	R	A	G	U	O	C	R	W	D	E	G	A	A	R	L	I	A	X	S
M	S	L	E	E	H	R	A	T	S	I	J	A	S	P	M	S	U	L	K
C	O	W	B	O	Y	S	Q	T	V	O	L	U	N	T	E	E	R	S	S
B	O	B	C	A	T	S	A	N	E	M	E	G	N	A	R	O	U	D	S

AGGIES
AZTECS
BADGERS
BEAVERS
BLUE DEVILS
BOBCATS
BOILERMAKERS
BRUINS
BUCKEYES
BULLDOGS
CARDINALS
CAVALIERS
COMMODORES
CORNHUSKERS
COUGARS
COWBOYS
CRIMSON TIDE
DUCKS
EAGLES
GATORS
GOLDEN GOPHERS
HAWKEYES
HOKIES
HOOSIERS
HURRICANES
HUSKIES
JAYHAWKS
LONGHORNS
MIDSHIPMEN
NITTANY LIONS
ORANGEMEN
PANTHERS
RAMS
RAZORBACKS
ROCKETS
SEMINOLES
SOONERS
SPARTANS
TAR HEELS
UTES
VOLUNTEERS
WILDCATS
WOLVERINES

Olympic Hosts

```
M O S C O W L H E L S I N K I K U B O E
S I U O L T S O C Y A R L G C W E Y L W
P E M R V E R Q S R R O R U Z R K B S A
V J E W A Z S A G A N A R X L O O J A V
W R L J S O Q W U D N B G I T N R M R P
X I B Q T L U J O B S G N L E M Y A A P
I B O C C L A N O N I Y E R A G T D J R
S V U E R A W U N T N T G L K C I R E E
H H R S T E V I O Z V I A H E V C E V W
B X N R M R A V O P K C O C O S O T O T
X A E S L T L P Y L D E R I M N C S Y N
A R R U L N L K W I B K O N L A I M E A
J T O C C O E E C M A A P U O G X A N P
H E N U E M Y A R T A L P M H A E P D A
S C D A P L L E H J B T A P K N M Q Y R
Q X L E L P O E K P K L S O C O F M S I
R F B G E T N N A I Q A S H O R O M E S
X K R K O S A B A S R S S R T P W P I J
K O A R E M M A H E L L I L S W E K J O
V L C H V S A N K T M O R I T Z O S L O
```

AMSTERDAM
ANTWERP
ATHENS
ATLANTA
BARCELONA
BERLIN
CALGARY
GRENOBLE
HELSINKI
INNSBRUCK
LAKE PLACID
LILLEHAMMER
LONDON
LOS ANGELES
MELBOURNE
MEXICO CITY
MONTREAL
MOSCOW
MUNICH
NAGANO
OSLO
PARIS
ROME
SALT LAKE CITY
SANKT MORITZ
SAPPORO
SARAJEVO
SEOUL
SQUAW VALLEY
ST LOUIS
STOCKHOLM
SYDNEY
TOKYO

Chess

L	J	G	D	G	L	A	U	X	B	O	A	R	V	S	Q	T	P	B	D
D	J	R	G	N	I	N	E	P	O	V	E	T	K	O	Y	U	W	X	E
T	P	A	O	J	R	H	R	X	U	T	K	N	H	V	P	R	S	N	D
B	T	E	S	C	T	E	S	G	S	V	I	E	F	O	N	R	D	Y	B
K	H	S	Z	P	M	P	H	A	V	O	N	M	X	V	R	G	A	W	Q
R	G	D	E	T	A	Q	M	C	E	R	G	A	K	Q	A	S	R	K	Z
E	I	L	V	S	B	D	G	U	S	O	O	N	C	M	W	A	E	Q	R
T	N	K	S	L	N	X	I	J	B	I	B	R	E	P	O	H	S	I	B
A	K	K	O	A	R	E	S	I	G	N	F	U	P	V	L	S	M	Q	V
M	Y	O	R	O	F	J	D	X	O	Z	L	O	X	K	G	M	D	D	A
E	W	G	H	P	R	G	E	V	O	M	U	T	I	E	Z	G	C	J	C
L	R	H	B	A	I	A	N	O	I	T	A	N	I	B	M	O	C	H	E
A	E	E	X	W	D	M	D	R	A	O	B	T	E	V	H	G	E	C	S
T	L	Y	K	N	P	B	Z	F	U	F	R	S	O	R	R	C	I	T	D
S	T	H	D	C	Y	I	R	X	U	A	N	R	O	O	K	F	R	Z	U
B	S	Q	B	V	E	T	F	T	P	E	A	W	U	M	I	A	K	Q	N
X	A	L	W	O	T	H	H	W	F	P	Y	X	A	R	T	K	R	O	F
G	C	Q	P	Z	Q	P	C	E	S	G	V	T	C	E	X	J	A	R	A
W	A	S	I	T	J	C	D	A	H	D	E	A	G	K	C	A	T	T	A
O	B	R	C	A	W	G	K	J	X	A	S	Y	Q	U	E	E	N	I	K

ATTACK
BISHOP
BOARD
CASTLE
CHECKER
CHECKMATE
COMBINATION
DEFENSE
ENDGAME
FISCHER
FORK
GAMBIT
GRANDMASTER
HORSE
KARPOV
KASPAROV
KING
KNIGHT
MOVE
OPENING
PAWN
QUEEN
RESIGN
ROOK
SACRIFICE
SPASSKY
STALEMATE
STRATEGY
TOURNAMENT
TRAP

On the Football Field

S N V C P R T P Y I O J G O F F E N S E

Y S M B T D H B D T I F Y O L X O Y C F

S L A R M M E W N P E I I P A E G B A U

H A L P V A R F K O D F D R N L X T Q M

O N I S Q R V H E P I T A M S B L U Q B

T J N C O V U Z U N K S Z S K T A I R L

G S E R N Y D K E K S C S J A R D Q N E

U D M I F O C G D V V E O E T O B O U E

N K A M Y I I G L Z U M Y E S J V V W E

P C N M K L P S J Z N F R K J S F E S N

U A F A T A E O R G L B I E K I O C E Y

U B Y G W O G V M E A P I E E S O P N A

G F S E I T U Z S C V B Z L P R R U D R

R L E O S N Y C K D A N D N E U E P Z D

A A Q A H U V E H L A G O B J N V R O L

S H H K B P R L L D O P O C E I I I N I

S R E X O W K K V A O A A S R F E G E N

X U Q K N Y K C L Y R W Y N S O C H E E

S M V Z E C S A S D T Y N A E R E T C H

S T A D I U M T M X Y J H P Y M R S S F

BALL
CONVERSION
DEFENSE
END ZONE
FIELD GOAL
FIRST DOWN
FUMBLE

GOAL LINE
GRASS
HALFBACK
JERSEY
KICK
LINEMAN
OFFENSE

PADS
PASS
POSSESSION
PUNT
QUARTERBACK
RECEIVER
SAFETY

SCOREBOARD
SCRIMMAGE
SHOTGUN
SNAP
STADIUM
TACKLE
TOUCHDOWN
UNIFORM
UPRIGHTS
WISHBONE
YARD LINE

Hockey

```
E M A N G G A O D P O W E R P L A Y I D
H J U G F X T S D G N I T O O H S Y Y T
Q M X P G G T E E K C I T S W D Q K A K
M U M K S U A I F D N E F E D E V U W Q
L G X M U J C G L K C U P Z R X X X A P
B J R M B A K M E G T S I S S A T V K E
E U T C L Q E I C O B R E A K O U T A N
M D D I W I R A T A E C I Q K N I R E A
M W N Y M G S B I L G H G C E J T K R L
G F A U K E H U O T J E E Z I O N C B T
U F A D O T O F N E N C B T H N R I Z Y
J S X C L B F U J N D K L S A E G R A T
T T B C E O E A T D R N P S F K N T B B
E A N E E G S R I E U A A E D E S T T L
Z A I C E X U D M R L K R H T R Z A E O
X K A R Y U H A A S O E E F K S A H I C
Q F Y E G E C I R P E F W V X C D O G K
B P A S S I N G B D F M O O A Z A O B E
B W R A T R U W U V L I Y N K S A B Q R
H M R J D X N W V Y B I L X J L P I C L
```

ASSIST
ATTACKERS
BACKHAND
BLOCKER
BOARDS
BREAK OUT
BREAKAWAY
CHECK
DEFEND
DEFLECTION
FACE GUARD
FACE OFF
GOAL
GOALTENDER
HAT TRICK
ICE
ICING
NET
PADS
PASSING
PENALTY
POWER PLAY
PUCK
REBOUND
REFEREE
RINK
SAVE
SHOOTING
SKATE
SLAP SHOT
STICK
TIME OUT

On the Basketball Court

C I R G P J W A W C O E I N Z Q H R X O
D L T E P A F N W F A S T B R E A K S N
R W H Q D I S R S G U A R D R T C L H I
H E T M A V E S R V Q A K J R H Y X L W
C N P I L V Q E Y P J C B V I Z G R H Y
M J J E O H B T T O O H M M Y P X K I I
E S U N R O E O M L G N I L E V A R T M
A P R M U I H A C T E K S A B F S E A K
U U F N P S M T D R A O B K C A B N O C
T P D I K U O E O O E S N E F F O I E O
Z C N N W H I Y T V S D S Z Y J O L C L
W Z A V S P E S C E E S R H E T S E N C
B B Q Q E G D M T C R R C I O S V D U E
Z Z T P D E Y N H J A H T R B O L I O M
W R X E F J D A S S I S T I E B T S B A
E N T E N X B H A F N K H J M E L H P G
H L N P U I Q O B M O S L L D E N E I B
L S R K V T T O C W I U Z A A K L J T J
E M U J I A W P A W O C L R W K N U D A
K H X A F G G A S Z M G B Y X G Y P K I

ASSIST
BACKBOARD
BANK SHOT
BASKET
BOUNCE
DEFENSE
DRIBBLE
DUNK
FAST BREAK
FOUL
GAME CLOCK
GUARD
HOOP
JUMP
NET
OFFENSE
OVERTIME
PASS
PERIMETER
REBOUND
RIM
SCREEN
SHOOT
SHOT CLOCK
SIDELINE
SWISH
TIP
TRAVELING
TURNOVER
WALK

On the Tennis Court

M	W	P	O	B	E	Y	Y	T	Z	I	U	R	S	T	E	N	T	N	Z
Z	R	J	G	E	I	H	Z	E	B	K	P	E	R	S	H	V	Y	E	K
L	E	Z	P	R	J	I	P	Z	T	B	T	V	T	B	A	Q	P	L	S
P	C	U	X	A	A	I	X	F	L	X	H	O	G	B	T	R	R	S	D
H	R	B	B	I	S	N	V	W	U	L	L	E	U	X	K	C	G	D	O
N	J	U	R	K	B	S	D	Z	A	O	N	G	Y	D	N	P	N	H	U
U	I	V	X	Y	A	L	I	S	F	B	R	N	Z	F	W	A	X	C	B
P	J	P	Y	Z	C	T	T	N	L	Z	Y	A	B	Z	H	L	M	T	L
Q	H	W	S	W	K	Q	E	B	G	A	A	H	Y	K	O	T	I	A	E
A	O	C	X	W	C	H	L	K	I	S	M	C	C	V	E	R	D	M	S
T	D	B	T	F	O	L	C	P	C	E	H	A	E	B	Z	U	C	P	Y
A	Q	V	A	W	U	W	L	A	G	A	B	O	C	A	G	O	O	D	E
Y	L	L	A	S	R	V	D	W	O	A	R	K	T	L	R	C	U	E	L
B	L	L	Z	N	T	Z	S	K	U	R	M	W	T	L	H	R	R	U	L
R	A	J	E	L	T	E	J	A	X	L	P	E	E	B	K	E	T	C	O
E	B	E	P	Y	R	A	C	C	Q	L	C	P	U	O	I	T	A	E	V
A	P	B	U	V	I	L	G	H	S	A	M	S	A	Y	P	N	C	C	T
K	D	B	E	Y	A	Y	P	E	X	B	K	D	G	R	M	E	B	E	E
H	C	F	Q	Y	E	N	I	L	E	S	A	B	E	U	I	C	L	D	R
J	Q	T	T	D	R	O	P	S	H	O	T	S	I	N	G	L	E	S	W

ACE
ADVANTAGE
ALLEY
APPROACH
BACK COURT
BACKHAND
BALL BOY
BASELINE
BREAK
CENTER COURT
CHANGEOVER
CLAY
DEUCE
DOUBLES
DROP SHOT
FAULT
GAME
GRAND SLAM
GRASS
LET
LOB
LOVE
MATCH
MIDCOURT
NET
PASSING SHOT
RACKET
SERVE
SET
SINGLES
SMASH
SPIN
VOLLEY

On the Golf Course

```
O M P Z J T E V G K T D C D N A S G G V
I Y F C Y A Y S D O S P N S H O T P L O
P G Q N P Z L C H I F C P E D Q I M J Z
C B D I F I U S O L V I Z R A G B C Z T
F Y K S C W P V H T R O A D A A L T E E
L T E E O I N E E R G O T L C U H J P X
P D X E H J G J M S B L L K B O Y Z G S
I Q I C X E T O C R J E N S O Z U N E F
P B I R D I E U E G R I W K T Y I B I S
E G T C V B P D Y Y N L B A F W M U D Y
U X E E T O A A E E S E W S S B Q N D E
E R O I I E W G L Z C G U K B Z W K A E
D X P R L R R P X A X N C K D Y U E C E
D A O Q I A O N I M T A T U P X E R E F
S N L A H H O L E R B D R A Z A H G P L
S K F C H U Z H P W G Z E E X C G R O Y
A M M Z C Z U U O C L V U A M F A C X B
R Y W C Z N N I N T F L A G G M G R D G
G P A C I D N A H E L P M I D L I J D G
L E Y I T R R S E M W X V R H X E G E G
```

ACE
BACK NINE
BACKSWING
BIRDIE
BOGEY
BUNKER
CADDIE
CARD
CHARGE
CHIP SHOT
CLUB
CUP
DIMPLE
DIVOT
EAGLE
FAIRWAY
FLAG
GALLERY
GIMME
GRASS
GREEN
GRIP
HANDICAP
HAZARD
HOLE
HOOK
IRON
LEADER BOARD
PUT
SAND
SHOT
SLICE
TEE

Olympic Sports

```
G N I M M I W S O Y W E C H S A X M V T
D I M E A Y W D R R P A O B R W D E Z X
D S O O J T N C E M N C H C E K Q R Z Q
Q D A G D O H S C O K Y H I B O X I N G
N B W I W E T R E E S E G T K F A F M M
Q S A K L L R I Y I R H S H O O T I N G
X E E S I I N N N Y T L L A B T F O S X
H A E N K G N N P L N A I R T S E U Q E
T A G R Y E E G I E S O G T A G J B V W
F I N M C T T F G C N Y D U Q N C A O A
A N R D E Z T B I L M T W U C I O S L T
T Y O L B I Z T A N Y B A O J W W E L E
U F B L N A E V A L S A F T N O B B E R
G A Q G H L L S Z C L D O C H R M A Y P
T P F S H T T L I D X M O Y J L T L B O
E V D T Q I A T R I P I T C X K O L A L
M L A Q C L A I X E O N B L Z F G N L O
L B M S G U O Q R G P T A I H Q B V L D
K B W D Q B I M C T Y O L N D I V I N G
B E X A G N I C N E F N L G T E N N I S
```

AQUATICS
ARCHERY
ATHLETICS
BADMINTON
BASEBALL
BASKETBALL
BOXING
CANOEING
CYCLING
DIVING
EQUESTRIAN
FENCING
FOOTBALL
GYMNASTICS
HANDBALL
HOCKEY
JUDO
MODERN PENTATHLON
ROWING
SAILING
SHOOTING
SOFTBALL
SWIMMING
TABLE TENNIS
TAEKWONDO
TENNIS
TRIATHLON
VOLLEYBALL
WATER POLO
WEIGHTLIFTING
WRESTLING

Golfers

```
I R U T N E V N E K M D S T A I F U G H
J E R R Y P A T E A H U L O G R U F D E
D Y O L F Y A R H C A H A L E I R W I N
L E O K N Q D A T L B O B B Y J O N E S
G F I D J R R A K H U B E R T G R E E N
B B W U C G O C S C O T T S I M P S O N
T A E J D A I J U L I U S B O R O S O D
R L B I O N R E G N A R T S S I T R U C
E E V E K H I Y D K G G R B T S J N R B
B A Y C Z V N I M E X T Q H O L A I E I
D E A A F A C N N I N F W F M E C V M L
I J N K L K H E Y A D G H O K E K A L L
D G O H M P L A J M N D W L I I F P A Y
N C T A O I Y H R T I D L I T N L Y P C
D H Y B T G S R Q I X L Y E E R E E D A
G E X T C O A S A I A D L N C E C R L S
R J L I W A C N O G M S D E O O K O O P
E E F U Z Z Y Z O E L L E R R R F C N E
R E X Y D O O M E L L I V R O I T F R R
R T R A W E T S E N Y A P S Y I P H A H
```

ANDY NORTH
ARNOLD PALMER
BABE ZAHARIAS
BEN HOGAN
BILLY CASPER
BOBBY JONES
CARY MIDDLECOFF
COREY PAVIN
CURTIS STRANGE
DAVID GRAHAM
DICK MAYER
ED FURGOL
ERNIE ELS
FUZZY ZOELLER
GARY PLAYER
GENE LITTLER
HALE IRWIN
HUBERT GREEN
JACK FLECK
JACK NICKLAUS
JERRY PATE
JOHNNY MILLER
JULIUS BOROS
KEN VENTURI
ORVILLE MOODY
PAYNE STEWART
RAY FLOYD
SCOTT SIMPSON
TOM KITE

Auto Racing

```
F E Q N C D I L B N U B C V Z Q C C K R
K P Z Q H T R G O E A L O L W M I P G U
Z O H V E V A A M O T O R E B Q Q O T Q
A K G Y C S M F G M M E G G C H C T G B
I V L Q K E U B P R N E V S W A F D R R
W N L L E G N S A I A F C H E O R H A I
Q Y B H R A Q I G N A C Q H D R H L N C
R W C B E M K N L Z D N I W A G I A D K
Q M Q F D B E H C H M R X N A N U T S Y
C P V H F I K Z R V S C E L G T I S T A
K L F E L V C E A O H I F T O P T C A R
H I L P A X D P L U S N N M T O M R N D
P O A Y G F A I P I E I O I C I A E D T
P S Q Y L T J T L E N B S K F C N C X R
S R J A R Z F S R A I F C S E U O U E L
N G G A P N O G Z L V A I C A U N V W E
Y R C G C H Y B E W R O A E R H I S S U
B K U H M B T A D U Z P J S L R C E E F
E N F T S E J I E M E W E S D D B S J R
L H E S Z J J O H S P O N S O R C C E H
```

AJ FOYT
ANDRETTI
AUTOMOBILE
BRICKYARD
CHASSIS
CHECKERED FLAG
COURSE
DRAG RACING
DRIVER

ENGINE
FINISH LINE
FUEL
GAS
GRANDSTAND
GREEN FLAG
INFIELD

MECHANIC
MOTOR
OVAL
PACE CAR
PASS
PITS
POLE

RED FLAG
SPONSOR
STOCK CAR
TIRES
TRACK
TURN
UNSER

Cards

T P B G K W R S L F G W J K X Z G H H G
W K J H E H K F R S V C E U O Q T E H S
C V N I G I E Q L N B F G Q M I A R G P
X G D H A S F R Y I T S Q J N R H Q O B
P B G B B T T I I H N J H C T M I F F V
X I R B B M E D G A Y C P S Q B U A I J
X W W M I Q C I B G T B H U J L C V S Y
S K A L R W A A E L Y I B D L J A K H D
Y H B S C R U C S Q A Z L H I O N C C L
K M F C T O A A N I B C O O S K A S M B
Z C M S F L U S H A N U K P S E S R B T
U B A U P E K Q S V S O S J L R T I E A
P S Y J R G W Y Q E K I N G A P A A L S
N L D C R A Z Y E I G H T S V C E P H E
M E A N R M N T A R A C C A B R K O C D
P G E E O D I A M D L O Z D H C M W O A
I M K U S M W E G D I R B C H R T T N P
Q O U N Q N A W I Z R N U C L U B S I S
P D A R F N B I P H D E W E C U E D P A
F P X F T B C Z D J F K X B E P L N O N

ACE
BACCARAT
BLACKJACK
BRIDGE
CANASTA
CASINO
CLUBS
CRAZY EIGHTS
CRIBBAGE
DEUCE
DIAMONDS
EUCHRE
FLINCH
FLUSH
FULL HOUSE
GO FISH
HEARTS
JACK
JOKER
KING
OLD MAID
PINOCHLE
POKER
QUEEN
RUMMY
SNAP
SOLITAIRE
SPADES
STRAIGHT
TRUMP
TWO PAIRS
WHIST

CHAPTER 10

Word Searches on the Go!

Transportation

N	S	G	L	N	U	R	D	U	N	O	L	F	T	S	U	Z	G	B	R
F	T	I	R	E	E	L	I	B	O	M	O	T	U	A	S	E	W	A	Y
C	U	S	T	O	M	S	D	P	C	R	F	M	P	H	F	P	R	G	Y
K	G	S	N	M	L	I	R	E	V	R	I	T	I	C	M	E	C	G	A
A	V	U	W	S	E	R	A	T	P	U	A	G	R	B	Y	O	M	A	L
B	H	I	D	Q	E	T	C	E	D	A	H	I	I	U	N	T	A	G	E
O	S	T	S	E	H	C	Y	U	V	W	R	C	L	N	C	I	K	E	D
W	H	C	Q	L	W	Y	E	O	A	I	Y	T	E	R	R	K	E	I	B
H	I	A	N	C	G	X	L	Y	T	C	T	C	U	P	O	N	F	O	U
B	P	S	Y	Y	N	I	L	L	L	E	T	O	L	R	M	A	A	D	R
O	E	E	B	C	I	G	O	E	Q	I	K	A	M	A	E	T	D	I	E
A	W	U	S	R	R	W	R	L	O	U	N	C	R	O	W	X	B	G	G
G	S	E	E	O	E	Y	T	N	G	E	R	T	I	X	C	M	K	M	N
U	A	L	C	T	E	P	A	S	S	P	O	R	T	T	R	O	O	Z	E
I	D	S	I	O	T	A	R	R	I	V	A	L	I	G	W	A	L	E	S
T	A	Q	O	M	S	W	U	B	W	I	N	D	S	H	I	E	L	D	S
H	J	U	O	L	H	U	T	R	N	M	S	T	A	T	I	O	N	S	A
S	N	W	Z	E	I	A	H	A	Y	T	E	N	I	G	N	E	T	U	P
P	S	T	E	D	X	N	X	K	N	I	A	R	T	J	H	R	T	B	H
C	G	L	P	I	M	Y	E	E	E	A	B	S	B	P	I	D	G	L	P

AIRPLANE
ARRIVAL
AUTOMOBILE
BAGGAGE
BICYCLE
BOAT
BRAKE
BUS
CONNECTION
CUSTOMS
DELAY
DEPARTURE
ENGINE
GASOLINE
HIGHWAY
LOCOMOTIVE
MOTORCYCLE
PASSENGER
PASSPORT
RAILROAD
SHIP
STATION
STEERING WHEEL
SUITCASE
TAXI
TICKET
TIRE
TRAIN
TRAM
TROLLEY CAR
TRUCK
WHEEL
WINDSHIELD

Bicycles

```
K X G R N L S X E P D J C D K E C C S H
S I V I I Z I E M W K C S K C Q Q Q P A
U D B K O M Q U Y S R U E X R S Q D O G
G R R H U T P E M N C O U V R O R N K A
S V D F S Q A U R W X E O O L U F A E X
L E K Y O K O I O O L S T O E A E T S L
O M Q S S T T Q L D G C C L N L V S H E
U W N T P X Y F D L E U L O B S X K O M
T U B B E I J A I L I I N A O B M C R E
A S H U E S S B F H A G C I P T V I N T
N S P P D N J E X R S C H S C E E K U S
D N Z P O U R X E R H R R T S Y D R K P
E J U G M Y X D M E A S A O C H C A Z I
M J E Q E P X I A F H B B E S X B L L L
G A V P T T U D E I C R E S G S B I E C
R K R S E C L N F R A Y E L X H B D Z E
E R I T R I D T A K R A A Z D B J A P O
U V H C G E E N E I T X S L K N F V R T
K A Q H R R K L O Q N C H A I N A Q M Q
O V T L S X P P I E L C Y C I R T H F Q
```

AXLE
BRAKE
CABLE
CHAIN
CRANK
CROSS BAR
DERAILLEUR
FENDER
FORK
GEAR
GEARSHIFT
HANDLEBAR

HEADLIGHT
HORN
KICKSTAND
PEDAL
PUMP
REFLECTORS
RIM

SADDLE
SCOOTER
SEAT
SHIFTERS
SPEEDOMETER
SPOKES
STEM

TAILLIGHT
TANDEM
TIRE
TOE CLIP
TRICYCLE
UNICYCLE
VALVE

Automobiles

```
A C A M S H A F T C Y L I N D E R E E N
I J T H G I L D A E H E N I G N E M S R
R T S U A H X E D A S H B O A R D E U O
F L A D E P G E A R S H I F T O A R F H
I G G Z S E A T B E L T W H E E L G S T
L H E A D R E S T I G N I T I O N E H R
T R E T S O R F E D S I S S A H C N O A
E T N E M T R A P M O C E V O L G C C N
R E F F B B A E E T R T T F E J R Y K S
Y A U R U N G S A O A H K T T O G L A M
N E A M N U A C T E G N A E L X A I B I
L K P E A C H A S I O L E K O H C G S S
E E T G K O R T L I P H C T U L C H O S
R N S N M E E G T E A S H T R A Y T R I
A A A E L K N S S G E N E R A T O R B O
G R T E C I U N T F A H S E V I R D E N
C E C U K B E R E T E M O D E E P S R Q
R C B R M C D L E I H S D N I W H O O D
A E A O I D I F F E R E N T I A L O I L
C P C L T A I L L I G H T B A T T E R Y
```

ACCELERATOR
AIR FILTER
ANTENNA
ASHTRAY
AXLE
BATTERY
BRAKE
BUCKET SEAT
BUMPER
CAMSHAFT
CHASSIS
CHOKE
CLUTCH
COMBUSTION
CRANKCASE
CYLINDER
DASHBOARD
DEFROSTER
DIFFERENTIAL
DRIVESHAFT
EMERGENCY LIGHT
ENGINE
EXHAUST
FAN
FUEL
FUSE
GAS GAUGE
GEARSHIFT
GENERATOR
GLOVE COMPARTMENT
HEADLIGHT
HEADREST
HOOD
HORN
IGNITION
LICENSE PLATE
OIL
PARKING LIGHT
PEDAL
SEAT BELT
SHOCK ABSORBER
SPEEDOMETER
TACHOMETER
TAILLIGHT
TRANSMISSION
WHEEL
WINDSHIELD

Fast Food

C W M N E A K W N A G G R E N E I W U Q
V H J E X E X F M Z I R A O C A T S U M
Z B I W Y N J E R Y Z I Z C G D C P T H
X B A C B J K C P J L L Z I I J P U A M
M A A K K U S P I H C L I R F Z T S R H
C A S L E E R E M K L E P M K F N T E W
P D M Y R D N R K D C D J Q L R E A G W
A Z U R F E O N I N D I F R D E I C R O
E H M E E K V K U T I X U R K N N J U D
H C A A Y G X I K G O R I Q O C E T B J
C K R S Y C R Q S M G V D N Q H V E M P
P I S A G O D U Q N E E I O G F N L A M
L Q A D C T N V B T E O T O U R O I H A
G N N M C K O N H E N P D S D I C F P L
R U D C U U E R A R S T X E C E C H U T
H I W L J S O R I I O E I E K S O S H A
V F I G U U T N S H S R E J N M O I C E
X H C O G N G A S P F E H H A I K F T H
G Q H H E S C N R U O U H H C U I E E I
O H T L N M N H E D D I N N E R E G K Q

BAKED
BURRITO
CATSUP
CHEAP
CHEESEBURGER
CHICKEN NUGGETS
CHIPS
CONVENIENT
COOKIE
CRACKERS
DINNER
DRINK
DRIVE THROUGH
FISH FILET
FRENCH FRIES
FRIED
GRILLED
HAMBURGER
HEAT LAMP
HOT DOG
INEXPENSIVE
KETCHUP
LUNCH
MAYONNAISE
MUSTARD
ONION RINGS
PIZZA
QUICK
SANDWICH
TACO
WIENER

Rockets

A	G	J	G	C	K	B	S	R	S	Y	T	K	A	P	O	L	L	O	E
H	A	Q	I	J	H	C	I	V	A	F	F	K	Q	U	U	A	U	B	U
G	W	Z	N	Q	Y	A	N	I	E	R	E	H	P	S	O	M	T	A	N
H	J	X	T	U	R	E	O	P	I	H	S	R	A	T	S	K	G	O	U
H	A	M	E	M	L	R	I	I	G	N	I	T	I	O	N	R	S	L	X
C	J	X	R	M	J	O	T	Z	Q	O	L	E	X	M	A	E	D	P	C
Q	G	U	S	Q	G	D	A	K	I	P	C	D	K	V	C	T	Q	R	E
D	E	K	T	A	K	Y	R	F	M	A	D	V	I	O	H	Q	L	O	T
Q	J	F	E	E	W	N	O	B	P	W	O	T	N	F	U	E	L	J	I
K	L	F	L	F	C	A	L	S	Z	D	Y	E	V	L	P	J	S	E	L
H	E	O	L	F	N	M	P	W	E	R	C	R	A	B	F	F	Y	C	L
L	P	T	A	M	V	I	X	Z	A	S	G	G	P	U	S	O	R	T	E
A	O	N	R	A	E	C	E	E	G	A	T	S	I	T	L	U	M	I	T
U	R	W	E	C	V	Y	M	M	A	M	L	M	X	Z	C	F	L	L	A
N	P	Q	S	H	R	E	F	I	A	S	V	A	I	Q	C	U	U	E	S
C	W	E	Z	T	N	P	V	C	S	R	A	P	N	S	W	S	N	R	T
H	V	L	N	I	G	C	Z	K	E	S	S	N	D	D	S	E	A	A	I
O	J	E	G	L	L	U	C	G	Y	J	I	B	V	E	E	I	R	O	B
R	E	N	T	H	R	U	S	T	J	M	E	O	F	F	A	R	L	S	R
R	E	L	Z	H	U	U	Y	H	Z	L	V	J	N	S	O	Z	M	E	O

AERODYNAMIC
APOLLO
ATMOSPHERE
CREW
ENGINE
EXPLORATION
FUEL
FUSE
GRAVITY
IGNITION
INTERSTELLAR
LANDER
LAUNCH
LUNAR
MACH
MARS
MISSILE
MISSION
MULTISTAGE
NASA
NOSE CONE
ORBIT
PROJECTILE
PROPEL
REENTRY
SATELLITE
SOAR
SPACE
STARSHIP
THRUST

Sailing

I	S	V	N	K	B	Q	R	J	E	N	I	R	A	M	T	R	I	M	K
B	T	B	D	E	B	U	P	W	Y	T	A	T	T	A	G	E	R	C	T
B	C	X	R	E	E	I	I	A	T	A	E	G	A	Y	O	V	E	X	K
R	H	T	O	P	V	O	L	T	A	I	T	Q	D	L	P	D	B	M	P
P	H	D	B	Y	J	T	V	E	C	X	X	S	E	L	X	V	T	G	H
G	W	O	R	T	P	L	P	R	K	K	M	S	N	O	E	K	P	A	X
W	U	S	W	M	K	E	D	Y	U	S	S	E	B	I	E	E	S	L	S
S	H	N	O	U	N	A	R	H	H	E	T	O	C	T	A	T	K	L	L
L	O	V	B	Z	K	W	A	M	V	T	A	R	A	B	A	M	B	E	O
N	E	D	V	Q	W	Z	O	O	A	T	R	G	O	R	Q	K	I	Y	O
T	T	H	P	N	X	Q	B	V	D	I	I	O	B	P	F	N	J	Q	P
Q	V	C	R	Y	Y	A	L	L	K	V	N	O	W	Y	X	O	G	G	Y
Z	I	E	A	O	O	P	I	T	A	F	A	S	A	A	A	T	E	B	V
G	B	W	F	R	P	F	A	N	M	R	B	V	A	O	E	C	S	C	N
M	L	X	B	A	X	E	S	S	D	M	A	S	T	I	I	S	H	B	R
R	E	K	A	N	N	I	P	S	F	K	E	T	C	H	L	D	H	T	E
T	W	S	C	H	O	O	N	E	R	G	N	I	G	G	I	R	A	L	T
S	N	V	K	O	S	K	D	K	C	I	S	A	E	S	A	X	D	R	S
J	S	A	V	N	A	C	N	C	D	L	I	A	S	P	O	T	G	W	A
K	V	D	T	W	M	T	E	E	H	S	N	I	A	M	S	H	I	P	W

BERTH
BOAT
BOW
CANVAS
DECK
GALLEY
JIB
KEEL
KETCH
KNOT
MAINSAIL
MAINSHEET
MAINSTAY
MARINE
MAST
NAVIGATE
PORT
RADIO
REGATTA
RIGGING
ROPE
SAILBOARD
SCHOONER
SEASICK
SEAWORTHY
SHIP
SLOOP
SPINNAKER
STARBOARD
STERN
TACK
TOPSAIL
TRIM
VESSEL
VOYAGE
WATER
YACHT
YAWL

Railroads

```
A H K L I I R A C E L B A C S E I T E U
Q Z T D N O I T C N U J V E L G A M V K
M K I I P P M R O F T A L P C S Y Y I N
B W N Z M A J G I H C B Y D I L X A T C
O I K I M E N C A B O O S E F I X W O V
B O R T A I T O V N D C W L I A D B M L
J W R S S R M A H P I L A S C R J U O R
F A V S R P T N B F K R J P A N T S C I
K L O K C A Q T I L T W O G P O H E O N
I R A E M V C C E N E T S S L C G N L J
C E T N O F A G E L S X R D A O I G J P
M A R T G P E C N E L E R G R Z E I S C
U W O X N I N L L I G U R C T O R N T U
E L I O J N S T B N P S B R N G F E E P
G X I J E B S R E A S E T Y E S A O A M
J N I P L I G S C L T G E A C T E U M A
U K U Z H T S D R A Y N M L T H R N G I
T L X W D A T U N N E L R T S I B A I E
T D E H P S C H E D U L E U X H O Q C L
S F K C M G L I A R O N O M T B W N I K
```

AMTRAK
BULLET TRAIN
CABLE CAR
CABOOSE
CENTRAL PACIFIC
CONRAIL
CROSSING
ENGINE
FREIGHT
GAUGE
JUNCTION
LINES
LOCOMOTIVE
MAGLEV
MONORAIL
PASSENGERS
PENN CENTRAL
PLATFORM
SCHEDULE
SIGNAL
SLEEPING CAR
STATION
STEAM
SUBWAY
TIES
TIMETABLE
TRACK
TRAM
TUNNEL
TURNTABLE
UNION PACIFIC
WHISTLE STOP
YARD

Airplanes

L	M	P	C	P	F	P	S	D	L	A	T	H	C	U	E	R	O	T	Q
Z	U	C	Z	R	I	N	A	A	S	A	I	R	A	J	E	K	I	Z	F
T	J	C	W	U	H	L	V	C	X	J	V	X	B	H	L	C	X	G	Q
J	E	F	A	O	A	A	O	I	Y	D	D	E	I	T	K	V	X	V	H
A	N	J	F	V	T	B	Q	T	C	K	G	Q	N	E	G	M	V	G	K
L	A	G	X	O	G	U	E	G	M	A	S	P	T	L	P	P	X	N	X
K	B	I	R	O	H	P	J	H	G	L	E	V	A	R	T	D	C	I	L
L	S	Y	R	A	A	N	Z	G	T	R	A	Y	T	A	B	L	E	D	G
A	H	A	U	P	A	C	U	P	E	G	F	G	K	G	T	F	E	N	R
A	T	D	M	O	O	L	Y	G	G	F	R	W	E	D	L	N	K	A	Q
I	O	T	B	N	Z	R	A	U	O	R	A	Y	N	K	G	L	S	L	P
R	V	U	E	S	E	L	T	E	J	H	T	O	I	I	L	L	D	I	Z
C	E	R	Z	N	E	G	K	F	Y	N	T	B	N	Y	A	W	N	U	R
R	R	L	U	S	D	A	Y	T	G	T	I	E	U	U	J	I	Y	U	Z
A	H	L	U	D	T	A	T	X	U	F	I	R	S	T	C	L	A	S	S
F	E	F	N	G	D	I	N	B	O	R	E	Z	I	L	I	B	A	T	S
T	A	D	N	M	K	E	L	T	M	R	O	D	C	O	A	C	H	U	T
I	D	I	Y	E	J	L	R	J	E	W	B	O	T	H	V	P	L	J	A
V	W	P	V	E	A	P	R	O	P	E	L	L	E	R	T	A	E	S	I
Z	M	O	F	C	L	E	R	A	F	R	I	A	N	Z	U	Z	M	U	L

AIRCRAFT
AIRFARE
AIRPORT
ATTENDANT
CABIN
CALL BUTTON
COACH
ENGINE
FIRST CLASS
FUSELAGE
JET
KITTY HAWK
LANDING
LAVATORY
LUGGAGE
OVERHEAD
OXYGEN MASK
PILOT
PROPELLER
RUDDER
RUNWAY
SEAT
SKYCAP
STABILIZER
TAIL
TAKEOFF
TAXI
TICKET
TRAVEL
TRAY TABLE
WING

Submarines

```
E B M L U I O G B A S A T R H Y M B G X
Q O O O H Q F H M G E F O L Z G H Y F G
U Q B U O W G B U B X T S E A E D I K K
P J O Z F R W Q H Z A C H Q F H B I B A
E T G X L X L R M R P R O P U L S I O N
R N Q M E I U O E S U B M E R S I B L E
I E A C E I C N R O Z S B X H S L V R C
S O T V T E E C T T D H A G T I L E U E
C A B B A G A O D O N E M I D F S B A F
O K T R O L S N U E E O P U L N A D R L
P Y T B N O L T O N B C C R E O A R S O
E V R D N O G R C C D K A D O E R U C W
B U S A K A I O Y K K E N F H T L O U A
T U R G L E W L R I H O R K R I H C O E
G B S S V X K R O S C C L W T U P E H S
H Z W L R V Z O T V Z U T U A O S A T D
N G C A T O A D O J B R A A W T Q N P I
Y F V E C G B S L U F N L E H F E U E V
X V S S Q R W O M M U M R P I H S R D E
F A X D U Q A R A E L C U N C R U I S E
```

BULKHEAD
CONDENSER
CONTROL RODS
CONTROL ROOM
CRAFT
CRUISE
DEPTH
DIVE
FLEET
HATCH
LID
NAUTILUS
NAVAL
NUCLEAR
OCEAN
PERISCOPE
POWER
PROPULSION
SAILOR
SEA
SEALS
SEAWOLF
SHIP
SONAR
SUB
SUBMERSIBLE
SURFACE
TORPEDO
TURBOGENERATOR
UNDERWATER

Car Names

```
F A B X Z U Z D Q K C N A A M J Z N N V
Y I T G Q U H L Q M M C G H L T Z P W K
S P R O A X L Z M L C Z U J L A F H Z L
N W M E Y J E H F O E K K E A C P H K E
J C Z L B O L E R A U X S E T G R M L S
O O J R E I T D T P C A U A A N U A I D
P R I U S G R Q J T B A H S E C M A Q E
K W A U D W E D A R E O M R E B D J R Y
U W C A O J U V E M E V E R O F R U O U
W H M G D U O C U Z V R R R Y T I S M K
Z O K B G N K S E O O I G O E P B I A O
N N W Z E H T P L L W H N C C I R T Z N
N D N U U A H V P W I A C U R A E I D J
Z A G M N Y O X G N Z D B E X J D N A V
O A M G R L E I I P O R S C H E N I X C
K E T F T T A L L O R O C R U Y U F F L
R C H R Y S L E R B U I C K A A H N M Q
I G L R V Z S W D C H S Q W O M T I R P
F N Q Y B N I T R A M N O T S A F O R D
Q E O M C Y U Y D C C I E S C O R T I G
```

ACCORD
ACURA
ASTON MARTIN
BMW
BUICK
CAMRY
CHRYSLER
COROLLA
CORVETTE
DODGE
EDSEL
ESCORT
EXPLORER
FIREBIRD

FORD
HONDA
HUMMER
IMPALA
INFINITI
JAGUAR
LAMBORGHINI

LESABRE
LEXUS
MAZDA
MUSTANG
NOVA
PORSCHE
PRIUS

RAM
TAHOE
THUNDERBIRD
TOYOTA
VOLVO
YUKON
ZEPHYR

Ships

```
S D I M B N T E P L E S S E V S T I U A
B I O L A Z U P G S G J Q W F T T W S T
I H L E I R G T D Q Z G H S Y W S J U X
I C C W Z F P B G L A C I T U A N A C K
T O W Q B S E W L K T J C F K Y J W M Q
E K B W T O P P N R E T S S Y Z E A R Z
R N L A A A R V R G A L L E Y R M E B Z
U Q I D R T O K L E E P O R C H V S B X
Z S S G E G E B O E S C D S N N K U D M
S U D L N C E R E C E E B T I N O G P Q
P N N T P E K C I F E K R T W Y V B E Z
J U R N D K X H R I I N D V A N Q O F I
H D H I R I G G I N G L D N E M R W R H
A D U H O D R U D D E R T A Y R O R E D
Q R A X U O R A O N I A T P A C B O I S
F L O A T C S A D A A J D U L Z R C G F
C H U T N K Z H B X H B N I T E A B H N
J W Y S T A R B O A R D A F Y R H C T I
F C I E N O Q N F T F S W M J J O O V L
T Y M Y R K L F T K H R G U R H X P I P
```

BARGE
BOW
BUOYANT
CAPTAIN
CREW
DECK
DOCK
ENGINE
FLOAT
FREIGHT
GALLEY
HARBOR
KEEL
LIFE PRESERVER
LIFEBOAT
MAST
NAUTICAL
OAR
OCEAN
PORT
RIGGING
ROPE
RUDDER
SAIL
SEA
STARBOARD
STERN
TUG
VESSEL
WATER

Bus

```
Y X S E M F B X K H K R E S E M O T P C
B J S F L W A N B D P I F X T V I S S Q
E D E D R U O R P E D Q M V C A N P O S
D I R A E U D A R G C I G C P R T J H U
J I P L N P S E N I E S X O E O A I G M
Q E X N K S A S H L V X U F R P T H O M
D W E J J E C R B C B A S B E T Z S T N
N N I M B U U A T F S N L P I R E J R K
U J G P D D T X P U A T R U X N U M A I
O C J L T E R Y Q R R A I B T J I N N K
H W W C M L S I T R C E D L T S G M S T
Y E E I D E I K V Y Y M E I V C F D I R
E L T A A T Q N O E G H R C A Y F F T O
R C Y T L F J K E K R C O A C H R P N L
G I E F T R A N S P O R T A T I O N E L
B H F T L O O H C S E V E P K A X V K E
V E R A U D R T W V G M C O S T S A O Y
G V L U R O R H W N N W J S U P W H T C
Q V G F O E R A R G R E G N E S S A P U
D W D V J T I D L S Z C C I V D A O R S
```

ARRIVAL
COACH
DEPARTURE
DRIVER
EXPRESS
FARE
GREYHOUND
LINE

METRO
MINIBUS
PASS
PASSENGER
PUBLIC
RIDER
ROAD

ROUTE
SCHEDULE
SCHOOL
SEAT
STATION
STOP
TIMETABLE

TOKEN
TOUR
TRANSFER
TRANSIT
TRANSPORTATION
TROLLEY
VEHICLE

Racers

K	V	T	H	O	R	O	U	G	H	B	R	E	D	T	R	I	S	Z	E
C	C	G	A	R	D	N	O	H	T	A	R	A	M	E	H	E	A	T	S
K	S	A	T	C	E	U	T	N	W	R	V	J	L	U	B	R	T	B	R
L	C	W	R	O	C	J	E	P	W	H	E	A	J	I	X	E	O	H	U
J	S	A	V	T	G	J	R	W	F	C	Y	G	C	F	W	N	O	E	O
G	U	J	S	Y	K	W	M	N	K	V	J	Y	A	G	C	N	F	F	C
Y	R	K	R	A	C	K	C	O	T	S	C	Y	F	T	A	U	J	F	R
T	D	A	R	B	Q	P	S	C	W	L	R	A	G	Y	T	R	R	E	P
P	Y	N	N	B	H	W	H	M	E	T	H	O	R	S	E	A	I	N	P
M	C	A	I	D	I	T	Q	Q	N	W	P	K	X	K	Q	K	L	R	Q
U	O	I	W	M	P	X	F	U	A	W	Z	X	O	O	S	O	V	A	L
E	P	L	M	D	V	R	O	S	T	E	E	P	L	E	C	H	A	S	E
W	H	E	A	C	E	C	I	V	D	J	S	D	H	Z	B	H	F	G	A
W	R	Q	P	L	S	E	W	X	E	N	D	D	A	W	P	U	J	S	X
Z	W	Z	R	S	S	O	P	V	R	Z	T	A	X	O	O	R	O	X	E
Z	A	D	O	B	Q	U	S	S	B	Q	N	S	T	W	R	D	C	F	J
J	Y	R	A	Q	B	F	G	X	Y	X	R	H	U	I	X	L	K	P	I
Y	C	E	S	R	U	O	C	E	L	C	A	T	S	B	O	E	E	G	T
Q	U	D	B	O	B	T	N	I	R	P	S	R	L	Y	Z	S	Y	S	J
Z	W	C	R	Z	K	D	J	B	K	X	V	W	V	H	I	G	F	T	F

BICYCLE
COURSE
CROSS COUNTRY
DASH
DERBY
DRAG
FOOT
GRAND PRIX
HEAT
HORSE
HURDLES
INDY
JOCKEY
MARATHON
OBSTACLE COURSE
OVAL
REGATTA
RELAY
ROAD
RUNNER
SACK
SKIER
SLALOM
SPEEDWAY
SPRINT
STEEPLECHASE
STOCK CAR
SWIMMER
THOROUGHBRED
TRACK

CHAPTER 11

Word Search Melodies

Popular Bands

```
C I R Y O A W V C N O O E I D N O L B L
T A E F E L T T I L P T H E E A G L E S
L J M A X C Q V R O L P S D F A E D W Z
D A E D L U F E T A R G I O L L Z R K X
Q C U F O R E I G N E R Q U E E N Y B B
M Q R R F O X E F P T H Q J P Q S E W F
A U Y T H E W H O F K Y L P P U S R I A
Z Z T O P A R T R I D G E F A M I L Y E
U I H S I N X S E Y C L W H R D K O D R
I L M R N D A C O E I F D N D U R G V O
A S I Z P L I L S N L N K G M R A A D S
C S C H A L F R P Y A F C W V A W C P M
I Q S B O K I P E B L I I M X N F I A I
L D A P N G E N E S I S R O O D E H T T
L M E I M P R H D C T A T P K U W C B H
A H P V P U T O W Q F R P A L R V X W L
T S X P O H B L A C K S A B B A T H M N
E U M J U I H R G Y K I E I J N N G E W
M R G J E C Q J O S O V H Q T R E E L O
A V H V J S R U N D M C C S A S N A K J
```

ABBA
AEROSMITH
AIR SUPPLY
ALABAMA
BLACK SABBATH
BLONDIE
BREAD
CHEAP TRICK
CHICAGO
DEF LEPPARD
DEVO
DIRE STRAITS
DURAN DURAN
EURYTHMICS
FLEETWOOD MAC
FOREIGNER
GENESIS
GRATEFUL DEAD
HEART
INXS
JEFFERSON AIRPLANE
JOURNEY
KANSAS
KISS
LED ZEPPELIN
LITTLE FEAT
METALLICA
PARTRIDGE FAMILY
PINK FLOYD
QUEEN
REM
REO SPEEDWAGON
RUN DMC
RUSH
THE BAND
THE DOORS
THE EAGLES
THE POLICE
THE WHO
WHAM
YES
ZZ TOP

Jazz Musicians

K	E	C	D	I	G	X	K	E	I	S	A	K	N	A	A	L	N	T	L
P	I	F	T	J	N	H	C	I	D	I	E	C	O	R	R	E	O	O	W
U	P	L	R	S	O	N	O	S	L	V	R	E	T	T	T	S	S	M	K
D	S	S	S	I	R	O	C	A	A	A	O	B	N	B	I	T	K	M	Y
L	E	E	Z	L	T	T	N	B	R	D	C	U	E	L	E	E	C	Y	R
I	L	N	Z	A	S	G	A	T	E	S	K	R	K	A	S	R	A	D	E
O	L	A	B	S	M	N	H	N	G	E	C	B	N	K	H	Y	J	O	K
N	I	R	I	R	R	I	E	U	Z	L	I	E	A	E	A	O	T	R	R
E	G	T	L	A	A	L	I	O	T	I	H	V	T	L	W	U	L	S	A
L	Y	L	L	M	S	L	B	C	I	M	C	A	S	Y	U	N	I	E	P
H	Z	O	I	D	I	E	R	G	F	K	T	D	C	H	R	G	M	Y	E
A	Z	C	E	R	U	E	E	M	A	B	I	L	L	E	V	A	N	S	I
M	I	N	H	O	O	K	H	J	L	M	U	T	A	T	T	R	A	N	L
P	D	H	O	F	L	U	D	K	L	S	T	A	N	G	E	T	Z	D	R
T	A	O	L	N	C	D	A	X	E	O	O	V	C	I	A	J	J	F	A
O	U	J	I	A	O	R	N	E	T	T	E	C	O	L	E	M	A	N	H
N	V	I	D	R	K	N	O	M	S	U	O	I	N	O	L	E	H	T	C
R	V	A	A	B	W	Y	N	T	O	N	M	A	R	S	A	L	I	S	V
H	D	E	Y	B	E	N	N	Y	G	O	O	D	M	A	N	S	I	L	T
T	E	O	P	F	H	O	E	K	E	N	N	Y	C	L	A	R	K	E	U

ART BLAKELY
ART TATUM
ARTIE SHAW
BENNY GOODMAN
BILL EVANS
BILLIE HOLIDAY
BRANFORD MARSALIS
CHARLIE PARKER
CHICK COREA
COUNT BASIE
DAVE BRUBECK
DIZZY GILLESPIE
DUKE ELLINGTON
ELLA FITZGERALD
HERBIE HANCOCK
JOHN COLTRANE
KENNY CLARKE
LESTER YOUNG
LIONEL HAMPTON
LOUIS ARMSTRONG
MILES DAVIS
MILT JACKSON
ORNETTE COLEMAN
STAN GETZ
STAN KENTON
THELONIOUS MONK
TOMMY DORSEY
WYNTON MARSALIS

Musical Instruments

```
B B Q U O P T H X V V I O L A P R A H F
O K U O O R V Y H A R M O N I C A Z V M
X N Z G U J L C A N I T R E C N O C U T
T A A M L O I Y E E N A F Q Z I E R A J
K E P I P E Y M E L Z I D I N P D M N G
T E N H P O M B N L F K T A O E B O N O
T U O I R H U A G E B H P I R O I R S S
V N B N R H L L L S E M L A U D O Y A B
E I F A A A L S I R I L N R R H N X E S
X X B L Q G L A S T A S I O H T O L T S
C M C R U T R C H C W N C C H P L C R A
S A U H A T Z O H X E C N E H S X Q C B
M E S R I P E W O L A E S O V I O L I N
B A P T D M H U R M R I N P I C C O L O
A R N I A O E O N F Z E D U L C I M E R
S B A D P N G S N E F L U G E L H O R N
S A E T O G E N R E E N O B M O R T E J
O N B R I L A T O U K U L E L E F N C D
O J M E Y U I B S B E L T S I H W O D D
N O Z A U L G N P G J X O L L E C F Y I
```

ACCORDION
BAGPIPES
BANJO
BASS
BASSOON
BELLS
BONGO DRUM
BUGLE
CALLIOPE
CASTANETS
CELLO
CHIMES
CLARINET
CONCERTINA
CYMBALS
DULCIMER
ENGLISH HORN
FIFE
FLUGELHORN
FLUTE
FRENCH HORN
GUITAR
HARMONICA
HARP
KAZOO
LYRE
MANDOLIN
ORGAN
PIANO
PICCOLO
SAXOPHONE
SNARE DRUM
SYNTHESIZER
TAMBOURINE
TIMPANI
TROMBONE
TRUMPET
TUBA
UKULELE
VIBRAPHONE
VIOLA
VIOLIN
WHISTLE
XYLOPHONE
ZITHER

Country Music

```
Z L W S D P B H A N K W I L L I A M S M
L O P I O Q A G E O R G E S T R A I T E
H R A V L S R R W K D C X Y W L C W F R
D E E A L I B O T P D R C A I A R I T L
Q T T R Y R A S A A U Y H R L R G G H E
G T T T P R R A N S J S A R L R F O R H
L A E Y A A A N Y L A T R U I Y Y E E A
E L N D R H M N A I N A L M E G T R N G
N Y Y N T U A E T M N L I E N A T I O G
C N W A O O N C U E O G E N E T I T G A
A N Y R N L D A C I N A D N L L W N A R
M X M G O Y R S K N Y Y A A S I T E W D
P J M L H M E H E N W L N M O N Y C R R
B O A B T M L Q R O Z E I E N X A M E O
E E T M T E L Y H R U F E L B Z W A T Y
L H C I R E I L R A H C L H A H N B R C
L G A R T H B R O O K S S H T S O E O L
O Z S G N I N N E J N O L Y A W C R P A
C H A R L I E P R I D E V E T S C H X R
K T L M A K A O Y T H G I W D M E Q M K
```

ANNE MURRAY
BARBARA MANDRELL
CHARLIE DANIELS
CHARLIE PRIDE
CHARLIE RICH
CONWAY TWITTY
CRYSTAL GAYLE
DOLLY PARTON
DWIGHT YOAKAM
EMMYLOU HARRIS
GARTH BROOKS
GEORGE STRAIT
GLEN CAMPBELL
HANK WILLIAMS
LARRY GATLIN
LORETTA LYNN
MERLE HAGGARD
PORTER WAGONER
RANDY TRAVIS
REBA MCENTIRE
RONNIE MILSAP
ROSANNE CASH
ROY CLARK
TAMMY WYNETTE
TANYA TUCKER
WAYLON JENNINGS
WILLIE NELSON
WYNONNA JUDD

Song Writers

N	I	L	R	E	B	G	N	I	V	R	I	A	K	D	X	N	N	L	Q
I	B	R	E	P	M	A	T	S	E	V	A	D	N	Z	Y	I	A	L	V
N	I	W	H	S	R	E	G	A	R	I	J	K	C	W	A	E	O	W	B
M	W	G	N	I	K	E	L	O	R	A	C	R	T	B	B	T	S	D	F
I	J	O	H	N	S	T	R	O	M	B	E	R	G	R	B	S	A	L	R
E	R	E	T	R	O	P	E	L	O	C	R	T	C	T	U	N	L	E	E
H	Q	A	Y	E	N	T	R	A	C	C	M	L	U	A	P	R	A	A	D
D	N	O	N	N	E	L	N	H	O	J	W	O	X	F	O	E	N	H	E
N	S	M	O	K	E	Y	R	O	B	I	N	S	O	N	Q	B	J	C	R
O	V	T	R	A	H	Z	N	E	R	O	L	F	L	V	M	D	A	I	I
S	B	O	U	N	E	I	L	S	E	D	A	K	A	W	Z	R	Y	M	C
N	F	B	F	R	E	L	L	A	W	S	T	A	F	W	T	A	L	R	K
E	C	A	R	O	L	B	A	Y	E	R	S	A	G	E	R	N	E	A	L
H	S	T	E	P	H	E	N	F	O	S	T	E	R	X	C	O	R	C	O
P	Z	R	E	D	N	O	W	E	I	V	E	T	S	L	R	E	N	Y	E
E	J	O	H	N	N	Y	M	E	R	C	E	R	N	U	Z	L	E	G	W
T	N	I	E	T	S	R	E	M	M	A	H	R	A	C	S	O	R	A	E
S	R	T	E	N	I	W	H	S	R	E	G	E	G	R	O	E	G	O	P
R	I	C	H	A	R	D	R	O	D	G	E	R	S	E	I	M	J	H	R
L	W	T	O	R	I	H	C	A	R	A	H	C	A	B	T	R	U	B	O

ALAN JAY LERNER
BURT BACHARACH
CAROL BAYER SAGER
CAROLE KING
COLE PORTER
DAVE STAMPER
FATS WALLER
FREDERICK LOEWE
GEORGE GERSHWIN
HOAGY CARMICHAEL
IRA GERSHWIN
IRVING BERLIN
JOHN LENNON
JOHN STROMBERG
JOHNNY MERCER
LEONARD BERNSTEIN
LORENZ HART
NEIL SEDAKA
OSCAR HAMMERSTEIN
PAUL MCCARTNEY
RICHARD RODGERS
SMOKEY ROBINSON
STEPHEN FOSTER
STEPHEN SONDHEIM
STEVIE WONDER

Play Jazz

R	O	U	C	H	E	H	E	H	E	U	C	Q	B	N	L	C	N	L	H
F	H	C	F	J	C	E	F	C	N	P	U	H	J	E	Y	X	V	B	D
A	A	Y	V	W	T	E	N	G	R	J	I	B	R	C	B	N	F	R	H
Y	M	E	T	H	I	E	P	O	I	D	R	N	S	O	O	O	L	I	E
E	G	V	Z	H	D	Q	G	Q	O	T	X	G	T	I	M	W	P	D	L
O	V	O	J	A	M	R	H	E	N	I	N	C	T	E	L	A	I	G	Y
R	D	O	C	W	E	L	V	I	J	I	H	A	D	D	R	P	T	E	T
C	E	R	U	S	L	T	K	R	S	B	S	S	O	A	R	L	M	I	S
N	L	G	S	O	O	P	E	A	K	I	B	W	U	L	B	E	U	H	C
D	H	I	O	Z	Y	R	R	V	V	E	F	I	B	L	O	P	T	D	F
L	O	C	Z	X	L	H	O	O	A	F	N	N	L	A	K	M	H	E	E
N	O	X	Z	D	P	B	R	T	I	O	T	G	E	B	T	U	A	S	M
C	V	S	J	K	P	P	L	R	I	B	X	T	T	T	U	J	R	C	O
D	H	B	M	I	M	F	G	T	D	K	D	R	I	O	N	N	M	A	L
M	C	O	F	I	B	H	A	D	R	O	H	C	M	N	E	M	O	L	O
D	E	D	P	L	K	L	N	O	I	S	U	F	E	E	S	D	N	E	S
B	H	L	U	S	U	E	T	A	P	O	C	N	Y	S	R	R	I	S	T
U	A	E	O	D	S	E	G	N	A	H	C	D	R	U	M	F	C	G	H
X	S	S	O	D	H	O	R	N	A	Z	O	Y	B	O	O	G	I	E	U
P	N	M	S	N	Y	B	Z	F	E	V	C	T	U	N	E	J	H	R	T

BALLAD
BASS
BEAT
BEBOP
BLUES
BOOGIE
BRIDGE
CADENCE
CHANGES
CHOPS
CHORD
CHROMATIC
COOL
DOUBLE TIME
DRUM
FUSION
GROOVE
HARMONIC
HORN
IMPROVISATION
INTERLUDE
JUMP
MELODY
METER
MODULATION
PHRASING
PROGRESSION
RHYTHM
RIFF
SCALE
SOLO
STYLE
SWING
SYNCOPATE
TONE
TUNE
TUNES

Rock and Roll

```
B M T T H E G R A T E F U L D E A D S X
P I N R A V G F H K H U M E U M Q V B A
R H L E E N H K I L J M K U M F E C M P
O S E L E C A X A F L H K F W Y E G J I
L B T A Y T N L E D Z E P P E L I N N N
L Y E A V J S O S I T A A K U R K O T K
I T H C G Y O G C Y C I C C O I I C A F
N U H K I E M E N P O O N D I S U S E L
G B R E P L F E L I T B S A A D E T B O
S Y O D E N D Y T S R T H V T L X G K Y
T A P N I A X E D A E P N C T U U I C D
O N C X J V G O H W L I S A A I R G A K
N C B I Y O O L A C H P E E T E F N B A
E N I A L W V R E S Y B U A C G B I E X
S S Y R S L T I I S R S R N H U Y H Y R
I T I L T S A T L S I M P S K G R E V Z
K I G N X C I T R E I F I L P M A B M C
P J O G G R E N E N D R U M S C I R Y L
T Q D H B E D L X M C H T X Z A B G C G
V Y F L S P R C E T H E W H O J O L P N
```

ACID
AMPLIFIER
BACKBEAT
BASS
BEACH BOYS
BEATLES
BILLY JOEL
BON JOVI
BRITISH INVASION
BRUCE SPRINGSTEEN
CONCERT
DRUMS
ELECTRIC
GUITAR
HEAVY METAL
LED ZEPPELIN
LYRIC
METALLICA
PINK FLOYD
PSYCHEDLIC
PUNK
ROD STEWART
ROLLING STONES
SINGER
STAGE
THE EAGLES
THE GRATEFUL DEAD
THE WHO
TINA TURNER
WOODSTOCK

Classical Music

R	L	I	P	H	L	K	I	J	T	H	E	F	T	R	B	F	P	O	X
E	X	N	A	U	A	O	P	N	O	E	B	D	O	H	F	L	R	A	A
R	I	N	R	K	Q	G	F	S	S	O	T	T	U	K	E	T	Z	C	P
B	O	A	H	C	S	M	U	R	D	T	C	N	C	L	S	M	W	R	E
O	N	R	Y	I	O	P	I	U	I	U	R	H	I	E	R	J	E	P	M
L	C	R	E	N	R	V	V	A	D	W	A	U	A	U	P	E	E	F	N
A	P	A	Q	O	D	V	E	N	R	R	T	M	M	V	Q	R	T	E	P
C	Q	N	U	M	Q	O	O	R	M	T	W	N	R	E	C	G	Y	N	K
O	K	G	A	R	C	C	S	O	T	F	S	E	E	U	N	E	Y	V	I
V	K	E	R	A	M	H	N	Y	Y	U	B	E	S	M	M	T	Q	P	O
G	E	M	T	H	E	Y	O	U	M	M	R	S	H	E	E	V	A	G	T
O	J	E	E	L	Q	B	R	R	A	P	I	E	L	C	R	V	K	L	R
V	R	N	T	I	O	S	D	H	A	O	H	F	L	Z	R	O	O	L	E
G	X	T	L	H	W	R	C	A	N	L	D	O	M	Q	T	O	C	M	C
P	L	F	F	P	R	E	S	O	P	M	O	C	N	T	R	D	T	S	N
P	A	S	S	A	G	E	M	E	L	O	D	Y	F	Y	E	N	N	P	O
H	D	B	W	J	S	T	R	I	N	G	D	M	I	H	C	W	H	A	C
Z	C	I	U	W	P	E	N	S	E	M	B	L	E	A	N	C	S	R	B
Q	N	Y	Q	K	Z	V	S	O	N	A	T	A	O	V	O	P	A	Q	G
D	T	G	B	H	P	X	S	Z	I	N	K	L	S	V	C	P	N	W	R

ARRANGEMENT
BAND
CHAMBER
CHORAL
COMPOSER
CONCERT
CONCERTO
CONDUCTOR
DRUMS
ENSEMBLE
HARMONY
INSTRUMENTAL
INTERLUDE
MAESTRO
MELODY
MOVEMENT
ORCHESTRA
OVERTURE
PASSAGE
PERCUSSION
PHILHARMONIC
QUARTET
QUINTET
SCORE
SONATA
STRING
SYMPHONY
THEME
VOCAL
WIND

Opera

```
O C D I V A J W F M I E O E E E Q A L R
K O Q V I B R A T O O R O N L A I R A E
P M K G T Z T E W L L O E P A A K M M G
E P I N M Q T E A Y A C R J E R N B V N
R O T C M G W C R R P N S A Q M P I F I
G S A N S D I I T P E E L A C O V O F S
O E L B Z S C S U J M S F S T A G E S O
L R I U U X E P C O M P O S I T I O N A
E B A M U H R Z Q O Y E N C G T S K N T
S Z N S C E Y B X Q P F N R H T E N R H
I Q U R L O W B D I J E A O A O O U O E
O K O U L O F M D I F N R C T D R R D A
T X D O X S G R D A D A C A A I T U T T
T E S M Y R E N O I M A L M H S R E S R
E A I K E V U Q O D T A I S E O N A H I
R Z F J E N G S R O N R R A E O U A B C
B L H T V M E K V H P C M D R T N S R A
I Y N J C R N E N S E M B L E D T O E L
L O T B A R O Q U E G I C F E R K O J Q
M N B U M F S G Y C Y H M L E R O C S D
```

ARIA
BARITONE
BAROQUE
CHORUS
COMPOSER
COMPOSITION
DIVA
DRAMA
DUET
ENCORE
ENSEMBLE
FALSETTO
FINALE
GRANDIOSE
HANDEL
ITALIAN
LIBRETTO
LYRIC
MAESTRO
MONTEVERDI
MUSICAL
OPERA HOUSE
ORCHESTRA
PERGOLESI
PRELUDE
PRIMA DONNA
SCORE
SINGER
SOLO
SOPRANO
STACCATO
STAGE
TENOR
THEATRICAL
VIBRATO
VOCAL

Composers

E	S	N	R	V	A	Y	M	I	F	N	I	I	U	V	I	R	X	C	K
V	A	T	E	E	H	G	S	T	N	I	N	W	O	W	A	G	N	E	R
H	H	R	R	A	B	E	Y	A	E	I	I	N	I	N	I	S	S	O	R
I	D	T	Y	A	L	R	M	G	R	F	I	S	C	H	U	B	E	R	T
I	L	D	C	O	V	U	A	E	F	N	I	T	T	A	L	R	A	C	S
M	N	S	G	H	H	I	H	B	A	S	C	H	O	E	N	B	E	R	G
Z	A	R	I	C	A	C	N	M	A	L	T	P	S	L	L	I	S	Z	T
Z	E	H	S	B	C	I	H	S	F	N	S	U	W	S	E	W	H	F	K
P	D	G	L	O	E	C	K	Q	K	Y	L	C	S	H	B	D	R	E	V
M	I	G	B	E	A	L	B	O	S	Y	O	C	S	O	I	T	N	H	S
X	R	Z	H	R	R	X	I	R	V	Z	H	I	M	S	Z	X	D	A	Z
P	A	G	A	N	I	N	I	U	I	S	H	N	H	T	E	B	M	Z	H
M	R	E	N	K	C	U	R	B	S	T	K	I	A	A	T	V	P	S	N
N	H	O	S	S	L	E	D	N	E	M	T	Y	R	K	G	R	I	E	G
O	M	T	B	E	E	T	H	O	V	E	N	E	B	O	R	D	Y	B	H
W	R	W	M	B	E	R	L	I	O	Z	E	U	N	V	A	A	A	L	U
S	S	U	A	R	T	S	I	D	L	A	V	I	V	I	W	C	G	G	K
M	K	L	S	R	M	Y	R	U	J	J	H	X	C	C	H	X	M	L	V
L	R	K	S	E	R	R	B	M	C	R	H	A	W	H	G	D	N	R	E
M	C	H	O	P	I	N	D	N	N	E	Q	L	T	R	A	Z	O	M	K

BACH
BARBER
BEETHOVEN
BERLIOZ
BIZET
BOCCHERINI
BRAHMS
BRITTEN
BRUCKNER
CHOPIN
ELGAR
GRIEG
HANDEL
HAYDN
HOLST
LISZT
MAHLER
MENDELSSOHN
MOZART
PAGANINI
PERGOLESI
PUCCINI
RACHMANINOV
ROSSINI
SCARLATTI
SCHOENBERG
SCHUBERT
SCHUMANN
SHOSTAKOVICH
SIBELIUS
STRAUSS
STRAVINSKY
TCHAIKOVSKY
VERDI
VIVALDI
WAGNER

Musical Genres

```
I A L G P J T Q J P U P X W O M S F R O
S X I M P R O V I S A T I O N L L A W W
I N V Q D E L A W F J L W P A A G B E W
B A R B E R S H O P L J A C J T O D Q C
C O D H Z Z A J A S S A I R I Y D B H E
O K C O R J Z Y H O X S M M O I Z I J U
U B F B G S P J M M U I E E N H L C A Q
N D V A D I G O T M K K B G N D C I K O
T X A A L T E R N A T I V E R C R N S R
R A X N E A G G E R F W P E Z A O O O A
Y R R H C F W Y L Z B X N O P H A R R B
B Y X E G E G H V H J S P R P R G T C V
G K X J P D N A B G N I H C R A M C H T
E B W P E O L A N O S A E S D P T E E N
O S U O I G I L E R C B E I O N S L S E
F G B L U E G R A S S T G H E N E E T I
Q I N H F X V O X C H I P I L K U P R C
A T L A Y I W W F N T I B P C A L Y A N
L U J M T F I P I A H M E Y D N B K L A
S P M K L O F C L Q A C H A M B E R H L
```

ALTERNATIVE
AMBIENT
ANCIENT
BARBERSHOP
BAROQUE
BLUEGRASS
BLUES
CHAMBER
CHILDRENS
CHORAL
COUNTRY
DANCE
DIGITAL
ELECTRONIC
ETHNIC
FILM
FLAMENCO
FOLK
HIP HOP
IMPROVISATION
JAZZ
MARCHING BAND
MUSICALS
OPERA
ORCHESTRAL
POP
RAGTIME
RAP
REGGAE
RELIGIOUS
ROCK
SEASONAL
SKA
TANGO
WEDDING

Movie Music

```
J Y N K A G A M A T G D S G T F Z X G W
S U D S C C O Q O O H H V F D T D X C N
J G W O I O U N L O A E A L H S T S H Q
T J N R L A R D N L N H R E Q L H A E G
R H E I R E F E L A S R S O E B E M E N
M M E I H I M W S M F O I T S A T T K O
A H U W N T E D O U U L T V L E R S T L
I S T G A D E R E N O H Y L E E O I O E
T Y E Y A Y F T D N E H T N V R L R C B
H R P N H E W O I R I H L E O I L H H E
A P C P M R F E I R A A R I M W E C E W
D E E E A M T V W T O G H E A A Y E E E
T P H O U H E O J E R V R C X J S T K R
O T E S P R T A G E R O A J N K O I C E
B J I G R L Z E E I D E S F J U N H M H
E C Z U F Z E N G E M A F A Y A G W I W
Y O N L U C K B E A L A D Y M M U Z S P
O I N O I T C E N N O C W O B N I A R U
U W O B N I A R E H T R E V O O Q M R S
Y B S E O G E M I T S A C A B A R E T Q
```

ALL THAT JAZZ
AMERICA
AQUARIUS
AS TIME GOES BY
CABARET
CHEEK TO CHEEK
DO RE MI
EVERGREEN
FAME
GET HAPPY
GOLDFINGER
GONNA FLY NOW
I GOT RHYTHM
IT HAD TO BE YOU
JAILHOUSE ROCK
LET THE RIVER RUN
LUCK BE A LADY
MOON RIVER
MY FAVORITE THINGS
OVER THE RAINBOW
PEOPLE
RAINBOW CONNECTION
SHALL WE DANCE
THE ROSE
THE SOUND OF MUSIC
THE TROLLEY SONG
THE WAY WE WERE
THEME FROM SHAFT
UNCHAINED MELODY
UP WHERE WE BELONG
WHITE CHRISTMAS

Musical Words

```
Y K Y N I I L B E L O C T A V E W H T V
W Y S M R F E T Z S U L R H Y T H M A F
F J K K C F E F P R F E W A G X O A C V
K I A Y H M G M D Z K M Z G O T X R C I
X N Z N P Z L Y A L H I T B U O F R O P
B S V O D C J S M P Y T H B C N H A M N
C T M Q F A H Y P Q A Y O S E E M N P N
L R R E M X N O Z A G Q C U A A R G A O
E U C E L C D T R P I E U G N W T E N T
F M B R D B N I E D R L R T O G T M I E
X E O A G J E P B B D F B S I Z T E M P
W N R D S G L R M B R E Z E T R C N E E
F T N Y N S A I T O K R S R I T C T N F
G A Y I V E T H N P E M O V S Y T A T E
E L K T Y I C D A O P A U L O W G G R M
E P E V N N O S T R T T N A P F Q O E D
Q I Z G Q R B S E H M A D R M U C L A U
K U E B V A E Z Z R U O K G O S O F B E
J O Y N W R M F M C C M N O C D R C J T
W I N S P H N I L A C O V Y Y E T R O F
```

ACCOMPANIMENT
ANDANTE
ARRANGEMENT
BASS
BEAT
CHORD
CLEF
COMPOSITION
CRESCENDO
DUET
FERMATA
FORTE
HARMONY
INSTRUMENTAL
LARGO
MELODY
NOTE
OCTAVE
PRESTO
REST
RHYTHM
RONDO
SCORE
SOUND
TEMPO
TIMBRE
TIME
TONE
TREBLE
VOCAL

CHAPTER 12

Bookworm Word Searches

Languages

```
H C T U D M A C E D O N I A N N N S N T
H S I K R U T E N A E R O K O A L A H W
P O L I S H S F R Q F B H R I O I A E N
G K E X C E N R G R Y I W T V N I R A R
T R B Q N N F E M V N E A E O I B I X O
I I E A X A B N A D G O N T C E G N T M
Y R P E E T U C I I R I S E H R A V E A
B A I E K E L H A C A E L E O I U I N N
J A W S W B G N Y N N A S E N V N E G I
C L S S H I A W Y I N P G A Y A D T L A
Y I A Q J T R B R D E U U C L G A N I N
J A B T U T I E I R D H K A Q E N A S H
P F L A I E A C A C T U T R I Z I M H S
I E I A R N N N L I P A V L A Y S E G I
L H R N M A T G L U C A S N A I H S J N
I C H S N O H U N G A R I A N T N E N A
H E S K I I N A I L A T I Z Q Q V I P P
A Z L G U A S R U S S I A N J G H I A S
W C E W U A N H N A I B R E S U E X A N
S Q W Z O H S I D E W S G O L A G A T N
```

ARABIC
BASQUE
BULGARIAN
CATALAN
CROATIAN
CZECH
DANISH
DUTCH
ENGLISH
ESPERANTO
ESTONIAN
FINNISH
FRENCH
GEORGIAN
GREEK
HEBREW
HINDI
HUNGARIAN
ICELANDIC
IRISH
ITALIAN
JAPANESE
KOREAN
LATIN
LATVIAN
LITHUANIAN
MACEDONIAN
MALAY
NORWEGIAN
PERSIAN
POLISH
ROMANIAN
RUSSIAN
SERBIAN
SLOVENIAN
SPANISH
SWAHILI
SWEDISH
TAGALOG
THAI
TIBETAN
TURKISH
UKRAINIAN
VIETNAMESE
WELSH

Greek Gods

G	E	V	J	S	O	E	H	O	Y	L	C	P	Q	N	I	K	E	S	B
W	T	S	N	P	T	Q	W	B	N	J	D	Q	B	N	Q	Y	P	T	U
G	I	S	E	Y	S	S	N	M	D	W	N	A	H	I	G	E	R	K	X
P	M	C	Q	R	S	B	I	V	U	C	P	S	U	S	Y	N	O	I	D
T	V	P	R	U	A	C	S	C	M	H	M	T	A	R	E	H	P	B	A
B	S	G	L	E	V	Q	S	N	R	S	E	D	A	H	Q	O	Y	R	K
A	E	Y	U	T	T	E	A	O	S	U	E	Z	R	Y	S	E	N	A	P
R	H	N	T	H	M	E	D	P	S	U	V	G	S	E	A	T	I	S	W
K	E	C	Q	R	E	I	M	U	T	Z	C	I	I	I	K	A	H	U	V
A	I	R	E	S	T	S	E	E	S	H	M	D	J	N	Q	C	W	L	H
Z	I	H	I	E	U	H	T	J	D	E	O	F	X	Y	N	E	T	O	E
Z	U	E	S	N	P	T	S	I	T	N	S	U	R	U	E	H	E	E	S
X	E	O	G	R	Y	I	S	R	A	S	E	L	U	C	R	E	H	A	P
A	R	P	O	Y	S	E	A	E	E	N	O	H	P	E	S	R	E	P	E
E	Z	M	H	E	H	H	S	R	A	O	L	L	O	P	A	A	T	S	R
L	Y	T	M	Y	Y	R	E	H	S	H	S	I	R	E	V	T	B	U	A
T	C	E	L	P	R	H	E	Z	O	I	P	F	E	Q	A	H	R	T	S
Q	N	R	N	M	T	B	L	C	K	K	R	E	H	G	V	E	W	O	R
A	S	O	O	E	E	M	F	E	K	K	U	I	H	Q	A	N	Q	N	O
W	S	P	A	X	D	G	S	S	A	E	R	O	B	X	V	A	G	I	M

AEOLUS
AETHER
APHRODITE
APOLLO
ARES
ARTEMIS
ATHENA
BOREAS
DEMETER
DIONYSUS
EOS
ERINYES
ERIS
EROS
EURUS
HADES

HEBE
HECATE
HEPHAESTUS
HERA
HERCULES
HERMES
HESPERA

HESTIA
HYGEIA
HYPNOS
IRIS
MORPHEUS
MORS
NEMESIS

NIKE
NOTUS
PAN
PERSEPHONE
POSEIDON
ZEPHYR
ZEUS

Authors

```
W A G V O H K E H C M J O V H H M O I D
G Y T F Q G N Y K S V E Y O T S O D L U
T G I H Z G G P K T S O A L O T M M O O
J W D Q U I H L X H L M Z Z B B K P W S
E O A J S T P F A Z W W A Q V B D V O R
P Q Y I O A P K K C W Y A Z C X M P R E
M P R C N J E Q E V D J Z E K L H E D N
Q J Z T E S H I L L E R M A N O C I P K
I N L E P E F O G F Q L N N C U C N O L
P K R E N L L T J R W W Z L A K Y A E U
T J A E O N P L U H K V E H E D C M E A
C R S O E R L S I A E S C N G A N T S F
E B W T O N H L S V S M S P O R A I P T
I O S U N D L H E W L I I M W N L H I O
H U S A I I I O U W I E M N Q O C W L L
A T M E A A G M N P R F M O G C R B L S
B M Y N O K R E J Q R O T M V W J F A T
L H I O S D I R G B E H T E O G A V N O
V U M C P G V D P N K H G J I Q E Y E Y
R P P T R R U R E L D N A H C A K F A K
```

ASIMOV
AUSTEN
CHANDLER
CHAUCER
CHEKHOV
CLANCY
CONRAD
DICKENS
DOSTOYEVSKY
FAULKNER
GOETHE
HEMINGWAY
HILLERMAN
HOMER
IBSEN
JOYCE
KAFKA
MANN
MELVILLE
ORWELL
POE
PROUST
RUSHDIE
SHAKESPEARE
SOPHOCLES
SPILLANE
SWIFT
TOLSTOY
TWAIN
VIRGIL
WHITMAN
WOOLF

Poets

W	O	N	O	S	R	E	M	E	O	D	L	A	W	H	P	L	A	R	F
Y	R	O	B	E	R	T	B	R	O	W	N	I	N	G	W	G	Y	E	Q
P	Z	S	R	Z	T	S	N	G	D	I	V	O	Z	K	I	N	W	C	P
G	Q	Y	O	R	D	V	U	E	U	L	H	N	K	Y	L	I	Z	U	P
G	D	N	B	A	L	S	G	R	A	S	T	E	E	N	L	L	E	A	I
D	S	N	E	P	E	G	R	T	B	U	W	K	M	L	I	P	D	H	U
J	I	E	R	O	H	N	U	R	M	I	S	I	I	A	A	I	G	C	T
E	R	T	T	U	O	I	B	U	I	L	A	A	L	N	M	K	A	Y	G
N	W	D	P	N	R	M	D	D	R	U	M	D	Y	G	W	D	R	E	A
O	A	R	E	D	A	M	N	E	R	B	O	A	D	S	O	R	A	R	R
G	L	O	N	H	C	U	A	S	U	I	H	R	I	T	R	A	L	F	T
L	T	L	N	E	E	C	S	T	H	T	T	N	C	O	D	Y	L	F	N
K	E	D	W	F	N	E	L	E	T	R	N	O	K	N	S	D	A	O	U
E	R	E	A	H	A	E	R	I	R	E	A	C	I	H	W	U	N	E	L
J	S	R	R	J	R	M	A	N	A	V	L	K	N	U	O	R	P	G	J
F	C	F	R	Y	C	U	C	H	A	L	Y	E	S	G	R	M	O	W	T
F	O	L	E	S	T	H	C	E	R	B	D	L	O	H	T	R	E	B	A
V	T	A	N	G	R	S	E	M	A	J	Y	R	N	E	H	G	E	R	B
A	T	P	P	B	A	A	L	L	E	N	G	I	N	S	B	E	R	G	O
S	Q	L	O	Y	H	T	S	E	L	I	O	T	V	I	R	G	I	L	Y

ALFRED LORD TENNYSON
ALLEN GINSBERG
ARTHUR RIMBAUD
BERTHOLD BRECHT
CARL SANDBURG
CONRAD AIKEN
DYLAN THOMAS
E E CUMMINGS
EDGAR ALLAN POE
EMILY DICKINSON
EZRA POUND
GEOFFREY CHAUCER
GERTRUDE STEIN
HART CRANE
HENRY JAMES
HOMER
HORACE
LANGSTON HUGHES
OVID
RALPH WALDO EMERSON
ROBERT BROWNING
ROBERT PENN WARREN
RUDYARD KIPLING
SIR WALTER SCOTT
TIBULIUS
TS ELIOT
VIRGIL
WILLIAM BUTLER YEATS
WILLIAM WORDSWORTH

Poems

```
X N A R U O H S N E R D L I H C E H T D
S B I H T H E R O A D N O T T A K E N T
S T E A T T A B E H T T A Y E S A C P A
T D A A T A E N Q G U N G A D I N E A C
E U E R U P W N M T H E R A V E N E S E
N O E D S T A A Y Y O G A C I H C L S R
N R E W I P I C I S H G C R W X M L A T
O P H E H R A F Y H G D O L G A N E G A
S T T S E E S N U M F N R F H E V B E E
E O E O C B N E G L N O A O S L E A T H
R N V R I Y T Y R L D I G L C X Y N O T
A E O D D Z U H O E E R A N D N V N I E
E B L E N A L V E U V D E T O L O A N H
P H I R A N Y U S T A E B A P S U C D T
S T O D E T S N P F I R R A M A E A I S
E A D E R I S W I D G G E L N E C H A U
K E W R I U E Y S P Y G E O U N R O T G
A D O A F M S M P A O K B R L A E U L K
H U H S O N G O F M Y S E L F D P R X A
S B O T H E T E L L T A L E H E A R T D
```

A RED RED ROSE
ANNABEL LEE
AULD LANG SYNE
BEAUTIFUL DREAMER
BYZANTIUM
CASEY AT THE BAT
CHICAGO
CONCORD HYMN
DEATH BE NOT PROUD
FIRE AND ICE
FOG
GUNGA DIN
GUS THE THEATRE CAT
GYPSY
HOW DO I LOVE THEE
IF
O CAPTAIN MY CAPTAIN
PASSAGE TO INDIA
PAUL REVERES RIDE
SHAKESPEARE SONNETS
SONG OF MYSELF
STAR SPANGLED BANNER
THE CHILDRENS HOUR
THE RAVEN
THE ROAD NOT TAKEN
THE SONG OF HIAWATHA
THE TELL TALE HEART
THE TIGER
ULYSSES
WHEN YOU ARE OLD

Shakespeare

```
H T E B C A M A T P M J W Y L G N T M C
I B V D C S N D I A I U I I O S U S F T
B W E Q H U Z I M R S L N I V E A E P N
T S C T N C W S O T I I T I E R S P Z I
W Z Y E D I E S N A N U E D S U Y M U A
E R R I C N R E O P O S R R L S O E M L
L A O L Y O H R F O D C S A A A U T S P
F E T U M R S C A E A A T H B E L E K M
T L S J B D E D T L D E A C O M I H C O
H G I D E N H N H C N S L I U R K T O C
N N H N L A T A E D A A E R R O E K R S
I I Y A I S F S N N S R V O S F I I I R
G K D O N U O U S A U S Y T L E T N O E
H M E E E T G L P Y N O R H O R H G L V
T I G M X I N I O N E N N E S U A J A O
C P A O B T I O E O V N E L T S M O N L
E D R R C I M R T T X E H L M A L H U A
Q J T N Y Y A T R N Y T Y O N E E N S U
Y D E M O C T V Y A T S L R Y M T E H L
S R O R R E F O Y D E M O C E H T V K B
```

A LOVERS COMPLAINT
ANTONY AND CLEOPATRA
AS YOU LIKE IT
COMEDY
CORIOLANUS
CYMBELINE
HAMLET
HENRY V
HISTORY
JULIUS CAESAR
KING JOHN
KING LEAR
LOVES LABOURS LOST
MACBETH
MEASURE FOR MEASURE
OTHELLO
POETRY
RICHARD III
ROMEO AND JULIET
SONNETS
TAMING OF THE SHREW
THE COMEDY OF ERRORS
THE TEMPEST
TIMON OF ATHENS
TITUS ANDRONICUS
TRAGEDY
TROILUS AND CRESSIDA
TWELFTH NIGHT
VENUS AND ADONIS
WINTERS TALE

Fairy Tales

```
L E Z Y M I F N P E A D B K S D W A E E
E H G P E Y O I D L R F R T U I I E N L
Z Z W D F I E L L A D E H G E A Z P R B
N H Z W T D I E E R D G L F T M A E O A
U Q K C P W R B I R I Y D R I R R H H F
P E I I R E E B I N D N Y O H E D T T M
A F P A D U X D N U E I R G W M O D W M
R E C N L I I A C G U V O K W E F N A I
R S I B N N I K E T M B T I O L O A H R
O C I E G B L L E T U H S N N T Z S L G
F N O H A I C I Z M D L R G S T P S E S
B H O R N M U A B K N A R F L I Q E I R
P O A G H T G Z X W S Q S Q S L V C N E
D L I O N A N D T H E M O U S E B N A H
K A N I K S T L I T S L E P M U R I H T
N M P O Q R P U S S I N B O O T S R T O
B E A U T Y A N D T H E B E A S T P A R
G V K O S L E E P I N G B E A U T Y N B
S Z H A P P Y P R I N C E Z R N X S P X
A K O A S R F U E D L A N R D N H Y L Q
```

ARABIAN NIGHTS
BEAUTY AND THE BEAST
BLUEBEARD
BROTHERS GRIMM
CINDERELLA
FABLE
FICTION
FROG KING
HAPPY PRINCE
L FRANK BAUM
LEGEND
LION AND THE MOUSE
LITTLE MERMAID
NATHANIEL HAWTHORNE
OSCAR WILDE
PHOENIX BIRD
PIED PIPER
PRINCESS AND THE PEA
PUSS IN BOOTS
RAPUNZEL
RED RIDING HOOD
RUMPELSTILTSKIN
SLEEPING BEAUTY
SNOW WHITE
STORY
UGLY DUCKLING
WIZARD OF OZ

Classics

M	T	E	C	I	D	U	J	E	R	P	D	N	A	E	D	I	R	P	R
G	F	S	I	O	W	N	X	Z	W	N	S	T	A	S	P	R	T	Y	E
G	Y	E	A	F	F	L	E	O	L	U	E	R	L	A	Q	H	S	W	T
S	P	S	B	E	K	M	R	D	N	O	O	D	I	E	E	T	A	A	T
K	M	N	E	J	F	Y	I	A	E	O	L	D	L	G	I	H	E	I	E
A	E	R	C	I	R	E	L	C	M	F	N	I	R	A	A	E	S	T	L
I	N	H	A	E	T	S	L	O	E	I	O	A	T	S	W	G	E	I	T
V	M	I	N	O	O	I	F	B	O	A	P	T	I	A	D	R	H	N	E
B	A	N	N	R	T	O	C	T	A	E	N	L	S	O	H	E	T	G	L
T	A	N	I	E	N	L	E	O	S	E	A	D	N	A	L	A	D	F	R
C	E	S	I	E	R	G	L	O	W	Y	V	Q	M	R	E	T	N	O	A
Q	E	L	S	T	A	A	F	E	D	T	U	O	A	E	G	G	A	R	C
S	D	O	M	S	Y	W	K	Y	W	I	F	E	M	U	N	A	N	G	S
E	W	D	S	A	R	F	I	A	X	E	P	O	K	A	X	T	A	O	E
N	M	A	Z	A	H	N	A	O	N	E	R	A	E	S	O	S	M	D	H
O	P	M	T	G	G	V	T	I	H	N	P	A	C	L	L	B	D	O	T
A	Z	H	A	O	P	E	G	T	R	O	A	W	F	R	A	Y	L	T	F
B	E	Y	R	E	H	T	N	I	R	E	H	C	T	A	C	T	O	Y	H
V	A	C	H	R	I	S	T	M	A	S	C	A	R	O	L	E	A	T	P
U	H	B	D	E	A	T	H	O	F	A	S	A	L	E	S	M	A	N	O

A CHRISTMAS CAROL
A MOVEABLE FEAST
A PASSAGE TO INDIA
A ROOM OF ONES OWN
A TALE OF TWO CITIES
ANNA KARENINA
AS I LAY DYING
CANNERY ROW
CATCHER IN THE RYE
DEATH OF A SALESMAN
DON QUIXOTE
EAST OF EDEN
EMMA
FAREWELL TO ARMS
HAMLET
LOLITA
OF MICE AND MEN
OLD MAN AND THE SEA
PRIDE AND PREJUDICE
SUN ALSO RISES
THE GRAPES OF WRATH
THE GREAT GATSBY
THE PEARL
THE SCARLET LETTER
VANITY FAIR
WAITING FOR GODOT
WALDEN

Poetry Terms

```
N A N G L M I E P I G R A M R V H M E A
U O K F G A E R M M K C D S J C Y D S P
T M I F P J N T E A T Q L T N L D I R L
U N K S H E A G A F L Y R E H S B A E R
N V E O S D N L U P R L Y T C A D M V K
M C R C N E E T L A H A M V P K C B A A
Y Z E C C O R R A I G O I I D Y H I B U
H D T D O A M P U M T E R N S H Y C Q H
E L E L Y N B A X T E E T E N N O S E E
P R M G U A S K T E A T R I A J S X H C
I Z E J L K C O E O M R E A H Z A R O Z
C L B L D I I M N O P C E R T M N U T L
E F A U R P Y A N A U O O T E I P A Y M
R D F E F H I O H Z N O E T I L O R T G
X R M V R C D I L X K C E I E L I N I S
A I C N Q Y D Z G A T R E T A C O D E K
L S O N G V H E P T A M E T E R S F S L
M B D T E T R A M E T E R N O I T O M E
H O W N U J R R F E N A R R A T I V E Q
T E C H O R A L S I M I L E E N P X H A
```

ACCENT
ALLITERATION
BALLAD
CHORAL
CONSONANCE
COUPLET
DACTYL
ELEGY
EMOTION
EPIC
EPIGRAM
EXPRESSION
HAIKU
HEPTAMETER
HEXAMETER
HYMN
IAMBIC
LANGUAGE
LIMERICK
LITERATURE
LYRE
LYRIC
METAPHOR
METER
MONODY
NARRATIVE
ODE
ONOMATOPOEIA
PENTAMETER
REFRAIN
RHYME
SIMILE
SONG
SONNET
STANZA
TETRAMETER
VERSE

Science Fiction

K	E	M	F	D	G	G	T	U	G	E	N	N	O	V	T	R	U	K	X
E	T	S	A	A	R	E	T	T	O	P	Y	R	R	A	H	Y	U	F	B
R	A	S	N	R	X	A	R	T	H	U	R	C	C	L	A	R	K	E	Z
T	G	T	T	T	K	D	L	R	O	W	W	E	N	E	V	A	R	B	B
R	R	A	A	H	M	L	L	L	E	W	R	O	E	G	R	O	E	G	T
A	A	R	S	V	M	P	I	S	A	A	C	A	S	I	M	O	V	V	H
T	T	W	Y	A	I	M	A	G	I	N	A	T	I	O	N	N	J	A	E
S	S	A	M	D	W	A	R	O	F	T	H	E	W	O	R	L	D	S	T
X	S	R	I	E	E	N	R	E	V	S	E	L	U	J	Z	D	A	S	I
O	A	S	G	R	S	N	O	W	C	R	A	S	H	G	T	C	L	M	M
S	E	L	C	I	N	O	R	H	C	N	A	I	T	R	A	M	D	A	E
D	V	F	R	A	N	K	H	E	R	B	E	R	T	X	X	N	O	D	M
U	W	F	B	F	R	E	D	E	R	I	K	P	O	H	L	M	U	A	A
N	V	U	R	S	U	L	A	L	E	G	U	I	N	O	O	U	S	S	C
E	N	I	E	T	S	N	E	K	N	A	R	F	F	N	F	H	H	A	H
R	A	Y	B	R	A	D	B	U	R	Y	S	C	I	F	I	O	U	L	I
N	E	U	R	O	M	A	N	C	E	R	E	C	A	P	S	J	X	G	N
P	K	V	I	W	I	L	L	I	A	M	G	I	B	S	O	N	L	U	E
X	E	P	K	K	W	C	A	P	T	A	I	N	K	I	R	K	E	O	B
K	M	T	O	A	E	L	D	A	R	C	S	T	A	C	K	K	Y	D	W

ALDOUS HUXLEY
ARTHUR C CLARKE
BRAVE NEW WORLD
CAPTAIN KIRK
CATS CRADLE
DARTH VADER
DOUGLAS ADAMS
DUNE
FANTASY
FRANK HERBERT
FRANKENSTEIN
FREDERIK POHL
GEORGE ORWELL
HARRY POTTER
IMAGINATION
ISAAC ASIMOV
JULES VERNE
KURT VONNEGUT
MARTIAN CHRONICLES
NEUROMANCER
RAY BRADBURY
SCIFI
SNOW CRASH
SPACE
STAR TREK
STAR WARS
STARGATE
THE TIME MACHINE
URSULA LEGUIN
WAR OF THE WORLDS
WILLIAM GIBSON

Grammar

```
L A R U L P O N K I N F I N I T I V E S
T S I N J S U K R H M S M E F Z N T E N
E F Z O S O K L A A O C R S T E O N C E
N C U I N S R V M D D I Z A C T I E N H
S Y N T A E A O N J I L N R E N T M E P
E U D A R S M C O E F A U H J O A G T Y
D O E Z T P N A I C I T O P B L I A N H
I W R I I E O B T T E I N B U O V R E C
A S L L C L I U A I R Z O R S C E F S O
G E I A L L T L M V L T R E F I R D P M
R L N T E I S A A E N N P V Z M B R I M
A P I I S N E R L A D V E R B E B O W A
M I N P C G U Y C E S U A L C S A W L F
M C G A C R Q H X S R E N I M R E T E D
I I R C R W D Z E P A R E N T H E S E S
N T M S K R A M N O I T A T O U Q T J D
G R N O I T A U T C N U P L E X I C O N
G A C F Q E E H P O R T S O P A I A D C
B P E V I S S E S S O P C O M P O U N D
M U H N O I T I S N A R T D O I R E P I
```

ABBREVIATION
ADJECTIVE
ADVERB
APOSTROPHE
ARTICLES
CAPITALIZATION
CLAUSE
COMMA
COMPOUND
DETERMINERS
DIAGRAMMING
EXCLAMATION MARK
FRAGMENT
HYPHEN
INFINITIVES
ITALICS
LEXICON
MODIFIER
NOUN
PARENTHESES
PARTICIPLES
PERIOD
PHRASE
PLURAL
POSSESSIVE
PRONOUN
PUNCTUATION
QUESTION MARK
QUOTATION MARKS
SEMICOLON
SENTENCE
SPELLING
SUBJECT
TENSE
TRANSITION
UNDERLINING
VERB
VOCABULARY
WORD

Novels

H	P	S	E	S	I	R	O	S	L	A	N	U	S	E	H	T	O	B	V
O	E	V	T	I	G	L	I	S	M	H	D	N	U	L	I	B	N	A	Y
F	R	A	Q	H	O	N	U	C	O	I	A	F	O	J	T	R	A	T	A
H	N	Y	R	L	E	G	I	W	L	M	J	R	J	E	X	A	C	T	I
U	K	A	I	T	A	G	A	Y	E	A	D	D	N	U	E	V	L	L	D
M	M	T	M	M	O	R	R	L	D	O	U	D	R	V	C	E	O	E	N
A	A	R	E	R	D	F	B	A	F	Y	E	D	O	O	O	N	V	F	I
N	E	H	A	S	E	I	D	T	P	R	A	L	I	N	L	E	E	I	O
B	T	R	E	F	S	G	H	A	I	E	N	L	T	U	R	W	H	E	T
O	G	N	I	I	L	E	N	S	R	I	S	H	I	A	S	W	T	L	E
N	D	N	V	F	F	A	T	I	N	K	E	O	G	S	S	O	R	D	G
D	A	N	I	L	E	H	M	E	G	R	N	T	F	H	A	R	E	E	A
A	I	I	I	V	E	L	M	I	O	E	I	E	A	W	I	L	D	A	S
G	J	E	E	N	O	O	A	A	N	M	H	N	S	F	R	D	N	R	S
E	S	N	I	R	W	L	D	P	E	A	E	T	P	S	E	A	U	T	A
A	U	G	W	E	I	V	A	H	T	I	W	M	O	O	R	A	T	H	P
D	H	E	G	N	A	R	O	K	R	O	W	K	C	O	L	C	A	H	A
T	L	L	R	S	M	R	A	O	T	L	L	E	W	E	R	A	F	A	G
R	Q	N	O	C	L	A	F	E	S	E	T	L	A	M	E	H	T	A	M
P	R	E	I	D	L	O	S	D	O	O	G	E	H	T	E	M	W	D	U

A CLOCKWORK ORANGE
A FAREWELL TO ARMS
A PASSAGE TO INDIA
A ROOM WITH A VIEW
ANIMAL FARM
AS I LAY DYING
BATTLEFIELD EARTH
BRAVE NEW WORLD
DUNE
HEART OF DARKNESS
HOWARDS END
I CLAUDIUS
INVISIBLE MAN
LOLITA
LORD JIM
LORD OF THE FLIES
LOVING
OF HUMAN BONDAGE
ON THE ROAD
PALE FIRE
RAGTIME
SHANE
TENDER IS THE NIGHT
THE GINGER MAN
THE GOOD SOLDIER
THE GRAPES OF WRATH
THE MAGUS
THE MALTESE FALCON
THE SUN ALSO RISES
UNDER THE VOLCANO
WOMEN IN LOVE

Children's Books

```
N E G Q E L T T I L O D R O T C O D Y T
Z S S R B T C R Z O F O D R A Z I W P C
C A N U E A H U E P T G I L L E K S S M
S A P I O E W E R T E E B T L G E E E D
N S D N A H N R C I T T H A X X R K H T
I F O D O M K E I A O O E C M J O J T H
P D K U I O E R G N T U P R T B M L T E
P S O E N E M R A G K I S Y P A I J E L
O J E M B D W T T B S L N G R A H M I I
P S A L I I E O H Y H A E T E R N Q R T
Y P C S O N B R O G N C N I H O A G R T
R B I J T H I K A D I N R D N E R H A L
A X Y L R K S C K I L N H I H T H G H E
M S T A F F O M E H T A D O B A I A E P
S N I G G U H Y R N E H W O J E M M T R
T H E G I V I N G T R E E N O P H T E I
S S E R P X E R A L O P E H T G O T R N
O Q S S A P M O C N E D L O G E H T M C
O F V X T H E S E C R E T G A R D E N E
Y H W O Y S T E B D O O T S R E D N U N
```

BAMBI
CADDIE WOODLAWN
CURIOUS GEORGE
DOCTOR DOLITTLE
DOMINIC
GOODNIGHT MOON
GREEN EGGS AND HAM
HARRIET THE SPY
HARRY POTTER
HATCHET
HENRY HUGGINS
HOLES
JOHNNY TREMAIN
MARY POPPINS
PETER PAN
SKELLIG
SOUNDER
THE BIRCHBARK HOUSE
THE CAT IN THE HAT
THE GIVING TREE
THE GOLDEN COMPASS
THE LITTLE PRINCE
THE MOFFATS
THE POLAR EXPRESS
THE SECRET GARDEN
UNDERSTOOD BETSY
WIZARD OF OZ
A WRINKLE IN TIME

CHAPTER 13

Word Searches for Big Bucks!

Taxes

J	I	Y	F	E	S	C	M	W	P	Y	E	N	I	L	D	A	E	D	T
R	A	B	L	T	H	J	I	A	R	I	L	L	A	U	N	N	A	A	L
N	N	B	A	E	W	T	E	D	O	S	E	R	I	N	C	O	M	E	T
F	A	T	C	W	H	X	C	R	E	D	I	T	E	B	F	A	V	R	M
T	U	K	A	H	P	P	K	Y	E	T	A	T	S	T	K	D	O	W	K
S	M	T	O	E	M	U	T	G	K	S	H	E	I	B	R	P	K	Z	U
U	Q	L	N	C	T	N	E	D	N	E	P	E	D	R	E	A	P	Q	G
X	D	S	K	A	S	N	R	J	N	O	O	S	Y	R	S	S	U	E	O
C	E	V	V	P	N	T	X	W	E	X	T	E	N	S	I	O	N	Q	V
J	P	F	S	I	E	O	N	Q	D	E	D	U	C	T	I	O	N	O	E
K	Q	E	A	T	Y	X	I	I	N	H	E	R	I	T	A	N	C	E	R
X	K	D	V	A	F	T	E	T	R	W	R	K	X	M	R	P	M	I	N
W	R	E	X	L	E	I	R	M	A	E	C	Q	Z	K	E	A	R	D	M
S	Z	R	E	G	H	L	L	E	P	C	V	X	O	R	F	P	O	E	E
E	G	A	W	A	S	V	B	I	P	T	I	E	Q	W	U	E	F	K	N
Y	J	L	W	I	B	E	A	A	N	O	I	L	N	A	N	R	X	M	T
D	I	G	Z	N	A	U	L	P	X	G	R	O	B	U	D	W	Q	P	M
N	R	T	A	S	D	I	F	A	F	A	U	P	N	U	E	O	A	H	L
E	T	J	H	I	K	V	Q	X	S	Y	T	G	K	Z	P	R	E	J	B
P	O	S	T	T	H	E	P	R	O	F	I	T	U	K	E	K	F	R	U

ANNUAL
AUDIT
CAPITAL GAINS
CHECK
CREDIT
DEADLINE
DEDUCTION
DEPENDENT
EXEMPTION
EXPENSE
EXTENSION
FEDERAL
FILING
FORM
GOVERNMENT
INCOME
INHERITANCE
IRA
IRS
PAPERWORK
PROFIT
PROPERTY
PUBLICATION
QUARTERLY
REFUND
REPORT
REVENUE
SALES
STATE
STATUS
TABLE
TAXABLE
WITHHOLD

Currency

Z	A	M	S	G	P	P	A	S	C	F	H	D	T	F	T	U	P	S	U
F	A	O	I	R	E	O	E	G	X	F	Z	I	D	R	G	H	Z	U	M
U	S	B	Q	S	E	E	U	Y	W	R	R	N	E	A	C	M	S	Q	B
A	P	U	E	J	P	D	N	N	M	I	S	A	U	N	P	E	S	O	S
C	Z	T	V	U	I	U	L	A	D	H	X	R	T	C	C	R	F	Z	O
F	A	H	R	B	R	Y	R	I	A	S	X	S	S	S	E	T	H	A	B
S	I	N	R	O	E	K	I	I	U	X	W	O	C	R	A	D	N	A	R
N	S	I	K	S	K	K	P	U	U	G	C	R	H	U	M	W	J	Q	S
E	H	C	H	A	R	U	S	R	R	O	V	K	E	F	H	E	R	I	L
Y	I	W	A	F	R	T	L	L	E	L	W	Z	M	Y	C	F	H	U	K
K	L	R	V	X	L	A	E	Q	S	A	E	P	A	U	A	A	V	E	L
Y	L	I	G	V	J	N	K	Q	T	D	I	I	R	F	R	R	H	Q	K
Z	I	N	N	Z	S	L	E	C	L	Q	F	S	K	N	D	I	J	A	L
A	N	G	H	T	S	S	H	X	S	Y	O	Z	S	F	O	R	I	N	T
N	G	G	P	M	I	R	S	S	E	R	A	V	I	L	O	B	K	I	R
Z	S	I	O	R	U	L	W	G	S	K	S	M	A	H	R	I	D	D	I
J	E	T	O	B	O	A	E	D	C	D	O	L	L	A	R	S	I	L	Y
U	S	S	L	R	O	I	N	E	S	C	U	D	O	S	J	W	U	C	A
B	Q	E	U	X	E	K	R	O	N	E	R	H	C	Y	T	O	L	Z	L
S	S	E	K	W	A	C	H	A	J	S	T	J	X	Y	K	D	Z	D	S

BAHT
BOLIVARES
DEUTSCHE MARKS
DINARS
DIRHAMS
DOLLARS
DRACHMAE
ESCUDOS
EURO
FORINT
FRANCS
GUILDERS
KORUNY
KRONER
KWACHA
LEI
LEVA
LIRE
MARKKAA
NEW SHEKELS
PESETAS
PESOS
POUNDS
RAND
REAIS
RINGGITS
RIYALS
RUBLES
RUPEES
RUPIAHS
SHILLINGS
YEN
ZLOTYCH

Business Leaders

```
T D R W A D O L P H U S B U S C H D R I
H L E E I A H S J A Y G O U L D N L E C
Y T I S K L V E E R A Y K R O C A I L Z
E N R B U A L E N T U E P F M H O H L H
N O A O R O B I R R A T V V Y M L C E A
N I N G W E H E A Y Y G S J O P S S F R
E H G I R L D G D M F H L M X S P H E V
P O S K Z O O N N U C I E L J G D T K E
C E U B L W M O A I T O S I I V E O C Y
S J F Q K E E P W V T S L H N B R R O F
E A H F Z N Q X J K S S T G E Z F R R I
M D R O F Y R N E H N U E N A R L E D R
A H S A Y A K Y R A M A I W E T A Y N E
J D A V I D G E F F E N R L E M E E H S
J E A N P A U L G E T T Y F E G E M O T
N E E R G L A W S E L R A H C N R L J O
T L E I G E N R A C W E R D N A R O C N
M I E H N E G G U G R E Y E M X H O E E
Q Q Y Y E L G I R W M A I L L I W E C G
S I S S A N O E L T O T S I R A X F N Q
```

ADOLPHUS BUSCH
ALFRED P SLOAN
ANDREW CARNEGIE
ARISTOTLE ONASSIS
AVERY FISHER
BILL GATES
CHARLES WALGREEN
CLEMENT STUDEBAKER
CORNELIUS VANDERBILT
DAVID GEFFEN
FRANK WOOLWORTH
GEORGE WESTINGHOUSE
HARVEY FIRESTONE
HENRY FORD
HENRY HEINZ
J P MORGAN
JAMES C PENNEY
JAY GOULD
JEAN PAUL GETTY
JOHN D ROCKEFELLER
MARY KAY ASH
MEYER GUGGENHEIM
MEYER ROTHSCHILD
RAY KROC
WILLIAM COLGATE
WILLIAM WRIGLEY

Economics

```
D I S T R I B U T I O N S T O C K S P R
R L Q B S D N O B Y U G W M M I C R O B
G L S T H B O X E T Z F N O T J U A H B
O E G C M Z R H S U P P L Y R A Z J T R
S S P N K X A M G O H I E Q D K N S E Y
V B G X L A I C N A N I F J Q R S M C E
K J N G F I V K R A M H Z D K E U N L X
S T E E R T S L L A W E Y P N S E Y A P
I H I Z Z Z E S V A V M H I N R N C B O
N M T N E M E G A N A M S O R A I O O R
F O P E B S X U N E K U C U O L T N R T
Y G I O G A E O Q Q B N C L G N M S U Y
N U X T R N R R R Y D P Y S E A D U E E
N M B S C T A T V I J O H M C Z E M K N
S Z E T A U M H E I I J T R I H M P G O
C K N P R A D D C R C S O B M N A T O M
N K N H R A W O R X E E Y E A J N I O B
P D L K A T D V R V E I S D T N D O D E
Y I E T E S G E N P R A L L O D K N S B
L T F V W G B I R E S O U R C E S I X A
```

BANK
BARTER
BONDS
BUSINESS
BUY
CONSUMER
CONSUMPTION
CURRENCY
DEMAND
DISTRIBUTION
DOLLAR
EXCHANGE
EXPORT
FINANCIAL
GOODS
IMPORT
INVESTMENT
LABOR
LOAN
MACRO
MANAGEMENT
MARKET
MICRO
MONEY
PRODUCTION
RESOURCES
SELL
SERVICES
STOCKS
SUPPLY
TRADE
WALL STREET
WORK

Finance

```
R C O X P N R Y V Z G P W Z N A O L X I
T E X N X A E R T Y W V U M Z E X B Q M
Q A C Z W T A V M F Z B R X U R Y O K D
T Y X E Z A W F T N N R L X V W S O C O
S B T E I V Y F R D E F P E M H M K M J
A T P I S V I L R H B F A S C K D V X C
M C A Z L N A W J E X R W A G I B A D A
O R F T B I H B X F N D S A V T B L L P
R E D F E K B P L I U H T I S A A U A I
T D T E N M E A N E F P D D L L S E P T
I I D Q A N E G I L I E O A I E S M I A
Z T V D S I S N O L N O N Q E Q E A C L
A P G E M N Z W T D G C U Z T U T R N P
T V S A H N N Q H F E I E B H I S G I A
I J M C O T L R O S D N E M B T D I R Y
O D K V I O H T H I T D Y D O Y G N P A
N G O F L T S E T E L T N C O C S O S B
I G O Q Z O E Y S T N U O C C A N S Z L
E R V G C T T S E R E T N I V Z R I O E
P R D E P R E C I A T I O N C O S T S L
```

ACCOUNTS
AMORTIZATION
ASSETS
BALANCE SHEET
BOOK VALUE
CAPITAL
CASH FLOW
COST OF GOODS
COSTS
CREDIT
DEBT
DEPRECIATION
DIVIDEND
EARNINGS
EQUITY
EXPENSES
INCOME
INTEREST
LIABILITY
LIQUIDITY
LOAN
LOSS
MARGIN
NET
PAYABLE
PRINCIPAL
PROFIT
RECEIVABLE
STATEMENT
TAXES

Business Plan

X	U	Z	S	L	A	I	R	E	T	A	M	W	A	R	W	G	B	S	S
U	C	N	I	R	U	E	N	E	R	P	E	R	T	N	E	V	G	I	N
X	L	L	M	G	L	V	V	R	E	V	O	M	T	S	R	I	F	S	I
S	V	F	M	O	O	F	E	R	P	K	B	M	A	N	G	E	L	Y	G
P	A	E	A	O	A	U	N	X	Q	O	S	I	O	K	I	R	Y	L	R
A	L	S	R	D	N	A	T	L	Y	I	H	S	P	X	N	I	O	A	A
E	U	A	K	W	C	U	U	O	Y	X	J	S	E	A	V	S	D	N	M
P	A	E	E	I	E	W	R	E	C	P	O	I	R	F	E	K	F	A	T
R	T	D	T	L	P	C	E	U	Z	R	Q	O	A	O	S	N	U	Q	E
O	I	I	I	L	Q	M	C	N	Y	O	N	N	T	U	T	X	H	J	K
F	O	K	N	P	A	P	A	E	J	F	P	S	I	N	O	F	P	E	R
O	N	Z	G	R	M	M	P	V	N	I	R	T	O	D	R	Q	M	S	A
R	L	E	G	V	T	P	I	E	J	T	O	A	N	E	Q	O	N	T	M
M	J	A	X	G	N	P	T	R	M	N	D	T	S	R	C	S	K	R	T
A	I	H	M	P	L	L	A	D	O	N	U	E	I	N	S	G	A	A	E
D	Q	T	T	L	D	L	L	L	X	H	C	M	I	R	U	A	N	T	G
S	N	O	I	T	C	E	J	O	R	P	T	E	O	I	T	A	R	E	R
E	V	I	T	U	C	E	X	E	N	R	U	N	F	S	L	U	L	G	A
S	T	A	T	E	M	E	N	T	Q	O	S	T	E	K	P	B	Q	Y	T
B	X	W	O	R	K	I	N	G	C	A	P	I	T	A	L	M	N	K	M

ANALYSIS
ANGEL
DIAGRAM
ENTREPRENEUR
EXECUTIVE
FIRST MOVER
FOUNDER
GOODWILL
IDEAS

INCOME
INVESTOR
LOAN
MARGIN
MARKETING
MISSION STATEMENT
OPERATIONS

PRO FORMA
PRODUCT
PROFIT
PROJECTIONS
RATIO
RAW MATERIALS
REVENUE

RISK
STATEMENT
STRATEGY
TARGET MARKET
VALUATION
VENTURE CAPITAL
WORKING CAPITAL

Banking

```
F Y L A R E D E F T S R I F J F C N C Z
S I C R E D I T U N I O N V I U L I D Q
N N R W E L L S F A R G O R C D P O D C
N A E S K E Z F H Y K Y S N O K R G A F
S O T Z T F D N L Q B T V O M H O J Z N
X B T T I N J I X M U Y O I M K C J M B
T A R S A T A V W S M Q G N U N I W S W
Z I C Q O H I T A Y E O S U N A T A R O
S E S I C B N C I H T G A T I B I R E S
M N K O R A F A W O I I E S T T C D M F
F W D Q P E P O M T N L C R Y E V H R V
Z Z V P A E M I K E R A X I N E Y T A S
O Z M M D U D A T N S U L F A L E I F A
N A G R O M P J F A A A S Z T F N W U V
P R O V I D I A N O L B H T I E O A O I
C H E C K I N G R U K O W C O W K N P N
M O N E Y M A R K E T N N D N G N U X G
U A C I R E M A K N A B A E A N A N T S
Y R U S A E R T X J D K M B L O B F J Y
R E K N A B L L E W D L O C R E L L E T
```

BANK OF AMERICA
BANK OF BOSTON
BANK ONE
BANKAMERICA
CAPITAL ONE
CD
CHASE MANHATTAN

CHECKING
CITICORP
CITIZENS
CITYWIDE
COLDWELL BANKER
COMMUNITY NATIONAL

CREDIT UNION
DEPOSIT
FARMERS
FDIC
FIRST FEDERAL
FIRST NATIONAL
FIRST UNION

FIRST USA
FLEET BANK
JP MORGAN
LOAN
MONEY MARKET
PROVIDIAN
SAVINGS
TELLER
TREASURY
TRUST
WELLS FARGO
WITHDRAW

Retailers

N	Y	Z	L	Z	K	R	N	R	X	P	C	H	U	Q	K	N	E	T	U
O	M	O	R	T	S	D	R	O	N	O	W	J	Y	F	E	X	O	L	A
A	E	O	Q	W	O	O	L	W	O	R	T	H	S	E	I	P	A	N	A
F	T	H	E	G	A	P	L	R	U	L	T	S	R	K	E	V	X	L	N
E	U	O	N	O	K	P	T	E	I	L	E	G	E	D	R	T	B	D	C
V	B	K	G	W	D	Y	O	Q	R	W	L	A	E	E	O	E	P	A	M
P	L	L	P	G	I	T	P	V	O	A	O	M	P	Y	R	C	Q	V	B
E	T	A	R	G	E	T	E	L	W	N	O	U	S	T	A	L	Y	K	Z
J	E	W	H	V	X	J	D	X	Y	H	S	R	S	S	L	H	O	K	Z
C	O	N	X	Q	Y	D	E	A	T	N	U	O	B	E	S	T	B	U	Y
P	H	W	M	T	R	Y	C	M	I	S	N	W	A	L	M	A	R	T	H
E	V	I	V	A	A	K	I	E	C	S	S	R	H	Z	L	A	C	R	Z
N	Z	U	N	W	M	R	F	C	T	T	H	E	L	I	M	I	T	E	D
N	A	E	E	W	B	O	F	I	I	D	D	S	R	E	J	I	E	M	D
E	M	F	K	I	S	G	O	F	U	S	I	I	E	C	O	S	T	C	O
Y	A	L	M	Y	Z	E	P	F	C	U	E	A	L	L	K	H	M	A	I
S	W	P	A	X	H	R	G	O	R	K	S	A	E	L	P	H	J	G	P
V	Y	Q	R	Q	R	Q	E	F	I	K	Q	U	R	T	A	A	A	K	A
Y	G	R	T	X	T	L	Z	S	C	S	K	A	S	S	I	R	T	J	C
D	F	F	L	R	Z	H	I	K	V	W	R	I	W	E	J	R	D	S	B

ALBERTSONS
BEST BUY
CIRCUIT CITY
COSTCO
DILLARD
HOME DEPOT
IGA
IKEA
JC PENNEY
KMART
KOHLS
KROGER
LOWES
MEIJER
MENARD
NORDSTROM
OFFICE DEPOT
OFFICEMAX
RITE AID
SAFEWAY
SAKS
SEARS
STAPLES
SUPERVALU
TARGET
THE GAP
THE LIMITED
TOYS R US
WALGREEN
WALMART
WOOLWORTHS

Corporations

```
R U Q C H E V R O N T E X A C O G W E P
W M S X D O W C H E M I C A L S E U F E
B A B B L I O N O H T A R A M J N O I P
K J L I C L I B O M N O X X E E E K L S
U D N T N C R O T O M D R O F Y R U T I
R V L D D O O E L E T N I M G F A M E C
V X U O A I R M T S P U H O T A L R M O
U E M Y C Y S T M A L T U C N N E A F J
E L R D M K T N H U T Y P A I N L F R U
D D E I K M H I E R N S R I R I E E A C
Y L X N Z F Z E M Y O I L V P E C T L I
L S P V J O B U E E T P C L S M T A O T
G N I E O B N S X D W F G A A A R T R I
L A I T N E D U R P M A O R T E I S O G
T R A M L A W X K U P A R S U I C S T R
X E R F U R E Z I F P V R N O M O V O O
Y E L N A T S N A G R O M T E R M N M U
Z G E N E R A L M O T O R S I R C A S P
F G H C N Y L L L I R R E M L N L I N S
N L S P I L L I H P O C O N O C L V M I
```

ALLSTATE
BOEING
CHEVRONTEXACO
CITIGROUP
CONOCOPHILLIPS
DELL
DOW CHEMICAL
EXXON MOBIL
FANNIE MAE
FORD MOTOR
GENERAL ELECTRIC
GENERAL MOTORS
IBM
INTEL
LOCKHEED MARTIN
MARATHON OIL
MERRILL LYNCH
METLIFE
MICROSOFT
MORGAN STANLEY
MOTOROLA
NORTHROP GRUMMAN
PEPSICO
PFIZER
PRUDENTIAL
SBC COMMUNICATIONS
SPRINT
STATE FARM
TIME WARNER
UPS
VERIZON
VIACOM
WALMART
WALT DISNEY

Dot Com

```
X G T H I K Y A B E M P T T H Y B Y Q L
R S R K O C C X M Y S Q A W D V A B J X
V D F E E E X P E D I A W N H E L Y I A
R S Z W T C W O H O X Z T H L B R L V W
D X X E V S O O L I F D I V A D F I R A
M B D E T L P M S Y O T E F G T K U W J
T K V J R G J A M I R Y X V E C R S Y Q
R W Z B A H Y C N E A O B N A M A Z O N
P V D S V V S C T H R H T I N I W L C O
W D Y L E T Q W O I B C J A N O A E H V
I V K N L U G O Z J M E E E G T L W B E
N C A I O E G N T T F E T N S I T A O R
T X L M C P L Q A F F S W I S V V P S S
E C V J I D R G B Y C O V A C M W A P T
R E L E T C K E O A Y A S Y R U W M N O
N U E Y Y A Z U P O T R C O I N W P Y C
E G V Y P O P E R L G F R I R E E N D K
T F J Q S W D J A L O A M E Y C P R H E
E X P L O R E R E L B B U B J S I Y Q Y
U V Y T V F O D T S E U Q P A M W M P I
```

ALTAVISTA
AMAZON
AOL
BUBBLE
DAVID FILO
EBAY
ECOMMERCE
ETOYS
EXPEDIA
EXPLORER
GOOGLE
HTTP
INTERNET
JEFF BEZOS
JERRY YANG
MAPQUEST
MICROSOFT
MSN
NAPSTER
NAVIGATOR
NETFLIX
NETSCAPE
OVERSTOCK
SALON
TIME WARNER
TRAVELOCITY
WEB
WIRED
WWW
YAHOO

Billionaires

C	W	S	O	Z	E	B	F	F	E	J	E	G	A	P	Y	R	R	A	L
F	I	R	H	P	C	V	V	P	G	N	A	Y	Y	R	R	E	J	D	F
N	L	V	Z	S	U	M	N	E	R	R	E	D	S	T	O	N	E	S	Q
O	L	O	F	L	N	N	E	L	L	A	L	U	A	P	K	Q	C	T	W
S	I	Z	J	R	U	P	E	R	T	M	U	R	D	O	C	H	A	E	J
I	A	N	E	G	R	O	G	E	R	P	E	N	S	K	E	Z	R	V	B
L	M	N	L	S	A	C	U	L	E	G	R	O	E	G	L	L	L	E	A
L	W	P	H	I	L	I	P	K	N	I	G	H	T	Q	L	E	I	N	W
E	R	Z	N	I	R	B	Y	E	G	R	E	S	Y	W	S	N	C	S	H
Y	I	V	O	K	I	R	K	K	E	R	K	O	R	I	A	N	A	P	C
R	G	T	T	E	F	F	U	B	N	E	R	R	A	W	M	C	H	I	S
R	L	R	E	M	L	L	A	B	E	V	E	T	S	S	B	Q	N	E	S
A	E	M	I	C	H	A	E	L	B	L	O	O	M	B	E	R	G	L	E
L	Y	P	D	O	N	A	L	D	T	R	U	M	P	I	M	S	O	B	L
Z	T	L	E	R	O	O	M	N	O	D	R	O	G	X	J	I	P	E	R
T	G	Z	O	F	M	I	C	H	A	E	L	D	E	L	L	X	H	R	A
E	W	X	B	R	B	N	E	R	U	A	L	H	P	L	A	R	B	G	H
H	H	D	A	V	I	D	F	I	L	O	D	A	O	R	B	I	L	E	C
N	E	F	F	E	G	D	I	V	A	D	S	E	T	A	G	L	L	I	B
M	M	G	L	J	I	Z	J	G	E	O	R	G	E	S	O	R	O	S	K

BILL GATES
CARL ICAHN
CHARLES SCHWAB
DAVID FILO
DAVID GEFFEN
DONALD TRUMP
ELI BROAD
GEORGE LUCAS
GEORGE SOROS
GORDON MOORE
JEFF BEZOS
JERRY YANG
KIRK KERKORIAN
LARRY ELLISON
LARRY PAGE
MICHAEL BLOOMBERG
MICHAEL DELL
PAUL ALLEN
PHILIP KNIGHT
RALPH LAUREN
ROGER PENSKE
RUPERT MURDOCH
SERGEY BRIN
STEVE BALLMER
STEVEN SPIELBERG
SUMNER REDSTONE
WARREN BUFFETT
WILLIAM WRIGLEY

Investing

```
W N B N L Z W V S Y D S O F C S F Z R R
O N O L Q F B A N A S D A Q Y L Y K J A
W E T V M U O G L J R V F U C Q B Z W G
O B E P R T N J K L D E R I V A T I V E
W A A V E U D N F F S S S L N Y S E A T
Q N X A T R S X N S N T W K A Y Y K S B
A K Y K T E U E S O G C R M C G Q E S E
M P L I R S Z W I P L U G E P O T Z E D
L D X M O K P T D C F P L U E A T A T B
F V H U H C P E N E I I T O T T T S C A
U S J M S O M E D A U O N S N N C R R M
I F A U O Q H N V X G L E A E G E I E O
V O U V Y N U P B T E L A M N K T G D D
W U L Y I O E E J E A M E V O C D E Y Z
H U B Z P N R Y C E C R A R J E I C R O
V E U M F U G W R A I Y B D H U T A I M
U I O B T J V S D T S N I G R A M F L M
P C P A C A L L E J J H H B Z S V U Y I
X U M H N U O R M N P B W J L R H N D S
N I L Y S D T X V D T I Q R F L Z D T N
```

AMEX
ASSET
BANK
BONDS
BROKER
CALL
CASH
COMPOUND
DEBT

DERIVATIVE
FINANCIAL
FUND
FUTURES
HEDGE
IRA
LONG TERM

MARGIN
MATURE
MONEY
NASDAQ
NYSE
OPTIONS
PUT

REAL ESTATE
RETIREMENT
SAVINGS
SHORT TERM
STOCKS
VALUE
WALL STREET

Stock Symbols

```
W Q J C N A O Q M D I E M W I W L Q A K
C C T E H Z J U P X P M F Z U Z A M H T
T G I E R P U K P Y B Z N T R I Y M H U
N C C N M Z C T L Z X O M M X L S V O N
I O X C D J N E Y H H Y Z H A F V R B A
N T N X V N Z D F F X E O D T A C R Y O
L M M W B N G M E P X M N A S L P T T G
X B K J S S G P E L X D F I N R G L J S
O U H Z V D H N H O L N S N Q F V U N F
K Q Q H Z I X S M Y Y X J S U N W N J I
Q E T Q Q B N L P T L T Q J X K C O B W
J M G J J J P S T W L P Y C A Z M M M V
Y E K M C U M X W X H O S I P M Y T M G
B N S H D M S J M G A C N Z W O S V D P
L C U J U A C D R J L A P I R C O L P N
Y B T L S H T S J H T L O R K Q O G T W
U N A A R U F D A A T V I I S U H M P K
K U Z C M B O Z J B J K K S V L Y O N K
B V V X B A N U K M X O C S C N X T R P
R S T Y A L S N O K O G P X G U M M S O
```

AAPL
AMAT
ATVI
BAC
CIEN
CMCSA
CSCO
DELL
FDX
FON
GE
GTW
HEC
HPQ
IBM
INTC
JBX
JDSU
JNJ
JPM
LDG
LLY
LU
MOT
MRK
MSFT
NOK
NT
NWS
NXTL
ORCL
OSIP
PFE
PLMO
QCOM
SANM
SGP
SIRI
SPY
SUNW
SYMC
TWX
TXN
VRTS
WMT
XOM
YHOO

CHAPTER 14

Word Searches' Opening Night!

Television Shows

```
N E A G J E D Y Q L T N L B N T N Q U I
T V N N U U Y E B Z K D I E H V K C S W
E I O I D L N N I P J G R E L U Z I F Y
G L T W G B A R A Q B D B D U X P L I J
D O H T E D S A X R L A A F R I E N D S
A T E S J P T B O I C Y J A C K A S S M
G E R E U Y Y T H H S O O D Y B O O C S
R F W W D N H C E O S E U L C S E U L B
O I O E Y E Y L F P E Y T O N P L A C E
T L R H R M O O A M E R I C A N I D O L
C E L T L R U S E X A N D T H E C I T Y
E N D L E R K E E R C S N O S W A D D T
P O A T L L A T I P S O H L A R E N E G
S F T I A S T H E W O R L D T U R N S M
N E V D E B O B T H E B U I L D E R F M
I E G U I D I N G L I G H T S A L L A D
S T T E E R T S E M A S E S U C O R I H
K J Y I E R I A N O I L L I M E O J R I
T H E O S B O U R N E S S U R V I V O R
R U G R A T S D A R K S H A D O W S X U
```

ALL MY CHILDREN
AMERICAN IDOL
ANOTHER WORLD
AS THE WORLD TURNS
BARNEY
BIG BROTHER
BLUES CLUES
BOB THE BUILDER
DALLAS
DARK SHADOWS
DAWSONS CREEK
DAYS OF OUR LIVES
DYNASTY
FRIENDS
GENERAL HOSPITAL
GUIDING LIGHT
INSPECTOR GADGET
JACKASS
JOE MILLIONAIRE
JUDGE JUDY
NYPD BLUE
ONE LIFE TO LIVE
PEYTON PLACE
RUGRATS
SCOOBY DOO
SESAME STREET
SEX AND THE CITY
SURVIVOR
THE BACHELORETTE
THE OSBOURNES
THE WEST WING

Broadway Players

```
D Q S Y Y R U B S N A L A L E G N A Z W
U J A M E S E A R L J O N E S J U N Q V
S V S U V P P L S T T S D G B O H R H D
T N D N T W E Z S D R E D E B V N U H G
I O R A L N C A E A U D O R E O I B E H
N S E M H A N L N T H D N A A F L P J H
H A N G E M E B N S H E A L T R K E A A
O E R R U E R E I N T G L D R E N H S R
F L U E R E W R U O E L D I I M A Y O R
F G T B S R A T G R B E P N C M R E N Y
M E N D E F L F C A Y B L E E U F R A B
A I E I D N E I E D R A E P A L E D L E
N K E R E A V N L N A R A A R P I U E L
P C L G C G E N A I M A S G T A N A X A
E A H N R R T E Y L R B E E H D N E A F
Q J T I E O S Y V G W R N T U N O E N O
U C A D M M S K T W H A C D R A B A D N
O T K G E G I K H Z X B E M B M T S E T
R O L Y A T H T E B A Z I L E A I W R E
L A U R E N C E O L I V I E R S H I E C
```

ALBERT FINNEY
ALEC GUINNESS
AMANDA PLUMMER
ANGELA LANSBURY
AUDREY HEPBURN
BARBARA BEL GEDDES
BEATRICE ARTHUR
BONNIE FRANKLIN
DONALD PLEASENCE
DUSTIN HOFFMAN
ELIZABETH TAYLOR
GERALDINE PAGE
HARRY BELAFONTE
INGRID BERGMAN
JACKIE GLEASON
JAMES EARL JONES
JASON ALEXANDER
KATHLEEN TURNER
LAURENCE OLIVIER
LINDA RONSTADT
MARY BETH HURT
MERCEDES RUEHL
MORGAN FREEMAN
STEVE LAWRENCE

Playwrights

S	E	Y	T	R	E	T	N	I	P	D	L	O	R	A	H	B	V	R	Z
E	H	W	D	H	O	E	G	V	S	J	E	T	S	R	E	I	T	F	S
R	S	S	O	R	O	I	J	W	O	R	E	E	N	R	K	E	L	F	X
A	M	E	N	L	D	R	N	A	I	K	M	A	T	Q	R	B	X	N	W
E	A	H	O	C	R	A	N	A	M	A	E	O	N	R	S	W	P	A	S
P	I	G	S	S	V	A	T	T	J	E	L	H	E	G	M	G	H	H	R
S	L	U	L	H	A	L	M	Y	O	D	S	N	C	A	E	S	F	R	E
E	L	H	I	E	O	M	R	R	B	N	C	B	H	N	D	N	E	Z	L
K	I	N	W	V	E	N	U	R	E	E	W	G	A	R	O	L	E	T	L
A	W	O	T	G	E	B	E	E	M	H	U	I	A	L	L	T	E	T	U
H	E	T	S	H	O	C	L	C	L	A	P	N	L	I	D	M	N	T	C
S	E	S	U	S	H	R	N	A	M	B	R	O	M	D	A	W	R	A	C
M	S	G	G	T	T	A	E	T	D	E	E	R	T	M	E	A	I	E	M
A	S	N	U	M	L	A	E	V	B	R	U	C	D	S	H	R	Q	N	N
I	E	A	A	L	A	S	E	E	I	H	A	I	K	S	I	T	D	X	O
L	N	L	Y	X	R	M	G	Y	T	D	V	W	S	E	T	R	I	K	S
L	N	G	B	E	X	R	V	R	B	A	A	O	D	Z	T	T	H	V	R
I	E	P	M	Z	O	S	A	T	D	W	M	L	C	E	A	T	E	C	A
W	T	O	B	E	E	I	T	S	I	R	H	C	A	H	T	A	G	A	C
V	S	F	G	T	T	O	B	B	A	E	G	R	O	E	G	Q	R	L	W

AGATHA CHRISTIE
ANTON CHEKOV
ARTHUR MILLER
AUGUST WILSON
BERTOLD BRECHT
CARSON MCCULLERS
CHRISTOPHER MARLOWE
DAVID MAMET
EDWARD ALBEE
GEORGE ABBOTT
GEORGE BERNARD SHAW
GORE VIDAL
HAROLD PINTER
HENRY JAMES
JAMES BALDWIN
JEAN GENET
LANGSTON HUGHES
MOSS HART
SAMUEL BECKETT
SOMERSET MAUGHAM
TENNESSEE WILLIAMS
TERRENCE MCNALLY
THORNTON WILDER
VOLTAIRE
WB YEATS
WILLIAM SHAKESPEARE

Magic Show

```
E J F W K P L H D L Q Q U O B K X P D Z
U A L V Q F C K N H G P B H T B Y H I H
I J E K A F Z F H W L Y X Z O E R S S C
X T T E X M R R E A R A B B I T U C A O
S U R P W R N L U F S D Z S I P A Y P N
A E P E R F O R M O R S C Q E R D F P J
A R C T S I W T Q O S T I R D J S I E U
A B X R T S B S J L N W N S X Z Z T A R
F S R G E K L T R E C A O O T D W S R E
T Y C A R T B N R D T N L R Z A X Y T E
D L K A C Z H Y A U X P S W D J N M Q U
O E E C R A U O R N O I S U L L I T H C
T E H J O F D A U H C W A N D B O N H D
S K V V B L L A F D P A O C Y H A A Z R
E R O E N J M S B F I W P R S I I W C A
R A B Q E Z H G K R H N J E C N H A T Z
P O X S D L A N C L A U I I S Q G N Z I
T A L I U V S I I Q H D G E S C A P E W
D F G G B E L R R C H A B R O P E S W B
K M H F H T U U T N M Q Z K B I J A L M
```

ABRACADABRA
ASSISTANT
CAPE
CARD
CHAINS
CONJURE
DISAPPEAR
ESCAPE
FAKE
FOOLED
HAT
HOUDINI
ILLUSION
LOCK
MAGICIAN
MYSTIFY
PERFORM
PRESTO
RABBIT
RINGS
ROPES
SCARF
SECRET
SLEEVE
SUPERNATURAL
SWORD
TRICK
TWIST
WAND
WIZARD

Comedians

Q	R	N	Q	Q	C	J	X	J	B	D	Y	G	F	M	I	M	O	S	V
W	X	O	X	S	D	I	A	R	O	O	E	E	A	T	W	M	R	N	B
S	D	F	D	Z	H	C	Z	M	E	O	B	D	T	L	D	E	U	N	O
D	T	I	X	N	K	E	D	R	R	N	R	N	A	W	T	P	S	Y	B
O	U	C	C	B	E	E	C	G	O	E	D	T	E	N	A	E	M	Q	G
G	B	D	E	K	L	Y	E	K	T	Y	S	A	I	W	G	N	C	V	O
U	E	N	L	O	S	C	D	S	Y	Y	R	W	R	O	H	H	T	G	L
Y	N	O	U	E	A	M	M	A	R	G	N	P	O	A	A	A	N	Y	D
Y	A	I	R	R	Y	A	O	C	N	A	R	T	D	R	D	I	R	C	T
E	S	R	L	G	Y	M	Y	T	H	G	S	E	L	R	L	L	H	T	H
E	P	I	R	E	E	L	O	T	H	E	E	I	E	D	A	I	I	T	W
L	N	O	R	U	L	B	A	O	E	E	E	R	N	N	C	H	R	G	A
L	Z	O	H	I	M	N	U	R	R	C	R	A	F	O	E	K	C	K	I
I	M	H	B	B	O	L	H	R	H	E	H	S	M	I	A	P	Y	I	T
H	D	T	E	J	O	T	L	A	N	S	U	A	D	R	E	Y	I	L	R
Y	E	Z	T	K	E	B	P	I	Y	S	R	V	O	I	Z	L	K	U	H
N	T	Q	P	H	A	L	F	R	B	X	X	Y	J	J	J	M	D	L	W
N	F	S	T	P	I	C	R	T	T	E	K	C	A	H	Y	D	D	U	B
E	D	J	G	N	S	A	R	O	B	I	N	W	I	L	L	I	A	M	S
B	D	D	E	H	G	J	O	H	N	N	Y	C	A	R	S	O	N	E	L

BENNY HILL
BILL MURRAY
BILLY CRYSTAL
BOB GOLDTHWAIT
BOB HOPE
BOB NEWHART
BUDDY HACKETT
CHARLIE CHAPLIN
CHICO MARX
DICK SMOTHERS
DOM DELOUISE
DUDLEY MOORE
GARRY SHANDLING
GEORGE BURNS
GEORGE CARLIN
GILDA RADNER
JACK BENNY
JOHNNY CARSON
JONATHAN WINTERS
MOREY AMSTERDAM
RICHARD PRYOR
ROBIN WILLIAMS
RODNEY DANGERFIELD
SHECKY GREENE
THE THREE STOOGES

Funny Movies

Y	Y	R	O	T	S	A	I	H	P	L	E	D	A	L	I	H	P	C	E
N	R	T	T	A	F	R	I	C	A	N	Q	U	E	E	N	A	Y	R	I
G	I	O	H	O	H	N	A	M	N	I	H	T	E	H	T	R	O	T	L
D	N	A	T	E	B	S	L	L	A	H	E	I	N	N	A	S	U	T	E
F	Z	I	R	S	I	E	U	P	U	O	S	K	C	U	D	E	N	O	M
O	G	J	T	E	S	N	O	R	H	D	I	K	E	H	T	N	G	H	A
Z	E	A	R	S	H	A	C	R	D	S	J	N	N	O	Z	I	F	T	H
N	X	S	C	O	E	T	M	R	N	L	I	N	W	A	Y	C	R	I	I
H	A	R	V	E	Y	H	N	T	E	O	O	F	I	D	P	A	A	E	S
C	H	A	R	A	D	E	T	I	S	D	T	G	G	Z	Z	N	N	K	G
N	A	T	T	A	H	N	A	M	N	I	I	T	E	I	M	D	K	I	I
C	I	T	Y	L	I	G	H	T	S	I	R	B	O	H	B	O	E	L	R
F	I	N	D	I	N	G	N	E	M	O	G	H	L	B	T	L	N	E	L
R	O	M	A	N	H	O	L	I	D	A	Y	N	C	E	E	D	S	M	F
D	R	S	T	R	A	N	G	E	L	O	V	E	I	A	S	L	T	O	R
B	R	I	N	G	I	N	G	U	P	B	A	B	Y	S	Z	A	E	S	I
R	O	T	A	T	C	I	D	T	A	E	R	G	E	H	T	C	I	L	D
S	U	L	L	I	V	A	N	S	T	R	A	V	E	L	S	E	N	C	A
E	S	I	D	A	R	A	P	N	I	E	L	B	U	O	R	T	S	X	Y
B	T	X	N	I	G	H	T	A	T	T	H	E	O	P	E	R	A	E	T

A CHRISTMAS STORY
AFRICAN QUEEN
AMELIE
ANNIE HALL
ARSENIC AND OLD LACE
BIG FISH
BRINGING UP BABY
CHARADE
CITY LIGHTS
DR STRANGELOVE
DUCK SOUP
FINDING NEMO
HARVEY
HIS GIRL FRIDAY
MANHATTAN
NIGHT AT THE OPERA
PHILADELPHIA STORY
ROMAN HOLIDAY
SINGIN IN THE RAIN
SOME LIKE IT HOT
SULLIVANS TRAVELS
THE GOLD RUSH
THE GREAT DICTATOR
THE INCREDIBLES
THE KID
THE STING
THE THIN MAN
TO BE OR NOT TO BE
TROUBLE IN PARADISE
YOUNG FRANKENSTEIN

Actors

```
D D A L N A L A E Y E N R A C T R A Z H
C H I C O M A R X S E H C E M A N O D Y
B J A M E S D E A N E Y E S U B Y R A G
J Y D N A C N H O J Y E A L P A C I N O
E N Y A W N H O J G K M L S E S O G Q A
T Q P E T E R F O N D A G C N R K V A R
Y O E E L B A G K R A L C O N Y K C V R
N U M R Z A A R F G Q R T I B H H Q O W
E X L M R K D C X F E T I S V E O C I A
L E T B I O M L T R U N O P V E K J D D
L A C G R X L Y A B A R E Y T H C L A N
A L A E N Y U F D N C M C K U O I X N O
Y A R N A W N E L G A H O D E Y R C A F
D N Y E A Y R N N Y A L S P Z L E N Y Y
O A G A C K V I E S N O A A R X L H K R
O R R U S N B R E R N N Q P H A V Y R N
W K A T E R E P O O C Y R A G R H F O E
N I N R M C O M A I C R A G Y D N A Y H
B N T Y A K C A S U C N H O J Q U E D I
U O Q F J V J O H N N Y D E P P X D O V
```

AL PACINO
ALAN ALDA
ALAN ARKIN
ALAN LADD
ANDY GARCIA
ART CARNEY
BING CROSBY
CARY GRANT
CHEVY CHASE
CHICO MARX
CLARK GABLE
DAN AYKROYD
DON AMECHE
ERROL FLYNN
GARY BUSEY
GARY COOPER
GENE AUTRY
GENE KELLY
HARPO MARX
HENRY FONDA
JAMES CAAN
JAMES DEAN
JOHN CANDY
JOHN CLEESE
JOHN CUSACK
JOHN WAYNE
JOHNNY DEPP
PETER FONDA
RED BUTTONS
RIP TORN
ROCK HUDSON
TOM MIX
WOODY ALLEN
YUL BRYNNER

Actresses

W	I	R	E	F	D	N	A	L	R	A	G	Y	D	U	J	O	I	J	F
W	L	L	M	O	Q	N	P	M	E	R	Y	L	S	T	R	E	E	P	Q
F	L	K	E	C	A	P	S	Y	S	S	I	S	M	E	G	R	Y	A	N
Z	E	H	R	W	X	F	R	E	G	N	I	W	A	R	B	E	D	W	E
P	N	H	Q	Z	K	Q	T	F	O	R	C	N	A	B	E	N	N	A	J
E	I	I	T	E	H	G	I	E	L	N	E	I	V	I	V	P	L	E	D
L	M	R	E	D	Y	R	A	N	O	N	I	W	H	H	X	Z	S	S	R
L	A	H	J	O	D	I	E	F	O	S	T	E	R	Q	S	S	D	W	O
A	Z	H	A	N	N	E	B	A	X	T	E	R	U	J	I	N	I	E	F
C	I	K	I	R	S	T	I	E	A	L	L	E	Y	C	Y	A	A	R	W
A	L	S	O	P	H	I	A	L	O	R	E	N	A	B	A	M	N	D	A
B	G	E	E	N	A	D	A	V	I	S	F	L	T	E	W	R	E	N	R
N	G	L	E	N	N	C	L	O	S	E	A	C	S	T	A	E	K	A	C
E	G	N	I	V	R	I	Y	M	A	N	H	N	E	T	N	M	E	E	N
R	W	O	B	A	R	A	L	C	G	E	M	S	W	E	U	L	A	I	A
U	L	B	W	N	X	P	K	E	R	I	D	B	E	D	D	E	T	L	O
A	R	E	L	D	I	M	E	T	T	E	B	V	A	A	E	H	O	U	J
L	E	L	B	A	R	G	Y	T	T	E	B	R	M	V	Y	T	N	J	F
B	D	N	Y	T	S	R	U	B	N	E	L	L	E	I	A	E	N	Q	B
H	H	C	L	E	W	L	E	U	Q	A	R	E	S	S	F	P	E	L	C

AMY IRVING
ANNE BANCROFT
ANNE BAXTER
BETTE DAVIS
BETTE MIDLER
BETTY GRABLE
CHER
CLARA BOW
DEBRA WINGER
DIANE KEATON
ELLEN BURSTYN
ETHEL MERMAN
FAYE DUNAWAY
GEENA DAVIS
GLENN CLOSE
JESSICA LANGE
JOAN CRAWFORD
JODIE FOSTER
JUDY GARLAND
JULIE ANDREWS
KIRSTIE ALLEY
LAUREN BACALL
LIZA MINELLI
MAE WEST
MEG RYAN
MERYL STREEP
RAQUEL WELCH
SISSY SPACEK
SOPHIA LOREN
VIVIEN LEIGH
WINONA RYDER

Theatre

```
I B W C R E T I R W K R C Y O P X Q T J
J E F S B N V U J D Y H H J E W W B L N
A C D E S I G N E R T P E C I O V O J A
J Y V U M S Y E K E A R H A S Y P G H P
I Y G K Z F C T D R L I G H T I N G F S
G Z X C F V H R G E C N A M R O F R E P
C D A C T E D O E C M K J L T N H E T A
V H I V A Y E Q D E T O S D P O E C I Y
S C Z T H R T E S C N K T T J S C N C R
Y M R Z O L A S R A E H E R U D R E K O
P E D H C S M N G F P G D A O E Y I E T
K L C Z S A O A R N K R L L V G N D T S
L W L B W I T H N J I P O I B C G U C K
J T V D T E N W V A P K E D L Z S A S X
E M R C X I Z A A A G W C O U A M A R D
D G I Y A L R N L L U E S O N C K E Q G
U D A T S E D M H K K E R F L O E H Z K
B C R T M V F R G Y U Z E S X B U R F O
L U Y A S H V P O P D I R E C T O R N P
C P C D L W C O S T U M E S C R I P T J
```

ACT
APPLAUSE
AUDIENCE
BLOCKING
CAMERA
CATWALK
CHOREOGRAPHY
CLOSEUP
COSTUME
CURTAIN
DESIGNER
DICTION
DIRECTOR
DRAMA
LIGHTING
MANAGER
PAN
PERFORMANCE
PRODUCER
REHEARSAL
REVIEW
SCREEN
SCRIPT
SET
SHOW
STAGE
STORY
THEATRE
TICKET
VOICE
WRITER

Television Channels

```
S P B O T G T M F M Y C S O E N C O R E
Z U C B L B S R W O L F U H C C B N S M
C Q N H L E S O A Q O T Y O T T V L I L
C T G D J E C S X V D D M O C I E G E Q
L I T M A F N K U O E E N B B N J N U N
S T A R Z N Q N O P D L S E N Y N H O N
P U H S H M C R A Y E K C A T A A I Q E
H P G B G E C E C H R R H H H W S L N G
T N T P M H M E C D C C S C A I O D P Y
T E V E A V N I I H G I Y T V N Q R A X
N O C N R T J S T N A R F I A I N B K O
T V N H R H C P I W O N N I B T C E Z V
D E V A T O P N P T O U N X C W I X L T
L N L T V V R N S S S H O E C S E O E X
B B N E M A M I W R H F S N L C K H N A
R C R C E U H U S A N E T W O R K X T P
A Y B L L E N N A H C Y H P A R G O I B
V B E L E N N A H C R E H T A E W B E T
O H X V P T P B L O O M B E R G E S P N
T W Y D C O U R T T V L I F E T I M E W
```

ABC
BBC
BET
BIOGRAPHY CHANNEL
BLOOMBERG
BRAVO
CBS
COMEDY CENTRAL
COURT TV
DISCOVERY
ENCORE
ESPN
FOOD NETWORK
FOX
HBO
HGTV
HISTORY CHANNEL
LIFETIME
MSNBC
MTV

NBC
OUTDOOR CHANNEL
OXYGEN
PAX TV
PBS
PLAYBOY
SCI FI CHANNEL

SHOWTIME
STARZ
SUNDANCE CHANNEL
TBS SUPERSTATION
TECHTV
THE LEARNING CHANNEL

THE WB
TNT
TRAVEL CHANNEL
UNIVISION
UPN
USA NETWORK
WEATHER CHANNEL

Art Gallery

I	N	R	N	P	J	K	G	E	X	A	N	R	Q	K	D	B	E	T	H
R	A	V	J	Z	A	X	H	H	C	G	S	Z	P	O	S	T	E	R	Y
F	R	V	L	Z	R	W	Y	K	C	S	A	H	Z	A	Q	Q	H	W	C
R	D	F	P	L	E	D	N	Z	D	H	I	K	M	D	J	G	Y	P	Y
A	U	V	S	I	C	I	X	C	N	G	I	S	E	D	A	V	N	H	W
M	F	D	A	F	C	C	O	M	P	O	S	I	T	I	O	N	P	A	L
E	F	H	V	D	H	T	M	U	S	E	U	M	C	L	E	A	T	E	P
Y	O	H	N	Q	D	R	U	T	C	G	T	O	E	T	R	E	T	A	R
D	B	Q	A	O	U	C	U	R	E	W	L	S	T	G	R	S	P	V	M
C	N	T	C	C	E	H	P	W	E	O	A	E	O	C	A	E	M	J	K
Y	G	B	D	I	W	E	T	J	R	E	L	T	O	P	R	Y	O	H	R
T	X	Q	C	S	H	S	U	V	I	A	O	L	C	P	C	D	D	B	Q
S	C	U	L	P	T	U	R	E	P	H	O	C	S	I	A	E	E	R	O
Z	F	N	I	B	T	A	I	H	P	R	O	E	H	E	L	T	L	U	I
G	S	M	R	H	R	C	T	K	C	R	M	I	N	A	R	Y	R	W	L
V	E	U	D	E	T	N	E	T	Z	T	Y	W	D	G	R	U	R	O	S
D	S	J	P	F	I	P	Z	J	K	N	E	U	H	U	S	C	G	C	N
H	A	M	O	A	C	O	S	B	B	L	A	K	H	W	T	F	O	I	A
R	E	L	P	L	T	S	T	E	V	U	J	H	S	M	J	S	K	A	F
T	P	A	I	D	T	E	U	X	K	T	S	S	Q	A	P	E	N	Q	L

ACRYLIC
BRUSH
CANVAS
CHARCOAL
COLOR
COMPOSITION
DESIGN
EASEL
FIGURES
FRAME
INK
LOFT
MODEL
MUSEUM
OILS
PAINT
PALETTE
PAPER
PASTEL
PATRON
PEN
PHOTOGRAPHY
PICTURE
POSE
POSTER
SCULPTURE
SKETCH
STUDIO
SUBJECT
TEMPERA
WATERCOLOR

Western Movies

Y	V	S	J	K	S	D	M	P	K	D	E	T	Z	R	Z	S	T	S	S
R	E	R	R	O	W	E	Y	R	U	I	R	H	S	A	J	E	H	L	E
T	H	E	U	L	S	S	R	H	R	S	E	E	H	T	S	L	E	O	L
N	C	H	P	D	N	T	E	T	N	T	T	O	C	I	L	A	M	N	D
U	A	C	S	Y	A	R	T	F	R	L	H	X	N	U	A	W	A	E	D
O	P	R	D	E	C	Y	F	R	M	I	G	B	U	G	N	Y	R	L	A
C	A	A	E	L	I	R	I	E	A	T	I	O	B	Y	O	E	K	Y	S
G	T	E	K	L	H	I	R	V	N	T	F	W	D	N	I	S	O	A	G
I	R	S	A	E	O	D	D	I	F	L	N	I	L	N	S	O	F	R	N
B	O	E	N	R	M	E	S	R	R	E	U	N	I	H	S	J	Z	E	I
E	F	H	E	E	E	S	N	E	O	B	G	C	W	O	E	W	O	T	Z
G	H	T	L	D	H	A	I	H	M	I	E	I	E	J	F	A	R	H	A
N	I	D	D	N	T	G	A	T	L	G	H	D	H	W	O	L	R	E	L
A	G	E	O	A	F	A	L	F	A	M	T	E	T	Q	R	T	O	B	B
R	H	A	R	R	O	I	P	O	R	A	K	N	R	C	P	U	U	R	Q
N	N	D	A	G	T	N	H	D	A	N	I	T	X	R	E	O	O	A	L
E	O	M	D	O	S	B	G	N	M	S	H	A	N	E	H	I	I	V	M
P	O	A	O	I	A	C	I	E	I	O	C	U	Z	C	T	S	K	E	X
O	N	N	W	R	L	N	H	B	E	W	A	Y	O	U	T	W	E	S	T
S	E	V	L	O	W	H	T	I	W	S	E	C	N	A	D	S	E	Q	L

BEND OF THE RIVER

BIG COUNTRY

BLAZING SADDLES

DANCES WITH WOLVES

DEAD MAN

DESTRY RIDES AGAIN

EL DORADO

FORT APACHE

HIGH NOON

HIGH PLAINS DRIFTER

HUD

JOHNNY GUITAR

LAST OF THE MOHICANS

LITTLE BIG MAN

LONELY ARE THE BRAVE

MAN FROM LARAMIE

NAKED SPUR

OLD YELLER

OPEN RANGE

OUTLAW JOSEY WALES

RIO GRANDE

SHANE

THE GUNFIGHTER

THE MARK OF ZORRO

THE OX BOW INCIDENT

THE PROFESSIONALS

THE SEARCHERS

THE WILD BUNCH

WAY OUT WEST

On the Stage

```
G Q H F K W T G S H U D K A T B B O L A
H U X Q P Y A H U D I U Q E I U E A Y D
G R Z E L F C I E Y O T Z D X S T N S O
O K L A H O M A T P S O J E E S R T I L
A R C A D I A J G I I A W M O T A I S L
D L R M Y P T J P E N A N E N O Y G T S
O D Q J M U C J F Y V G N D H P A O R H
C L A T U R I S T A L K F O D T L N A O
T J B V R G I L G W B E K O L O O E T U
O X T H E C R U C I B L E J R E L T A S
R D R S O U T H P A C I F I C G S L N E
F A N G E L S I N A M E R I C A O S S I
A P N D H X Z O E D I P U S R E X D O I
U X B U R I E D C H I L D Z J I N W O N
S V E P S F H A A I E T S E R O E H T T
T C G A S A V A G E L O V E F E N C E S
U H U R L Y B U R L Y A S S A S S I N S
S Y N W Q U P E T E R P A N P I C N I C
G L A S S M E N A G E R I E T D Q F T H
O G A C I H C V R N R E B M U N A H Q J
```

A DOLLS HOUSE
A NUMBER
ANGELS IN AMERICA
ANTIGONE
ARCADIA
ASSASSINS
BETRAYAL
BURIED CHILD
BUS STOP
CHICAGO
DOCTOR FAUSTUS
FENCES
GLASS MENAGERIE
GUYS AND DOLLS
HURLYBURLY
INTO THE WOODS
LA TURISTA
LYSISTRATA
MEDEA
NO EXIT
OEDIPUS REX
OKLAHOMA
PETER PAN
PICNIC
SAVAGE LOVE
SOUTH PACIFIC
THE CRUCIBLE
THE ORESTEIA
THE PIANO LESSON
WAITING FOR GODOT

CHAPTER 15

Decades of Word Searches

1890s

```
C W E H D N A L E V E L C R E V O R G Z
W O C N O P S E U G E N E D E B S L M E
N I L H I M U T C T E M I T G A R L S L
W O L U I A E L E I S N I D A H O I I A
W Y D L M C M S L P T E O U U O H B L S
X C O N I B A E T M H Y W S X H A O A U
K L N M O A I G H E A E S D I X T L N O
B Q Y M I L M A O T A N N L L D U A R S
X U O I S N K H N W R D S C U I E F U P
S U B W A Y G C E E O E S T R M W F O I
W X C J O F L S A A X R B T R A S U J L
H E N R Y F O R D J R P L M R I N B W I
B I L L Y S U N D A Y S O D E I K E O H
S T H G I R L I V I C G T S S M K E L P
A N D R E W C A R N E G I E I F E E L N
P L E S S Y V F E R G U S O N T A R E H
L A U Q E T U B E T A R A P E S I I Y O
R E D B A D G E O F C O U R A G E O R J
V R E L L E F E K C O R D N H O J A N D
S H E R M A N A N T I T R U S T M T E U
```

ANDREW CARNEGIE
BILLY SUNDAY
BUFFALO BILL
CHICAGO WORLDS FAIR
CITY SLUMS
CIVIL RIGHTS
COLUMBIAN EXPOSITION
EDISON
EUGENE DEBS
GROVER CLEVELAND
HENRY FORD
HOMESTEAD STRIKE
IDAHO
JACK LONDON
JOHN D ROCKEFELLER
JOHN PHILIP SOUSA
PLESSY V FERGUSON
PULLMAN STRIKE
RAGTIME
RED BADGE OF COURAGE
REMEMBER THE MAINE
SEPARATE BUT EQUAL
SHERMAN ANTITRUST
SIOUX
STEPHEN CRANE
SUBWAY
UTAH
WILD WEST
WILLIAM HEARST
WYOMING
YELLOW JOURNALISM

1900s

```
S N C I S U M T E E H S Z N E S H Y J E
U T C M K W A H Y T T I K I L U U G S H
S P E T O Y E L N I K C M L L S R N Z Y
N E T T L N G N U O Y Y C P I A O I I K
H O A O R E T T Y C O B B O V N C C E J
R E I R N A V G F W U F O J E B K N G S
A A N T S S U E O F Z K Q T D A E A F U
E L E R A C I Q S M X P U T U N F D E N
H M O B Y R A N P O E X T O A T E M L D
C T I R Y F G T C O O R O C V H L O D A
H A P T T D O I A L H R Y S Z O L O F Y
I F A D G C D R M L A S E W X N E R O D
L T K V L A I E D M O I R R A Y R L L R
D T R Z Z A R V T K I G R E O R V L L I
L Z N O E D O L E K C I N K B D D A I V
A E I G E N R A C W E R D N A R O B E E
B G W R I G H T B R O T H E R S A E S Z
O F A U G N I L R E B G N I V R I B H J
R E L Z Z S W E E T A D E L I N E Z J T
P W Q M H E Z A S I L E N T F I L M S N
```

ANDREW CARNEGIE
BALLROOM DANCING
BARBERSHOP QUARTET
CHILD LABOR
CY YOUNG
HENRY FORD
IMMIGRATION
IRVING BERLIN
KITTY HAWK
MCKINLEY
MONTGOMERY WARD
NICKELODEON
RAGTIME
ROCKEFELLER
SCOTT JOPLIN
SEARS CATALOG
SHEET MUSIC
SILENT FILMS
SUNDAY DRIVE
SUSAN B ANTHONY
SWEET ADELINE
TAFT
TEDDY BEAR
THEODORE ROOSEVELT
TY COBB
UPTON SINCLAIR
VAUDEVILLE
VICTROLA
WRIGHT BROTHERS
ZIEGFELD FOLLIES

1910s

```
M T G G T T Z N P U F O X T R O T C M Y
S D A I E Z I P G D B E X L J K U A E G
I K R R X R S T M U Z P S J C B S W S Z
A J Z D Z O S A A E G N B T I S E H S T
D C F H T A Y H Z N O S N S E D G J O I
A A A S L H N R W I I O M M N U S I M L
D W D R G L A O T I S C B H O Z G M E G
T D T M L P E I F L N L O R Q A O T R E
V S L E O S B W O T Y J R A F N L H S I
Y O O U S I A J K L H U C R P E N O E T
S S N R H R L N I C B E E Q U G L R T S
U D A O F A O N D E O D A G S R O P M D
F F R E B T E T C B A R F P N E C E A E
F P Q F K M R I C S U O N U E Y N Q U R
R E V W O A R E T E G R H A T S I G G F
A I E D Y R E A B N R Q G Y M U L A H L
G O E W A R I P A O N E O I A R R N A A
E L W G Q R K T S L R G Z O L G O I M M
T I D R E W I L L I A M T A F T Y N S K
S E S L T W O O D R O W W I L S O N K M
```

AL JOLSON
ALFRED STIEGLITZ
ASSEMBLY LINE
CARL SANDBURG
CUBISM
DADAISM
EDGAR RICE BURROUGHS
ERECTOR SET
EZRA POUND
FOXTROT
FRED ASTAIRE
FUTURISM
GERSHWIN
JIM THORPE
JOHN DEWEY
LINCOLN LOGS
MODEL T
NORMAN ROCKWELL
PROHIBITION
ROBERT FROST
SOMERSET MAUGHAM
SPEAKEASY
SUFFRAGE
TANGO
TARZAN OF THE APES
TITANIC
WILLIAM TAFT
WOODROW WILSON
WWI
ZANE GREY

1920s

```
S H C F O U R H O R S E M E N T Z R S B
A S H T A O C N O O C C A R H T E C E O
C A A A I R P L A N E D N E I L O Y L O
C R R J R O K N I W R D J L L P A C B T
O C L A A I K Z B O A A G U E D H A B H
A T I Z D O C V F L Z E M S S N T R U T
N E E Z I D A Y J Z I S M R E E I L B A
D K C A O J R O S T S O U Y G D M S C R
V R H G V N L I S I N H P M N L S A I K
A A A E E S N D E K T L X M A I E N M I
N M P H O G E W E K X Z G A R T I D O N
Z K L N E R Y Y C J F P J M G L S B N G
E C I R F N T A S T O S J T D L S U O T
T O N L N R L B I G B A N D E I E R C O
T T A H I B A L C A P O N E R B B G E N
I S O A F S C O T T F I T Z G E R A L D
W J L H A R L E M R E N A I S S A N C E
K L H G R E B D N I L S E L R A H C V P
M S C O L L E G I A T E S T Y L E K G T
G E W E R N E S T H E M I N G W A Y W R
```

AIRPLANE
AL CAPONE
AL JOLSON
ALFRED STIEGLITZ
BESSIE SMITH
BIG BAND
BILL TILDEN
BLACK THURSDAY
BOOTH TARKINGTON
CARL SANDBURG
CHARLES LINDBERGH
CHARLIE CHAPLIN
COLLEGIATE STYLE
ECONOMIC BUBBLE
ERNEST HEMINGWAY
F SCOTT FITZGERALD
FOUR HORSEMEN
HARLEM RENAISSANCE
HENRY FORD
JAZZ AGE
JOHNNY WEISSMULLER
MAMMY
RACCOON COAT
RADIO
RED GRANGE
SACCO AND VANZETTI
SCOPES MONKEY TRIAL
STOCK MARKET CRASH
THE JAZZ SINGER

1930s

J	L	Z	E	P	S	T	A	H	Y	O	H	E	W	N	T	Z	Z	J	H
W	P	R	R	L	W	H	E	K	C	I	N	O	A	H	H	Y	O	D	O
N	O	E	I	U	I	D	N	E	R	I	R	M	E	H	U	E	R	N	O
D	A	N	A	T	N	H	D	O	G	L	D	W	Q	T	L	R	E	A	V
J	S	K	T	O	G	T	H	N	D	O	I	X	J	O	H	D	L	B	E
B	R	L	S	O	R	I	E	W	O	Z	G	F	U	V	K	F	T	G	R
O	E	U	A	A	T	T	A	G	A	B	M	I	H	P	R	K	I	I	A
R	G	A	D	O	E	R	Y	R	P	P	S	O	I	D	A	R	H	B	M
I	O	F	E	J	I	N	D	D	N	A	L	R	A	G	Y	D	U	J	E
S	R	M	R	I	N	O	Y	A	I	N	I	L	O	S	S	U	M	Q	L
K	R	A	F	E	F	N	O	T	G	N	I	L	L	E	K	U	D	I	I
A	E	I	B	O	G	N	O	R	T	S	M	R	A	S	I	U	O	L	A
R	G	L	Z	P	I	S	O	G	U	L	A	L	E	B	H	D	Y	L	E
L	N	L	K	A	T	H	A	R	I	N	E	H	E	P	B	U	R	N	A
O	I	I	N	I	L	A	T	S	J	E	S	S	E	O	W	E	N	S	R
F	G	W	D	S	R	E	H	T	O	R	B	X	R	A	M	E	H	T	H
F	P	S	O	E	D	E	P	R	E	S	S	I	O	N	L	L	R	Y	A
B	R	U	S	H	A	Q	A	B	I	N	G	C	R	O	S	B	Y	Q	R
R	E	L	L	A	W	S	T	A	F	B	I	D	V	P	Z	T	N	B	T
S	Y	Q	E	H	C	H	B	O	I	A	H	X	S	N	G	K	B	G	Q

AMELIA EARHART
ART DECO
BELA LUGOSI
BENNY GOODMAN
BIG BAND
BING CROSBY
BORIS KARLOFF
DEPRESSION
DUKE ELLINGTON
FATS WALLER
FDR
FRED ASTAIRE
GINGER ROGERS
HIROHITO
HITLER
HOOVER
JESSE OWENS
JET ENGINE
JOE LOUIS
JUDY GARLAND
KATHARINE HEPBURN
LOUIS ARMSTRONG
MUSSOLINI
PLUTO
RADIO
STALIN
SWING
THE MARX BROTHERS
THE WIZARD OF OZ
WILLIAM FAULKNER
WORLD WAR II

1940s

R	J	A	C	K	S	O	N	P	O	L	L	O	C	K	S	S	Z	Q	K
S	N	E	D	R	A	G	Y	R	O	T	C	I	V	Q	M	O	R	C	A
I	X	T	L	L	A	C	A	B	N	E	R	U	A	L	A	L	E	J	T
S	T	T	R	S	M	O	O	B	Y	B	A	B	E	S	I	L	L	S	H
D	U	S	N	A	I	I	I	W	W	F	R	B	N	A	L	E	I	P	A
Y	O	G	A	A	W	V	V	K	A	F	E	O	Y	T	L	T	A	E	R
T	B	U	A	W	L	E	A	G	E	A	L	B	A	C	I	S	M	N	I
O	N	S	G	R	O	P	T	D	Z	Z	T	H	W	H	W	O	N	C	N
T	K	A	O	L	R	N	L	S	E	C	I	O	N	E	E	C	A	E	E
I	F	V	R	R	A	A	D	L	Y	T	H	P	H	L	E	D	M	R	H
H	A	O	P	G	C	S	Y	E	A	M	T	E	O	P	S	N	R	T	E
O	Z	U	V	B	Y	G	M	R	R	H	M	E	J	A	S	A	O	R	P
R	J	N	Y	D	U	R	N	A	O	F	S	I	B	I	E	T	N	A	B
I	T	R	U	M	A	N	A	I	C	B	U	R	J	G	N	T	G	C	U
H	L	A	E	D	W	E	N	C	B	A	I	L	A	E	N	O	A	Y	R
Y	E	N	G	A	C	S	E	M	A	J	R	N	L	M	E	B	N	U	N
A	R	T	A	N	I	S	K	N	A	R	F	T	S	I	T	B	D	K	W
N	A	M	G	R	E	B	D	I	R	G	N	I	H	O	F	A	H	R	B
H	U	M	P	H	R	E	Y	B	O	G	A	R	T	U	N	E	I	I	L
Q	J	A	C	K	I	E	R	O	B	I	N	S	O	N	R	W	J	X	N

ABBOTT AND COSTELLO
BABY BOOM
BETTE DAVIS
BING CROSBY
BOB HOPE
CARY GRANT
DOUGLAS MACARTHUR
FRANK SINATRA
GANDHI
HIROHITO
HITLER
HUMPHREY BOGART
INGRID BERGMAN
ITS A WONDERFUL LIFE
JACKIE ROBINSON
JACKSON POLLOCK
JAMES CAGNEY
JIMMY STEWART
JOHN WAYNE
KATHARINE HEPBURN
LAUREN BACALL
MARSHALL PLAN
NEW DEAL
NORMAN MAILER
SATCHEL PAIGE
SPENCER TRACY
SUGAR RAY ROBINSON
TENNESSEE WILLIAMS
TRUMAN
VICTORY GARDENS
WWII

1950s

```
G N T M Y J S C H B N X R N O D N A L R
F B C Q M P A A H O C O F D W N U J E E
V O H D U A I M I U C O N P P Z O L E D
T I V T U R R N E K C A L O O L Z E Y S
Z K N R T E U I Y S R K L D L Y G A O C
R I C O O T L M L B S I B E W R N V O A
K E N O E L A V N Y O T T E O A R E M R
L I T I C R Y O I V N S E U R E R I I E
C L V S C H L A A S O M C W N R Y T C F
J O O I I R C C T C P H O I A L Y T K I
S A A R A N C T D H O R L N L R Y O E D
K N C M D I N N I M T R E O R H T B Y E
O I D K N N A A A H I E H S T O Q E M L
Z B N E B T A R B A D Y B R L K E A A C
W M U T T E X K T R D E A A B E L V N A
Z X I O A S N E C D E C R W Z L Y E T S
N E B Y E E J N U O C G Y F D I T R L T
S B K O Y V B B Y M R H O K L I L H E R
A S A T I N U Y N N H O J R O A H E H O
N H O B X G K I L R O Y W A S H E R E N
```

ABBOTT AND COSTELLO
ALFRED HITCHCOCK
BEATNIK
BUDDY HOLLY
CHUCK BERRY
COLD WAR
DNA
ELIZABETH TAYLOR
ELVIS PRESLEY
FIDEL CASTRO
GROUCHO MARX
HAIR TONIC
JACK BENNY
JAMES STEWART
JET AIRLINER
JOHNNY UNITAS
KILROY WAS HERE
LEAVE IT TO BEAVER
MARILYN MONROE
MARLON BRANDO
MCCARTHY
MICKEY MANTLE
POLIO VACCINE
RED SCARE
ROCK AND ROLL
ROCKY MARCIANO
ROGER BANNISTER
SOVIET UNION
SPUTNIK

1960s

```
W C J N O L A V A E I K N A R F B S O K
N C X U B R E D I R Y S A E R B I E T Y
P O U M L E V E N H Z E R B E R R X T D
U G I B A I R V S Z T O B E H I T U N E
N N N T A N E L C O C O L C C G H A O N
S O I I U N O A I U V Q W O D I C L S N
Y S S A K L M N N N H Q Y L N T O R T E
O B T N L R O I T D W H X O A T N E R K
B U O H A R E V S H R A Y G Y E T V E T
H I E B G M E H E S E E L Y N B R O B R
C J T C D I S B T R I M W L N A O L O E
A X B K A Y R E M U L L O S O R L U R B
E I F L L P L L L A L A E O S D P T R O
B J T R Z Q S A I R H N R C N O I I A R
E H I P P I E S N V A C I U R T L O C E
H B A Y O F P I G S I H T T T I L N S X
T A D N O F R E T E P C C L R L S U O N
U Y T E I C O S T A E R G D I A U I T N
W B T I M O T H Y L E A R Y R W M C S J
O R L O L L E C I N U F E T T E N N A D
```

ANNETTE FUNICELLO
BAY OF PIGS
BERLIN WALL
BIRTH CONTROL PILL
BOB DYLAN
BREZHNEV
BRIGITTE BARDOT
CHARLES MANSON
CIVIL RIGHTS
CUBAN MISSILE CRISIS
CULTURAL REVOLUTION
EASY RIDER
ECOLOGY
FRANKIE AVALON
GREAT SOCIETY
HIPPIES
JFK
JULIE ANDREWS
LBJ
MAN ON THE MOON
MARTIN LUTHER KING
OSCAR ROBERTSON
PETER FONDA
ROBERT KENNEDY
SEXUAL REVOLUTION
SONNY AND CHER
SPACE
THE BEACH BOYS
TIMOTHY LEARY
WILT CHAMBERLAIN

1970s

S A L T T R E A T Y R R D O R N L N S P
N J O H N T R A V O L T A O O A B V O N
O R D D E O G R A B M E L R N X Z L M N
G E N A A D N N T N Y Y A A G D Q A J A
I T O V R I E K T Z A A C N A X R H I D
A R M I T S E C X T Y A I V F G R B M I
S A A D H C U G S R M K I H A D O A M A
R C I B D O Q E N A N D C R R G S R Y C
E Y D O A I M E N A C A E O A R S R C O
T M L W Y A H A E A B T F C D O E Y O M
U M I I J Q P J S U T D P H L B C M N A
P I E E Q E E S A H L R O I A N O A N N
M J N L V I I T A A C O L C N R R N O E
O V Z D L D S T R E F C P A A O P I R C
C Y H L Y R C E P P O K O G L J O L S I
E S I C E H G O B Q F Y T O A B R O A X
M B N G E L E D Z E P P E L I N C W B Y
O C O R K U R T V O N N E G U T I T B T
H R U N E M P L O Y M E N T K H M Q A S
C G R E I Z A R F E O J K C O R K N U P

ABBA
ALAN ALDA
BARRY MANILOW
BILLIE JEAN KING
BJORN BORG
CHICAGO
DAVID BOWIE
DAVID CASSIDY
DISCO
EARTH DAY
EMBARGO
GERALD FORD
HENRY AARON
HOME COMPUTER
JAMES TAYLOR
JIMMY CARTER
JIMMY CONNORS
JOE FRAZIER
JOHN TRAVOLTA
KURT VONNEGUT
LED ZEPPELIN
MARGARET THATCHER
MICROPROCESSOR
NADIA COMANECI
NEIL DIAMOND
OPEC
PANAMA CANAL
POL POT
PUNK ROCK
QUEEN
ROCKY
ROGER STAUBACH
SAIGON
SALT TREATY
STYX
UNEMPLOYMENT

1980s

C	S	R	E	K	L	A	W	E	C	I	L	A	E	F	O	K	U	X	D
U	J	O	H	N	M	C	E	N	R	O	E	S	M	L	T	A	T	X	Z
L	C	Y	O	N	Y	A	S	T	S	U	J	O	O	A	U	N	C	C	A
S	R	B	K	L	S	R	E	A	G	A	N	M	S	S	O	Z	E	D	Z
Y	A	O	R	S	A	C	E	J	P	W	U	S	E	H	Y	M	N	E	S
O	C	M	Y	F	E	R	I	Q	A	G	K	O	W	D	U	N	O	S	E
V	D	N	S	L	E	O	R	B	Q	V	L	C	A	A	B	O	I	T	N
N	D	N	A	H	I	L	B	Y	O	L	X	Z	Y	N	D	S	T	E	O
O	X	L	E	L	E	C	E	N	B	R	W	T	L	C	E	N	A	P	J
S	F	B	P	T	C	P	H	E	A	I	E	X	L	E	G	H	R	H	A
I	Y	B	E	J	N	M	A	T	T	V	R	A	A	P	A	O	E	E	N
R	J	I	Q	E	E	I	O	R	E	S	I	D	T	I	R	J	N	N	A
R	U	L	R	R	I	C	N	T	D	N	E	I	O	B	E	C	E	K	I
O	H	S	U	B	E	G	R	O	E	G	S	L	T	C	V	I	G	I	D
M	S	N	H	O	J	R	E	P	S	A	J	T	L	H	E	G	E	N	N
I	V	I	D	E	O	G	A	M	E	S	G	Z	E	E	L	A	M	G	I
N	G	Z	D	F	A	M	I	L	Y	T	I	E	S	I	I	M	V	R	T
O	Z	Y	E	L	S	M	L	E	H	A	N	O	E	L	N	N	M	T	V
T	J	M	S	E	L	T	T	U	H	S	E	C	A	P	S	X	A	W	M
H	S	D	I	A	P	M	U	R	T	D	L	A	N	O	D	V	X	D	Y

AEROBICS
AIDS
ALICE WALKER
COSMOS
DANIELLE STEEL
DONALD TRUMP
FAMILY TIES
FLASHDANCE
GEORGE BUSH
INDIANA JONES
IVAN BOESKY
JASPER JOHNS
JOHN MCENROE
JUST SAY NO
LARRY BIRD
LEONA HELMSLEY
LEVERAGED BUYOUT
MAGIC JOHNSON
ME GENERATION
MTV
NINTENDO
REAGAN
ROY LICHTENSTEIN
SAM SHEPARD
SPACE SHUTTLE
STEPHEN KING
TOM CLANCY
TONI MORRISON
TOTALLY AWESOME
VIDEO GAMES

1990s

```
T B Y R F U H D N O S H H U R Y F E H K
O M E O E J S I F E U G I O N T R C J J
T A X A V T L E U F U X D O I O I T O N
I D C F N A A L I A G N J M G R L I H O
C O P F T I B W B N E O O L G J L G N D
K N O I C D E M E Y F T A N M G I E G R
L N R V P L I B K T H E I R U P B R R O
E A O Y O L I I A Y I G L L N O Y W I J
M R N R H S N N M B T H F D Y H D O S L
E T I S S G O C T W I W W A P P A O H E
E B U A I W V K E O A E L F M I R D A A
L R O T N E G N K R N G S O E H B S M H
M L I S I I S L R I G E C I P S E H T C
O A Q G N H H E G A R T H B R O O K S I
H B H D O I J T E B O L A V I R U S U M
S P E W Y G A L O C E L L P H O N E B R
S A L L Y R I D E T S O U T H P A R K D
Q C O L U M B I N E N T E N R E T N I T
K D F E G N U R G M M I S O M A L I A H
W N O T H C I R C L E A H C I M Q B I R
```

AL GORE
BEANIE BABIES
BOSNIA
BRADY BILL
CELL PHONE
CLINTON
COLUMBINE
EBOLA VIRUS
GARTH BROOKS
GRUNGE
GULF WAR
HAITI
HIP HOP
INTERNET
INTO THIN AIR
JOHN GRISHAM
KOSOVO
MADONNA
MICHAEL CRICHTON
MICHAEL JORDON
NEWT GINGRICH
NYPD BLUE
RITALIN
RODNEY KING
RUSH LIMBAUGH
SALLY RIDE
SEINFELD
SOMALIA
SOUTH PARK
THE SPICE GIRLS
TICKLE ME ELMO
TIGER WOODS
TIMOTHY MCVEIGH
WHITEWATER

2000s

E	V	J	N	I	E	S	S	U	H	M	A	D	D	A	S	U	C	U	I
S	E	A	G	L	O	B	A	L	I	Z	A	T	I	O	N	W	O	D	N
Y	N	C	F	W	N	F	H	A	R	K	Y	D	B	N	O	G	L	P	T
A	R	Q	L	N	O	T	Q	F	E	B	V	W	A	O	C	E	D	I	E
V	U	U	E	K	T	R	G	I	T	D	L	R	R	D	D	N	P	R	R
O	O	E	B	C	L	A	J	P	N	N	K	T	R	R	A	S	L	S	N
K	B	S	R	E	I	W	P	I	E	I	H	A	Y	O	L	M	A	K	E
I	S	C	O	L	H	E	L	C	C	T	S	F	B	G	E	A	Y	C	T
N	O	H	N	F	S	T	K	K	E	U	U	A	O	F	E	I	K	I	H
R	Y	I	J	F	I	S	O	R	D	P	B	R	N	F	A	L	C	H	A
U	Z	R	A	A	R	N	B	A	A	R	W	A	D	E	R	L	I	C	R
O	Z	A	M	N	A	O	E	P	R	I	E	R	S	J	N	I	D	E	R
K	O	C	E	E	P	J	B	N	T	M	G	E	M	P	H	W	D	I	Y
A	I	F	S	B	E	W	R	I	D	I	R	S	O	Z	A	A	O	X	P
N	E	M	I	N	E	M	Y	K	L	D	O	S	C	W	R	N	R	I	O
N	K	E	R	H	S	G	A	N	R	A	E	A	T	N	D	E	Y	D	T
A	S	R	A	S	Y	C	N	I	O	L	G	Y	O	U	T	R	D	A	T
N	A	B	I	L	A	T	T	L	W	V	V	P	D	W	J	E	N	J	E
X	S	E	R	E	N	E	G	E	D	N	E	L	L	E	R	S	A	O	R
T	R	G	N	O	R	T	S	M	R	A	E	C	N	A	L	I	R	A	Q

ANDY RODDICK
ANNA KOURNIKOVA
BARRY BONDS
BEN AFFLECK
COLDPLAY
DALE EARNHARDT JR
DIXIE CHICKS
DOT COM
DVD
ELLEN DEGENERES
EMINEM
GEORGE W BUSH
GLOBALIZATION
HARRY POTTER
INTERNET
IRAQ
JACQUES CHIRAC
JEFF GORDON
JON STEWART
KOBE BRYANT
LANCE ARMSTRONG
LEBRON JAMES
LINKIN PARK
OZZY OSBOURNE
PARIS HILTON
SADDAM HUSSEIN
SARS
SERENA WILLIAMS
SHREK
TALIBAN
VLADIMIR PUTIN
WORLD TRADE CENTER
YASSER ARAFAT

CHAPTER 16

Word Searches Get Technical

Electronics

```
A L T E R N A T O R N R F T R G O D O D
G U L P K R A P S O R U E R I S M E S N
T Q A G G H R R T U S H D G C M D N C U
T Q N U E E F T O E R O E I R O E R I O
B E L A P N U G R T R E L O H A E R L R
R P N M E B E O A G I L S T S G H Q L G
R E U G H L T R N L A C A I R T E C O R
E J K S A C E I A T V C A A S P A C S O
M R U A U M N C O T E A H P O T O T C T
R P E D E T R R T L O C N C A M O R O U
O L N I H R T O E R E R S O P C E R P B
F I A G F E B C T L O O A E S S E B E I
S D I N L I T T K A R L N R N C A R T R
N L Y T I R T C I T L S Y E M T O E M T
A A U N O M I C C U A U D T T A K P E S
R O E D A R R E E T C N S E I C T D E I
T H E N T M L E O R O R R N O C O U R D
Y A L E R E O R T C E Y I S I N V X R L
C I T A T S O R T C E L E C A C O I L E
D R R O T A L U G E R E G A T L O V I G
```

ALTERNATOR
ANODE
ARMATURE
BATTERY
CAPACITOR
CATHODE
CHARGER
CIRCUIT BREAKER
COIL
COMPENSATOR
CONDENSER
DISTRIBUTOR
DYNAMO
ELECTRODE
ELECTROLYTIC
ELECTROSCOPE
ELECTROSTATIC
FUSE
GALVANOSCOPE
GENERATOR
GROUND
INDUCTOR
INSULATOR
JUMPER
LIGHTNING ROD
MAGNET
OSCILLATOR
OSCILLOSCOPE
OUTLET
PLUG
PUSH BUTTON
RECTIFIER
RELAY
RESISTOR
RHEOSTAT
SOCKET
SPARK PLUG
TERMINAL
TIMER
TRANSFORMER
TRICKLE CHARGER
VOLTAGE REGULATOR

Fabrics

N	N	U	S	B	M	V	H	O	I	S	H	C	C	N	R	A	Y	O	N
W	Q	M	B	U	O	T	P	U	C	B	A	R	H	Z	O	M	N	F	Y
E	R	K	S	W	O	A	V	S	Z	M	I	T	E	S	U	L	E	V	K
Q	T	L	R	L	V	M	J	K	E	A	D	I	E	E	E	L	Y	D	J
T	I	J	C	X	R	M	N	L	H	P	L	N	S	E	T	B	J	N	S
N	G	L	K	F	U	I	S	O	C	P	D	K	E	R	T	W	E	E	D
W	I	K	G	I	T	H	M	V	S	G	V	E	C	S	L	I	N	E	N
O	B	S	S	W	A	P	N	P	M	P	S	L	L	U	S	E	S	S	N
R	J	K	E	I	L	E	N	N	A	L	F	B	O	C	A	N	A	I	C
Z	E	A	R	E	L	L	I	N	E	H	C	U	T	K	V	I	T	L	O
S	R	T	G	N	I	T	T	E	N	A	O	O	H	E	N	K	I	K	O
E	A	A	S	J	G	X	M	N	H	B	G	D	W	R	A	S	N	K	Y
G	R	C	T	E	T	E	R	R	Y	C	L	O	T	H	C	E	Z	D	K
V	I	E	K	E	Y	C	C	O	R	D	U	R	O	Y	Y	L	M	P	B
D	E	N	M	C	F	L	S	C	H	I	F	F	O	N	K	O	L	U	F
W	B	L	G	H	L	F	O	X	E	D	N	A	P	S	U	M	R	L	M
D	H	G	V	H	S	O	A	P	O	E	Z	U	A	G	W	L	E	F	I
K	R	Q	U	E	A	A	T	T	G	W	X	X	X	O	A	E	D	Q	N
K	I	T	J	Z	T	M	C	H	L	H	X	T	O	P	C	I	G	E	E
T	C	O	T	T	O	N	X	K	F	D	K	L	L	E	Y	J	I	T	D

BURLAP
CAMELS HAIR
CANVAS
CASHMERE
CHEESECLOTH
CHENILLE
CHIFFON
CORDUROY
COTTON
DENIM
DOUBLE KNIT
FELT
FLANNEL
FLEECE
GAUZE
GINGHAM
KNITWEAR
LINEN
MOHAIR
MOLESKIN
MUSLIN
NETTING
NYLON
OILCLOTH
POLYESTER
RAYON
SACKCLOTH
SATIN
SEERSUCKER
SILK
SPANDEX
TAFFETA
TERRY CLOTH
TWEED
VELVET
WOOL

Lights

T	F	I	R	F	P	S	L	N	G	C	N	Y	V	A	T	T	H	A	A
T	H	I	N	H	U	T	E	I	A	I	H	S	Y	D	R	D	J	R	A
C	O	G	L	F	T	S	H	A	T	H	G	I	L	G	O	F	C	Z	G
T	T	V	I	A	R	H	T	G	R	T	H	G	I	L	E	M	I	L	A
O	O	N	D	L	M	A	G	U	I	C	C	I	R	T	C	E	L	E	S
D	H	R	E	F	L	E	R	I	N	L	H	N	S	T	R	O	B	E	L
H	Q	C	C	C	L	I	N	E	L	G	H	L	R	F	L	A	M	E	I
C	E	Q	T	H	S	U	A	T	D	T	S	S	I	E	T	I	P	O	G
Z	S	A	V	E	P	E	O	T	O	W	H	T	A	G	T	O	Z	R	H
G	T	S	D	X	L	M	D	R	N	D	K	G	E	L	H	N	P	O	T
P	A	K	L	L	A	O	A	N	E	A	I	A	I	N	F	T	A	S	Q
R	N	J	I	T	I	F	I	L	A	S	R	H	Q	N	I	C	E	L	S
O	N	E	G	D	G	G	Z	V	K	C	C	H	E	A	D	L	A	M	P
J	X	I	O	R	S	Z	H	I	A	S	N	E	T	Z	K	I	E	Y	V
E	A	S	A	N	G	P	B	T	F	R	E	I	N	W	L	Y	L	V	C
C	P	I	L	O	T	L	I	G	H	T	T	D	J	T	I	K	D	R	S
T	L	G	B	L	U	B	H	S	A	L	F	L	C	X	E	D	N	F	I
O	V	F	A	F	I	A	L	F	D	Y	I	D	U	N	G	L	A	K	L
R	B	B	N	U	S	H	T	H	G	I	L	D	O	O	L	F	C	I	V
J	G	K	Q	X	D	M	K	F	O	O	T	L	I	G	H	T	O	A	S

ARC
CANDLE
DESK LAMP
ELECTRIC
FILAMENT
FLAME
FLASHBULB
FLASHLIGHT
FLOODLIGHT
FLUORESCENT
FOG LIGHT
FOOTLIGHT
GASLIGHT
HEAD LAMP
HEADLIGHT
INCANDESCENT
INFRARED
KLIEG
LANTERN
LIMELIGHT
NEON
NIGHT LIGHT
OIL
PILOT LIGHT
PROJECTOR
SEARCHLIGHT
SPOT
STROBE
SUN
TAILLIGHT
TORCH
TUNGSTEN
ULTRAVIOLET

Inventors

```
M N G U E N L E S E I D F L O D U R N V
Q E A L S O G A L F R E D N O B E L I F
I S D Y U T R P V D F Q S C S H W C L Z
I N S Q O G E A W R G N Z G A A I H K I
I U K T H N B L C A C I K A M N L A N N
N B T H G I N E H D B K D L U S B R A O
A T H O N M E S A D L O P I E G U L R C
M R G M I E T S R O A L H L L E R E F R
T E I A T R U A L G I A I E M I W S N A
S B R S S M G N E T S T L O O G R G I M
A O W E E A N D S R E E I G R E I O M O
E R E D W I N R B E P S P A S R G O A M
E Z L I E L A O A B A L P L E M H D J L
G N L S G L H V B O S A R I Q G T Y N E
R E I O R I O O B R C J A L N X G E E I
O B V N O W J L A E A A T E E V U A B L
E L R Q E S D T G D L G T I D L R R J G
G R O G G P Q A E Y E N T I H W I L E U
X A T I E H N E R H A F L E I R B A G G
L K S N E M E I S N O V R E N R E W U U
```

ALESSANDRO VOLTA
ALFRED NOBEL
BENJAMIN FRANKLIN
BLAISE PASCAL
CHARLES BABBAGE
CHARLES GOODYEAR
ELI WHITNEY
GABRIEL FAHRENHEIT
GALILEO GALILEI
GEORGE EASTMAN
GEORGE WESTINGHOUSE
GUGLIELMO MARCONI
HANS GEIGER
JOHANN GUTENBERG
KARL BENZ
NIKOLA TESLA
ORVILLE WRIGHT
PHILIP PRATT
ROBERT BUNSEN
ROBERT GODDARD
RUDOLF DIESEL
SAMUEL MORSE
THOMAS EDISON
WERNER VON SIEMENS
WILBUR WRIGHT
WILLIAM REMINGTON

Soap

D	E	T	E	R	G	E	N	T	X	S	I	L	F	A	J	T	R	C	W
N	I	R	E	C	Y	L	G	M	H	X	P	A	F	H	X	D	S	L	G
R	Q	G	Z	W	M	W	P	A	D	W	N	U	O	Y	T	O	T	E	C
H	L	M	S	H	R	D	V	D	P	F	N	N	A	B	D	A	S	A	R
Z	R	O	N	X	Z	I	L	N	S	A	W	D	M	A	U	O	B	N	X
G	R	L	S	W	N	B	A	K	T	D	M	R	M	C	D	T	A	I	A
G	T	J	P	G	A	M	U	U	M	B	U	Y	O	I	B	O	Z	N	U
D	T	X	Q	E	F	S	R	B	K	A	L	S	U	A	T	I	L	G	N
V	C	O	U	X	L	A	H	T	B	T	R	M	R	D	D	L	C	F	Z
O	I	L	E	Y	L	I	D	I	Y	L	C	I	W	T	I	E	M	L	B
P	Y	B	X	O	W	K	T	F	N	A	E	B	N	S	U	T	M	U	L
E	Y	Z	I	N	M	P	A	S	R	G	O	S	D	E	Q	K	T	I	E
H	T	L	L	O	U	A	T	B	A	R	P	I	E	M	I	L	N	D	A
W	S	N	Y	H	U	P	O	C	A	C	C	O	E	N	L	C	V	J	C
P	O	W	D	E	R	N	S	X	D	A	L	F	W	C	E	O	C	M	H
W	C	L	T	L	A	E	L	K	Y	S	O	A	P	D	I	Z	M	I	Y
J	P	F	E	T	K	K	A	T	E	L	D	D	A	S	E	M	N	B	O
A	O	I	E	A	N	V	T	J	X	Q	O	D	E	A	E	R	U	E	V
S	Y	N	L	I	C	A	G	R	A	N	U	L	A	T	E	D	L	P	B
R	G	F	M	U	F	D	E	O	D	O	R	A	N	T	C	G	R	H	J

BAR
BATH
BENZENE
BLEACH
BORAX
BUBBLES
CASTILE
CLEANING FLUID
DEODORANT
DETERGENT
FATTY ACIDS
FLAKES
FOAM
GLYCERIN
GRANULATED
LAUNDRY
LIQUID
LYE
MARINE
NATURAL OILS
POWDER
PUMICE
SADDLE
SHAVING
SOAP
SODA
SODIUM CARBONATE
SOFT
SUDS
TOILET
WASHING POWDER

Nineteenth-Century Inventions

```
S M H P A R G O M S I E S N T O I P C N
E O T I N C A N R O T A L A C S E L O O
W R E P O C S O R Y G R E P P I Z A N Y
I S G N A U T O M O B I L E E L T Y T A
N E D J U N I A T N U O F A D O S E A R
G C N I Q F C E N O H P O R C I M R C B
M O P H O N O G R A P H R A D A R P T A
A D F Z H Q T G E L E V A T O R J I L R
C E R E V O L V E R Y R E T T A B A E U
H T E N G A M O R T C E L E O C E N N C
I T R A F F I C L I G H T I N D Z O S S
N S D U S T E A M L O C O M O T I V E B
E N U G E N I H C A M A R C L A M P T O
H T H T J N E P O C S O R T C E P S V A
M A T C H E S S T E R E O S C O P E G R
R E L P A T S E S T E T H O S C O P E E
E L C Y C R O T O M N I P Y T E F A S M
C T Y P E W R I T E R D Y N A M I T E A
B I C Y C L E B A R B E D W I R E T L C
E J U W Y H P A R G O T O H P A S T D Y
```

ARC LAMP
AUTOMOBILE
BARBED WIRE
BATTERY
BICYCLE
CAMERA OBSCURA
CONTACT LENS
DYNAMITE
ELECTROMAGNET
ELEVATOR
ESCALATOR
GYROSCOPE
MACHINE GUN
MATCHES
MICROPHONE
MORSE CODE
MOTORCYCLE
PHONOGRAPH
PHOTOGRAPHY
PLAYER PIANO
RADAR
RAYON
REVOLVER
SAFETY PIN
SEISMOGRAPH
SEWING MACHINE
SODA FOUNTAIN
SPECTROSCOPE
STAPLER
STEAM
LOCOMOTIVE
STEREOSCOPE
STETHOSCOPE
TIN CAN
TRAFFIC LIGHT
TYPEWRITER
ZIPPER

Computer People

N	J	B	A	W	Z	N	G	A	R	Y	K	I	L	D	A	L	L	X	U
I	I	V	A	N	S	U	T	H	E	R	L	A	N	D	P	S	W	N	R
L	E	G	E	O	R	G	E	B	O	O	L	E	C	P	I	W	O	G	I
K	D	J	O	H	N	V	O	N	N	E	U	M	A	N	N	C	M	K	C
C	S	Y	D	U	P	T	O	M	M	Y	F	L	O	W	E	R	S	J	H
I	G	M	E	G	A	B	B	A	B	S	E	L	R	A	H	C	C	S	A
R	E	H	E	R	M	A	N	H	O	L	L	E	R	I	T	H	Z	E	R
B	R	N	T	R	A	B	L	E	G	N	E	S	A	L	G	U	O	D	D
L	D	O	S	T	E	V	E	W	O	Z	N	I	A	K	R	A	L	Y	S
E	I	S	N	O	S	T	A	W	S	A	M	O	H	T	Q	L	A	K	T
I	J	P	A	D	A	L	O	V	E	L	A	C	E	M	V	A	C	S	A
N	K	M	H	D	O	N	A	L	D	K	N	U	T	H	L	N	S	N	L
A	S	A	R	E	P	P	O	H	E	C	A	R	G	R	A	K	A	I	L
D	T	L	E	O	S	E	T	A	G	L	L	I	B	P	W	A	P	M	M
A	R	R	R	I	A	L	C	N	I	S	E	V	I	L	C	Y	E	N	A
Y	A	E	N	O	R	B	E	R	T	W	I	E	N	E	R	O	S	I	N
N	X	L	B	R	I	A	N	K	E	R	N	I	G	H	A	N	I	V	D
E	L	T	K	O	N	R	A	D	Z	U	S	E	L	T	Y	G	A	R	R
E	Y	U	G	D	E	N	N	I	S	R	I	T	C	H	I	E	L	A	K
Q	D	B	S	E	Y	M	O	U	R	P	A	P	E	R	T	L	B	M	Z

ADA LOVELACE
ALAN KAY
BILL GATES
BLAISE PASCAL
BRIAN KERNIGHAN
BUTLER LAMPSON
CHARLES BABBAGE
CLIVE SINCLAIR
DANIEL BRICKLIN
DENNIS RITCHIE
DONALD KNUTH
DOUGLAS ENGELBART
EDSGER DIJKSTRA
GARY KILDALL
GEORGE BOOLE
GRACE HOPPER
HERMAN HOLLERITH
IVAN SUTHERLAND
JOHN VON NEUMANN
KONRAD ZUSE
MARVIN MINSKY
NORBERT WIENER
RICHARD STALLMAN
SEYMOUR PAPERT
STEVE WOZNIAK
THOMAS WATSON
TOMMY FLOWERS

Computers

E	E	T	I	U	C	R	I	C	D	E	T	A	R	G	E	T	N	I	S
R	L	J	K	J	I	C	I	N	O	R	T	C	E	L	E	W	B	S	U
K	M	K	V	Q	C	L	C	T	O	M	O	C	T	O	D	O	D	K	U
P	E	W	R	M	O	N	I	T	O	R	P	U	W	Z	D	R	V	Z	I
C	T	O	E	R	P	K	I	A	D	I	A	M	C	O	H	D	D	J	V
V	S	I	K	I	O	G	U	J	S	N	N	V	S	E	X	P	T	E	R
U	Y	G	U	I	I	R	W	R	B	U	C	D	V	T	J	R	E	V	O
S	S	N	R	C	T	S	B	W	S	N	W	A	Z	V	X	O	E	I	S
T	G	D	A	T	A	P	R	O	C	E	S	S	I	N	G	C	H	R	S
M	N	Y	R	E	T	N	I	R	P	P	T	C	R	M	S	E	S	D	E
U	I	A	L	Z	C	N	S	M	D	A	E	W	P	E	C	S	D	D	C
L	T	M	H	P	C	A	E	L	K	R	R	W	P	U	I	S	A	R	O
T	A	U	M	Q	P	D	B	T	L	A	M	W	W	S	H	O	E	A	R
I	R	M	O	J	O	U	E	L	C	L	I	F	F	G	P	R	R	H	P
M	E	O	U	M	D	N	S	W	E	L	N	D	T	F	A	F	P	J	L
E	P	R	S	B	R	I	W	R	S	E	A	G	Y	S	R	K	S	S	M
D	O	D	E	E	P	D	S	F	E	L	L	J	Q	L	G	Q	D	S	R
I	C	C	T	W	H	J	F	K	U	W	K	E	Y	B	O	A	R	D	B
A	F	N	W	I	R	E	L	E	S	S	O	E	S	A	B	A	T	A	D
W	I	B	M	E	M	O	R	Y	V	U	L	P	L	A	I	R	E	S	I

CABLE
CDROM
CPU
DATA PROCESSING
DATABASE
DISK
DOT COM
DSL
DVD
ELECTRONIC
GRAPHICS
HARD DRIVE
INTEGRATED CIRCUIT
INTERNET
KEYBOARD
MEMORY
MODEM
MONITOR
MOUSE
MULTIMEDIA
OPERATING SYSTEM
PARALLEL
POWER SUPPLY
PRINTER
PROCESSOR
SERIAL
SPREADSHEET
TERMINAL
USB
WIRELESS
WORD PROCESSOR
WWW

Gadgets

```
R F Q Q P H B I W I R E L E S S L K I S
Y W Y O Q P R H V F M T U N E R A R E J
H P G Q A W H E V Q J P L T G B T C K R
H D G P G U E J M T O C O C J P I I V S
O H I B Y S D B X O Q Y I N W P G N T W
X J A G H T T I N T T S J T R B I O H W
C E L L U L A R O L U E S X O O D R Z L
I D F A T Y E A F M E F C E E O V T Y E
E E A Y J R P K B H E M F O Y K D C P N
L R D R Y R E T T A B D A G N V I E D A
B A M S E S E S V H Q N P G D T B L A P
A R P R F M T R C X D S J K V K R E Z T
T F B K E E A T E D L E H D N A H O A A
R N Q N R Q A C P T R E D R O C E R L L
O I O E S W S E T L U H V A G C T M K F
P H O I T A R B F Z A P I I D M T F D H
P E J S M U Z A W J J S M O D T T W I W
X G I M K O M P I G K T M O W E S J P T
T R K M I N I B Q Q S C M A C A O V B D
W Z M I D X W A L K I E T A L K I E F N
```

AUDIO
BATTERY
CAMERA
CD
CELLULAR
COMPUTER
DIGITAL
DVD
ELECTRONIC
FLAT PANEL
GAME
GPS
HANDHELD
INFRARED
MINI
MUSIC
PDA
PHONE
PLASMA
PORTABLE
RECORDER
REMOTE CONTROL
STEREO
TOY
TUNER
TV
VIDEO
WALKIE TALKIE
WIRELESS
WRISTWATCH

Acronyms

```
E G C O R O U X Y V G N M H A W E S K Y
E E W W X V H B Z I Z A Y J U B Z M G Q
N P F Y B N N O C W L T N T R D W N J Y
A M L A N N A S C A R O A C A R V M H C
S T L C K C F F G X M W B E M E C D B R
D Q T O I I A M L Y S W C O P B I S Y S
A M D A W Y Q I U C W B S C A I I F B I
Q T E C M A M Y T N N I O D C L C N M U
P I R D C L A C I J I T S T J R S Q A X
O O T Y O D S Q M O D C R Y R A A T F L
E C C K F M H X G A N A E W W D U M Z B
W W S L A S E R Q C B P B F M A S G S D
L X J E E S P N M N A B D U E R J R S J
Q X Q P N A L F J S A W A E C E I L G N
G K O Q V U P J A S Q S A W T S U W A A
N L F Q X H R C D X U E A U X Q X I B M
J D Y J F D A I J W S K P O W Z D Q E Z
N D M F E Y A T Y X Q L Q F D S I P R F
Q Q D F X M H J B A L J S B P N S D V L
O K E A O T V K B R T D E X S Z T O B W
```

AARP
ABBA
ABC
AIDS
ASAP
ASCII
AWOL
CBS
CD
CEO
CIA
CNN
DC
DVD
EPCOT
ESPN
FAQ
FBI

GMT
IMF
IRS
JFK
LAN
LASER
LCD

LSD
MASH
MIT
MODEM
MPEG
NASA
NASCAR

NASDAQ
NATO
NBC
PBS
POW
RADAR
RAM

RIP
SCUBA
SWAT
TWA
UNESCO
UNICEF
WYSIWYG

Numbers

```
B H G A I N F E W N Y R N T T N P N Z T
G K L E E S V S O T S I B W O T G M Z Q
S E N V M L C I R G N E E I K M U X R M
U E E F E F L O O E I N L H U P M X Z J
A L X W O L F O T G T L T H O U S A N D
E N T T I U G Y H Y I S E V E N T E E N
T P D M I O R T A T L E Z E O N K H Q E
D A M Q L L E T N D N Q U Z E S U U I E
N E M H K E L I E I Z S R E N N A G I E
O N C H N W U I N E I P T O D D H G R V
N O W I F Q Y N O X N E I R R T H K A I
I I F U L T D T T N N L E I Y T C H Q F
L L T I F L H Y S I L D L B I L L I O N
L L Y I F I I E N I W L N E E T X I S Q
I I F T R T V O T P I X O A N E V E S Q
O R T T R E E C N O S E P T I L L I O N
N T E E N I O E N T H R E E R H C O S N
C E D T N N H O N K R M K I P U E N I B
N C Y D I H S T W F Y B X Y A O O E X V
T K Q G P Z M E Y T C Y G M I V I F W U
```

BILLION
DECILLION
EIGHT
EIGHTEEN
EIGHTY
ELEVEN
FIFTEEN
FIFTY
FIVE
FORTY
FOUR
FOURTEEN
GOOGOL
HUNDRED
MILLION
NINE
NINETEEN
NINETY
NONILLION
OCTILLION
ONE
QUADRILLION
QUINTILLION
SEPTILLION
SEVEN
SEVENTEEN
SEVENTY
SEXTILLION
SIX
SIXTEEN
SIXTY
TEN
THIRTEEN
THIRTY
THOUSAND
THREE
TRILLION
TWELVE
TWENTY
TWO

About Time

D	Y	N	S	F	M	C	Y	D	N	R	J	E	I	D	E	H	B	O	X
N	J	R	O	E	O	A	A	L	N	C	E	E	T	L	K	M	E	E	D
O	U	I	A	I	A	R	R	L	U	O	L	B	C	U	I	O	A	Y	N
C	N	R	H	U	T	S	T	C	E	J	C	Y	O	L	N	R	T	R	O
E	E	B	T	E	N	A	O	N	H	N	C	E	L	T	X	I	A	Y	C
S	R	F	N	D	A	A	R	N	I	C	D	E	S	E	C	D	M	R	E
O	A	I	O	A	P	R	J	E	I	G	N	A	F	O	N	O	E	A	S
R	E	N	M	C	R	O	N	N	N	N	H	I	R	E	N	R	I	U	O
C	Y	A	L	E	I	I	O	T	I	E	L	T	L	Y	O	A	O	R	T
I	R	N	E	D	L	T	H	U	S	F	G	A	R	C	E	F	N	B	M
M	A	C	A	S	E	G	M	U	L	C	C	Z	S	W	I	A	F	E	E
T	L	I	P	M	I	T	M	A	E	N	M	O	M	E	N	T	R	F	F
S	O	A	Y	N	L	M	H	N	A	D	N	O	C	E	S	O	C	I	P
U	S	L	E	U	E	H	T	I	M	I	L	L	I	S	E	C	O	N	D
G	S	Y	A	R	O	U	R	S	E	P	T	E	M	B	E	R	V	A	G
U	P	E	R	U	R	O	D	E	C	E	M	B	E	R	L	L	A	F	P
A	R	A	R	Y	G	R	A	D	N	E	L	A	C	N	A	I	L	U	J
O	I	R	D	E	D	T	P	N	O	V	E	M	B	E	R	K	E	E	W
X	N	A	R	A	S	P	L	N	W	O	J	R	E	T	R	A	U	Q	Q
Q	G	G	Y	S	K	V	I	R	Y	W	I	N	T	E	R	Y	A	M	T

APRIL
AUGUST
BEAT
CALENDAR YEAR
CENTURY
DAY
DECADE
DECEMBER
FALL
FEBRUARY
FEMTOSECOND
FINANCIAL YEAR
FORTNIGHT
GENERATION
GREGORIAN CALENDAR
HALF LIFE
HOUR
JANUARY
JULIAN CALENDAR
JULY
JUNE
LEAP YEAR
MARCH
MAY
METONIC CYCLE
MICROSECOND
MILLENNIUM
MILLISECOND
MINUTE
MOMENT
MONTH
NANOSECOND
NIGHT
NOVEMBER
OCTOBER
PICOSECOND
QUARTER
SCORE
SEASON
SEPTEMBER
SOLAR YEAR
SPRING
SUMMER
WEEK
WINTER

Nuclear Power

```
E O X K O P X M I X M N G O G O A F N R
S R Z X K M U M N O I S S I F C D O T E
Z U Y E H I Y K W Y X O A R D C I H B T
Z Q I T N G G D X K T T E E O T R N M A
L H N A I I E L C U N T C N A E R O O W
E P R R O C H A H B A A T I E N H I B Y
V U I P O T I Y D W Y A D M W E P T U V
I G V S T T H R T X M A I F E U G C A A
T L L W O I C H T I R L L E A T H A E E
C R G E I T G A N C E F T I P R I E N H
A B O C U I O A E I E S N O O O L R I B
O F K T L F T P S R A L W Q N N Y N R R
I L I L A I O L E W A L E S S U B I A E
D F B S O R A L E U F T N E P S O A M E
A L U N S N E P P L A S M A M A N H B D
R X B S D I O N T A G Q Q S M Z R C U E
E B K H I W L M E M T F B B N G E A S R
U N W M E O I E W G I O B S X G H K V N
V M F R G F N N W R L D M D L S C D D W
L V W G A U Y Q U X M U I N O T U L P M
```

ATOM
BOMB
BREEDER
CHAIN REACTION
CHERNOBYL
CONTAMINATION
DECAY
ELECTRICITY
FISSILE
FISSION
FUEL
FUSION
GENERATOR
HEAVY WATER
ISOTOPE
LIGHT WATER
NEUTRON
NUCLEI
PLASMA
PLUTONIUM
POWER
RADIATION
RADIOACTIVE
REACTOR
SPENT FUEL
SUBMARINE
THREE MILE ISLAND
URANIUM
WASTE
WEAPONS

CHAPTER 17

Your Life in Word Searches

Clothes

M	N	B	N	B	D	C	Y	M	W	W	T	T	I	Y	P	E	W	O	V
F	V	S	K	O	K	I	H	L	B	R	U	M	S	U	V	W	W	O	D
Q	Z	O	B	E	T	B	J	X	S	N	Y	J	U	W	S	H	Z	C	Y
V	Y	Z	F	J	B	T	G	G	S	U	U	J	C	U	L	F	Y	L	G
V	C	Y	J	S	L	S	O	T	Z	T	Y	O	L	U	X	B	M	P	B
L	B	Y	K	M	G	E	H	C	S	N	W	O	G	T	H	G	I	N	B
C	G	Q	W	G	G	C	V	I	S	R	R	S	D	T	S	Z	H	W	A
N	A	B	U	T	T	O	N	N	R	K	E	S	H	T	A	Q	A	U	Z
T	F	A	C	T	C	X	A	S	C	T	R	S	H	O	B	O	N	R	P
E	C	B	C	N	A	E	A	O	Z	E	L	G	U	X	R	D	C	A	E
O	Y	Q	W	G	J	M	S	Y	K	M	I	A	L	O	E	T	S	L	T
V	A	T	D	U	A	M	H	A	E	T	T	R	D	R	R	T	S	L	T
E	D	E	I	J	W	P	E	T	S	A	A	S	S	N	N	T	T	O	I
S	R	D	A	C	A	R	R	K	O	I	G	H	T	A	A	E	T	C	C
T	E	P	F	N	B	I	L	C	N	L	I	Y	P	O	K	S	L	E	O
T	S	F	T	D	K	I	R	C	O	R	W	R	Q	C	C	U	E	O	A
A	S	S	N	S	S	E	O	V	T	D	E	Q	A	T	Q	K	B	H	T
H	R	I	L	G	V	A	E	Z	G	D	Z	J	S	U	I	T	I	S	T
P	W	T	W	O	T	E	I	T	N	P	F	R	A	C	S	K	I	N	J
D	T	U	N	I	C	F	C	U	L	O	O	W	G	C	B	O	O	T	G

BELT
BOOT
BUTTON
COAT
COLLAR
COTTON
DRESS
GLOVE
HAT
JACKET
JEANS
NIGHTGOWN
OVERCOAT
PAJAMAS
PANTS
PETTICOAT
RAINCOAT
SANDAL
SCARF
SHIRT
SHOE
SHORTS
SILK
SKIRT
SOCK
STOCKING
SUIT
TIE
TIGHTS
TROUSERS
TUNIC
UNDERPANTS
UNDERSHIRT
VEST
WINDBREAKER
WOOL

Genealogy

```
Q A X H V C O Z Y U S D E C C Y W F A O
N X E Q Q X F N X C T V U X J B R O Y O
P W C R O R H Q O U D V G B A A L L Y L
G G R A N D F A T H E R R G R B T L A E
R L D B Y L E E G X T U A Z V O I K G Y
N H I E V O V G B D C F N M X M T A A B
D E J D S E S J T S O C D M A H E H I U
V G T F W C T H Y A U D M F M N S R E R
E F H J C R E A X I S T O Q I Q T N O R
R C E N S U S N C L I R T L A H I T Z Y
O R Z Q D P R X D I N E H Q D E S A R H
N E G A I R R A M A F E E I C E U E S A
E E I A A D O Q R D N I R E C N T H I R
P F P I T M E E X X I T T N T E E U S E
N J I H C Y S K J N N V A R M X L S T C
Q O H W E E Y C H I L D O E E R C B E O
F S S J A W I V U V H L C R N C N A R R
R M A R D X D A U G H T E R C E U N S D
R U C R E H T O M V T W V M X E A D F S
D H N U W L L C Z Y T U S F A T H E R T
```

ANCESTOR
AUNT
BABY
BIRTH
BROTHER
CEMETERY
CENSUS
CERTIFICATE
CHILD
COUSIN
DAUGHTER
DESCENDANT
DIVORCE
FAMILY
FATHER
GRANDFATHER
GRANDMOTHER
HUSBAND
LINEAGE
MARRIAGE
MOTHER
NEPHEW
NIECE
RECORDS
RESEARCH
SISTER
SON
TREE
UNCLE
WIFE

Last Names

P	W	R	B	L	Q	V	S	A	H	S	H	I	D	V	W	L	L	S	N
N	A	A	E	A	L	O	O	S	T	K	L	L	E	B	P	M	A	C	O
F	O	R	L	T	K	A	P	I	I	Z	G	A	R	C	I	A	G	Q	S
H	N	S	K	K	R	E	H	R	M	E	S	P	I	L	L	I	H	P	P
I	I	E	L	E	E	A	R	R	S	N	H	G	B	G	B	P	I	G	M
E	A	L	E	I	R	R	C	A	Z	I	R	O	B	I	N	S	O	N	O
M	A	J	L	R	W	N	M	H	K	T	X	N	T	C	N	M	Z	S	H
I	H	E	J	S	G	L	I	F	K	R	O	E	U	B	O	K	E	C	T
I	M	F	E	Z	O	E	L	R	Q	A	H	L	R	R	S	R	R	O	Y
D	P	N	E	P	T	J	L	F	Z	M	C	S	N	O	R	A	O	T	A
T	O	R	E	I	O	A	E	B	S	E	N	O	E	W	E	L	O	T	S
J	E	Z	H	H	L	H	R	A	C	A	L	N	R	N	D	C	M	M	R
P	C	W	N	L	D	G	M	B	O	V	S	A	V	X	N	V	A	A	O
F	L	S	E	L	N	O	W	R	I	G	H	T	Z	N	A	I	E	D	L
P	O	N	E	U	H	M	I	T	C	H	E	L	L	N	L	C	E	A	Y
N	Y	W	O	T	H	E	R	N	A	N	D	E	Z	L	O	F	L	M	A
I	I	Y	I	N	I	T	R	A	M	Y	T	N	I	L	T	G	F	S	T
S	Y	T	Y	V	W	Z	W	F	T	T	I	W	J	A	C	K	S	O	N
R	O	D	R	I	G	U	E	Z	S	T	R	E	B	O	R	K	I	N	G
U	C	K	W	I	H	W	K	Q	D	A	V	I	S	G	T	Z	P	M	C

ADAMS
ALLEN
ANDERSON
BAKER
BROWN
CAMPBELL
CARTER
CLARK
DAVIS
GARCIA
GONZALEZ
GREEN
HALL
HARRIS
HERNANDEZ
HILL
JACKSON
JOHNSON
JONES
KING
LEE
LEWIS
LOPEZ
MARTIN
MARTINEZ
MILLER
MITCHELL
MOORE
NELSON
PARKER
PEREZ
PHILLIPS
ROBERTS
ROBINSON
RODRIGUEZ
SCOTT
SMITH
TAYLOR
THOMAS
THOMPSON
TURNER
WALKER
WHITE
WILLIAMS
WILSON
WRIGHT
YOUNG

Wedding Bells

```
M C E R E M O N Y M A R R I A G E F N T
J C P H F K V J O G T W R S R O V A F T
X D G U K E R E E B X H E G P R K C U G
A B I M D X Y N N U H L H N G K A X R W
R R O N O H F O D I A M P O V K E O W C
R E V Y A W B A A K K W A S E D O W M K
W E C O M C Z P D R Q P R G O M H U B J
E T R E W C E F G E E K G N T X S R P L
D L S A P S P O F G C Z O I X I I G R E
D N A I E T O J O I Q G T D C D O I N H
I R O S L B I B Q S V G O D E W G G R O
N R E I O T G O N T O V H E N R A H E N
G L C H T P S N N R L Z P W E G C N H E
P Y J T S A O E I Y Q U G W E R A T E Y
A X H I W U T R U R O Q O M U G Q F A M
R R E W O H S I P G K L E H R R Q I R O
T H Q R R Y Q V V N F N C O P D T G S O
Y P I C T U R E S N T B E S T M A N A N
F B W L N E C I R T I F L O W E R S L K
V J M S N O I S S E C O R P C O U P L E
```

BEST MAN
BRIDE
CAKE
CEREMONY
CHURCH
COUPLE
ENGAGEMENT
FAVORS
FLOWER GIRL
FLOWERS
GIFT
GOWN
GROOM
GUEST LIST
HONEYMOON
INVITATION
MAID OF HONOR
MARRIAGE
MUSIC
ORGAN
PHOTOGRAPHER
PICTURES
PROCESSION
PROPOSAL
RECEPTION
REGISTRY
REHEARSAL
RICE
RING BEARER
SHOWER
TUXEDO
USHER
VOWS
WEDDING PARTY
WEDDING SONG

Parenting

```
P J U X H T N G Q Y L V A R D N C W E I
E R S L I H L T M P G H D R E L V S J P
P T O A F F A S U R N H O I Q H K R C E
R E C I I D G C I H C C U F A L T S G D
L U C Y P N C R A L L O W A N C E A D I
H F E M I M D A B Z B I A G S B U I F A
F L R L O E I F D A D E D M A E S X D T
O S B M N J I T H B B C H N D C M A Q R
T I X T Z K Z S J T S L P A I N Y A S I
S P I S E I T I V I T C A P V C A T G C
J S S K W K A N H O M E L V A I O R Q I
T H Z A B P H U H Z D I X R F R O H G A
P D I E D V T T E S N M E G Y T R R I N
R P I N S W R R F E A L P H A B E T N L
I E A A Q N I I R Q L A S D L I H C F O
W R L G P P B T T K D A S E L U R O A O
G X Z D M E J I A E F Y B A B S G C N H
M T H M D T R O M E A B E D T I M E T C
I T N N N O Q N T T T C T E E N R H K S
A G L V U U T Y A R G O H P J M A N U R
```

ACTIVITIES
ALLOWANCE
ALPHABET
BABY
BEDTIME
BEHAVIOR
BIRTH
CHILD
CRAFTS
DAD
DAYCARE
DENTIST
DIAPER
DISCIPLINE
FATHER
GAMES
GRANDMA
GRANDPA
HOME
INFANT
MOM
NUTRITION
PEDIATRICIAN
RULES
SAFETY
SCHOOL
SIBLINGS
SOCCER
STORY
TEACH
TEEN
TODDLER

Weather

O N M K S T Z G J N O D A N R O T U B T
D A J X F N P B V D V I C I C L E E P O
N G O I T S S R G M X H X M P H V E J Y
J S R B P L J K E L S U N F K F T R X K
M D L R E C X H M C P A M R E H T A E W
P I T E U K T A F U I H Q C R L T S T P
V I T S W U S S Y A A P L N Z A R N N K
A D T U I Z I K F T H O I U E E D I A F
G X B N G G M V R L U R D T W Z A A I O
N S T O R M O O W D O P E O A R O D R R
I K W O N S P L Y R E O H N G T C R D E
Z S I P M I S C O Z A S D N H T I U F C
E Q M P C J M A A R T I I C Y E O O W A
E J Y A S E V E R E O Z N X N O I H N S
R O L H K T Z K Q P E E I Y N U O T N T
F G W S Z N Z Z J E X H T J U T C A L M
P O A H N A K Y R O R A H E S L D L O C
G F M K Q Z H F J G Y I G E M O M R A W
X E R E H P S O M T A L I Y E O S K Y K
T C N F F T S A C R E V O O D K J F U D

ATMOSPHERE
CALM
CLOUDY
COLD
DRIFT
FAHRENHEIT
FLOOD
FOG
FORECAST
FREEZING
FREEZING RAIN
FROZEN
HAIL
HOT
ICICLE
METEOROLOGIST
MIST
OUTLOOK
OVERCAST
PRECIPITATION
RADAR
RAINY
SEVERE
SHOWERS
SKY
SLEET
SNOW
STORM
SUNNY
TORNADO
TROPICAL
WARM
WEATHER MAP

Colleges

E	E	D	S	F	Y	K	K	U	N	P	M	D	L	R	M	V	T	X	E
V	H	W	D	U	W	S	O	W	Q	A	V	O	N	A	L	L	I	V	L
J	D	Y	A	N	O	L	L	E	M	E	I	G	E	N	R	A	C	S	A
O	T	R	R	E	H	N	T	S	N	S	R	E	G	T	U	R	D	B	Y
Z	S	O	T	R	A	O	K	S	M	O	Y	E	L	S	E	L	L	E	W
M	R	M	M	O	R	T	A	I	E	E	T	Z	P	S	C	C	E	C	E
S	E	E	O	M	V	E	T	T	C	R	S	E	I	O	O	F	O	S	K
T	H	C	U	H	A	L	H	I	N	N	O	E	C	L	N	R	Z	E	U
A	M	L	T	T	R	R	R	G	I	W	D	F	G	N	N	S	N	M	D
N	A	E	H	R	D	A	J	K	I	N	O	A	E	E	I	K	P	A	A
F	R	M	R	A	F	C	P	F	A	H	T	T	L	K	G	R	G	D	I
O	A	S	D	W	V	O	Y	R	P	E	E	L	E	V	A	R	P	E	B
R	S	O	E	S	H	A	B	P	P	D	K	L	I	G	X	W	Y	R	M
D	S	N	M	S	L	F	S	M	A	I	L	L	I	W	R	P	S	T	U
O	A	C	N	U	W	N	N	N	I	L	R	E	B	O	E	O	X	O	L
E	V	H	G	N	U	O	Y	M	A	H	G	I	R	B	C	H	E	N	O
V	O	K	N	W	O	R	B	Y	U	Z	D	I	O	C	S	U	Z	G	C
J	Y	B	D	T	F	N	O	R	T	H	W	E	S	T	E	R	N	R	Q
L	L	E	N	N	I	R	G	H	C	E	T	L	A	C	S	T	F	U	T
W	E	U	D	R	U	P	M	Y	R	S	A	P	I	T	D	A	B	L	H

AMHERST
BRANDEIS
BRIGHAM YOUNG
BROWN
CALTECH
CARLETON
CARNEGIE MELLON
CLEMSON
COLGATE
COLUMBIA
CORNELL
DARTMOUTH
DUKE
EMORY
GEORGETOWN
GRINNELL
HARVARD
JOHNS HOPKINS
LEHIGH
MIT
NORTHWESTERN
NOTRE DAME
OBERLIN
PRINCETON
PURDUE
RICE
RUTGERS
STANFORD
SWARTHMORE
TUFTS
USC
VASSAR
VILLANOVA
WAKE FOREST
WELLESLEY
WILLIAMS
YALE

Astrology

```
R B L Y Y R Z Q N R O C I R P A C B S L
R D D Y V P O D M K U P E W S R A T S S
C C C J E J R F N W S Q C Y R E P J A O
O E C T F T N E J Y U Q N M Y I E Q H F
V N L X A S N Y D W X V U B A Q B U K E
S R Y E Z U Z E Y I H O R O S C O P E C
M A K H S M R S M J C X W E D O M M P R
A T G Z F T L U T N R T W M Z X C D E X
O S I I R M I N S E G K I B G S L C N D
I G T N T S O A T T N I I O Q Q N D I E
P P Q R I T T O L D S A L F N A W V A T
R A I W O M A I N B G A L A C G I Z Q A
O P R S Q L E R S S O C C P H N N O U D
C T O I C N O G I N J D M E A I G D A H
S R G Y E E U G A U A H I T R G I I R T
Q A R Z S S S R E A S R I E R O S A I R
V H I Y L C B N Y R H O T V S H F C U I
V C V E W I C V O Q N H E A V E N S S B
A I O T L F W L G T J P N U S M U K M C
H M V B L B I R T H P L A C E L S U L N
```

ALIGNMENT
AQUARIUS
ARIES
ASTROLOGER
BIRTHDATE
BIRTHPLACE
CANCER
CAPRICORN
CELESTIAL BODIES

CHART
DIVINATION
FORECAST
GEMINI
HEAVENS
HOROSCOPE
LEO

LIBRA
MOON
PISCES
PLANETS
PREDICTION
SAGITTARIUS
SCORPIO

SIGN
STARS
SUN
TAURUS
TRANSITS
VIRGO
ZODIAC

Boy Names

```
C E E K R N D R U K S T A N D R E W Y J
T A C Y W N H A L E X A N D E R K H Y R
E Y A D I N O O O V Z J H Y H N Q C P O
V N L S P I P D J B O R R S N P A U A K
O J A E A C K I N S K A C M A A E L A J
U A V A R H L E H A H Y A W I M D S Y Y
C N R F J O A U V C R M M H V C U I O D
B O Z A W L A N A I F B E W N U H E A J
N E C P E A R Z G S N E R E A Q I A L B
Y O L N N S L E A E U Y O H D V S H E J
B W J A O R P U H N L R N T R R A S V L
X C T E C A O J R P T F X T O U I J P Z
D A V I D S H N H N O H P A J L A O H O
E W I L L I A M N L I T O M T V H N A R
T Z B J L R W L E O N T S N B L U A J E
H W E O O J U I B N C A S I Y J C T I T
A H G B O K N S E M A J T U R C C H L N
N A E S E A S A M O H T L H J H C A E U
N R E H D G K N O S A J F Z A I C N Z H
T L V D N A Q B E N J A M I N N E V A N
```

AARON
AIDAN
ALEXANDER
ANDREW
ANGEL
ANTHONY
BENJAMIN
BRANDON
CALEB
CAMERON
CHRISTOPHER
CONNOR
DANIEL
DAVID
DYLAN
ELIJAH
ETHAN
EVAN
HUNTER
ISAAC
ISAIAH
JACK
JACOB
JAMES
JASON
JOHN
JONATHAN
JORDAN
JOSE
JOSEPH
JOSHUA
JUSTIN
KEVIN
LOGAN
LUKE
MATTHEW
MICHAEL
NATHAN
NICHOLAS
NOAH
ROBERT
RYAN
SAMUEL
THOMAS
TYLER
WILLIAM
ZACHARY

Girl Names

S	F	X	X	M	P	S	H	Y	L	A	B	R	O	O	K	E	A	V	A
Q	F	Y	A	A	O	A	I	A	W	M	L	A	U	R	E	N	N	O	C
F	J	R	I	S	O	M	J	O	R	G	A	E	L	O	C	I	N	S	U
C	I	G	D	L	B	A	X	U	H	A	K	C	Y	N	I	T	S	E	D
A	E	U	I	B	Y	N	C	J	L	V	S	A	K	A	A	I	O	S	Y
N	J	V	T	N	M	T	L	H	R	I	A	H	T	E	S	N	F	M	L
Y	I	I	Q	O	E	H	A	S	L	L	A	T	E	H	N	S	N	G	I
A	R	E	R	L	U	A	S	M	E	O	D	E	A	N	E	Z	Y	A	M
V	J	G	I	L	I	A	F	X	M	F	E	B	M	C	I	R	I	L	E
I	A	R	A	L	V	A	A	O	A	E	N	A	S	A	I	M	I	E	A
N	I	L	E	A	A	N	G	L	X	Y	U	Z	Y	S	D	S	S	N	O
N	L	S	N	F	D	T	L	I	L	V	A	I	D	T	T	I	S	A	E
E	A	N	A	R	I	I	A	T	B	L	Y	L	N	E	A	L	S	E	J
K	A	D	A	B	S	N	I	N	E	A	E	E	E	P	Y	E	A	O	J
H	U	L	R	O	E	A	N	X	L	G	L	S	Y	H	L	H	S	G	N
I	F	D	N	O	K	L	I	E	Z	O	I	Q	P	A	O	C	H	R	E
A	L	Y	A	K	J	S	L	N	J	V	A	H	B	N	R	A	L	A	I
M	C	F	H	R	F	M	X	A	A	S	H	Z	Z	I	M	R	E	C	L
K	T	A	N	N	A	I	R	B	Y	E	L	A	H	E	C	U	Y	E	Y
Y	D	J	X	V	B	S	O	P	H	I	A	M	H	A	N	N	A	H	K

ABIGAIL
ALEXANDRA
ALEXIS
ALLISON
ALYSSA
ANNA
ASHLEY
AVA
BRIANNA
BROOKE
CHLOE
DESTINY
ELIZABETH
ELLA
EMILY
EMMA
GRACE
HAILEY
HALEY
HANNAH
ISABELLA
JASMINE
JENNIFER
JESSICA
JORDAN
JULIA
KAITLYN
KATHERINE
KAYLA
KYLIE
LAUREN
MACKENZIE
MADISON
MARIA
MORGAN
NATALIE
NICOLE
OLIVIA
PAIGE
RACHEL
SAMANTHA
SARAH
SAVANNAH
SOPHIA
STEPHANIE
SYDNEY
TAYLOR

Grocery List

```
Q H O C T C C S E A D O S M V M O G K S
R M H V X C E S C G F U I B Z P H X F J
B T Q B G L E S J D P B A T T E R I E S
B U R C P E M F J A E S D P F E O J W V
K I A P H C O C P Y S T D A G I I N A J
Q U A C S S V E U Z N M E G E C L V X H
I X D R S E R X L T A S S R E R P M P V
J U I C E T R J I J S R B C G P B J A P
D S X L O U E Y G D Y N R A S E P T P I
R U R W I V T K H T R E I K N I N P E R
U Q E I M D T O T T A A C K C A Z T R A
Z L N D C T U G B M R A T K P A N U S C
S N O B K E B S U S N U L S K A B A R A
R B O E L E T O L S U E G W U P N A S D
L Q D D I I U A B B S T Z O P M C P N Q
I A L W M D N P D F L O U R Y K R P C K
S L E D A B A D O O F T A C E E I S B H
Q X S L J T E B L Q W I S R P G G W X J
X D A Z L G P T D B F B S H O T D O G S
U S Z K N Q M J K G X S E I K O O C Z H
```

APPLES
BANANAS
BATTERIES
BREAD
CAT FOOD
CHEESE
COOKIES
CRACKERS
DETERGENT
EGGS
FILM
FLOUR
HOT DOGS
ICE CREAM
JAM
JUICE
LIGHT BULB
MILK
MUSTARD
NAPKINS
NOODLES
PAPER TOWELS
PEANUT BUTTER
PICKLES
RICE
SALAD
SNACKS
SOAP
SODA
WAX PAPER
YOGURT

Living Room

```
H X G D B A F H U G X E T Z W N G P D N
I D H K Y P A D N F S A Q A W V Q M Z L
Z O A X U A X V H U W S U S B T Q Q D F
X C T Y X C T C Q R A G A E C L X V W T
M P A E P D U M Q N L W A N B D E U C R
O C S T L O M V F I L O Y I C X L V C C
M R E W C E G D X T P L A Z P M U H A I
S E R W O U V U P U A L O A O X A B C L
I N U B G X P I R R P I I G V I I F Y S
G I T R G B G H S E E P D A R N C J W Y
A L C M A N B T O I R Y A M E T H G I L
I C I M I E O A V L O K R T S E D A H S
Q E P L N C O E B S S N C U R T A I N S
H R I C A Z S S T Y K T W I N D O W V Q
P E H R E I A E V R E O E F L E H S M J
C I P K L Z E V E M M Q O R S T E R E O
M E A P A O R O A J K O D B Y F B N H S
T W M N K H O L C N E W S P A P E R O R
I D Z V O L N T F H I U U A E R W F J N
E S R E W O L F S C W M S Z L K A V T L
```

BENCH
BOOKS
CABINET
CARPET
CEILING
CHAIR
COUCH
CURTAINS
FLOWERS
FURNITURE
LIGHT
LOVESEAT
MAGAZINES
NEWSPAPER
PIANO
PICTURES
PILLOW
RADIO
RECLINER
RUG
SHADES
SHELF
SOFA
STEREO
STOOL
TABLE
TELEVISION
UPHOLSTERY
WALLPAPER
WINDOW

Cosmetics

E B F U E X P K Z X E C N A R G A R F V
O L K P N Z M X I Q B X C F X V S S W F
F K G L G I O A Y V N E H K E E H C K A
G V B R O G Y Z J E U F N W E V C D O R
N N K S L O S U E L S K I N C A R E E V
C R I M O A P R T I Y Z M N I Y K S O R
U O K T C X C M A P G T R A B J N R O J
S D M P A S Y A L G L P U U K A A U Z T
G Q W P N R L N Y L Y O Y A E E G L B N
R M G U A X D E O O J R J L E E U S C A
D A S L N C K Y D S K G C O X B J P Q I
P S N S N C T K H S W O D A H S E Y E L
E C O X R E N I L E Y E L A I C A F L O
R A I V P O W D E R U K C I T S P I L F
F R T C N Q N B M L A B F X C E H F P X
U A O M K N O I T A D N U O F Y D J O E
M O L M A E R C Z E Z I R U T S I O M V
E A G H S I L O P L I A N E T T E L A P
A E T S I G O L O T A M R E D P K I E J
L Q Q Q R O L O C K E E H C R S D S E H

BALM
BEAUTY
CHEEK
CHEEK COLOR
CLEANSER
COLOGNE
COMPACT
CREAM
DERMATOLOGIST
EXFOLIANT
EYE SHADOW
EYELINER
FACIAL
FOUNDATION
FRAGRANCE
GEL
HYDRATING
LIP GLOSS
LIPSTICK
LOTION
MAKEUP
MASCARA
MOISTURIZE
NAIL POLISH
PALETTE
PERFUME
POWDER
ROUGE
SKIN CARE
SUNSCREEN

Shoes

L	S	X	H	R	N	M	Y	B	M	N	M	C	X	R	D	E	Y	T	Y
Z	L	Y	E	S	H	N	N	I	S	A	C	C	O	M	D	H	B	N	E
W	A	Y	I	F	W	H	E	W	T	O	O	F	B	A	E	A	O	U	C
Q	D	X	W	I	S	C	O	W	S	A	M	D	C	E	D	C	M	S	A
R	N	Z	T	M	T	T	D	N	B	H	L	J	L	G	U	I	O	G	L
L	A	Q	W	V	F	R	O	V	A	A	O	A	V	A	Q	C	D	I	J
P	S	T	I	D	B	B	N	O	S	T	L	E	S	M	K	M	W	A	B
K	S	E	Z	V	W	O	D	H	B	T	U	A	S	U	Y	Y	M	R	S
P	O	N	R	R	N	R	O	S	C	R	J	R	N	H	B	G	F	S	R
R	L	N	C	R	E	E	W	N	G	O	P	E	A	C	I	X	E	E	W
E	E	I	X	S	S	K	E	E	V	P	O	K	L	L	E	N	F	O	H
E	J	S	S	T	I	R	A	A	G	P	L	I	S	T	I	A	E	I	T
B	I	Q	R	A	G	T	B	K	D	U	F	N	B	H	O	Z	G	E	R
O	J	I	C	N	H	U	J	E	V	S	P	H	J	L	M	H	E	I	E
K	N	I	I	L	M	H	O	R	V	E	I	L	F	V	H	E	E	R	H
G	X	K	E	V	N	N	Z	S	W	L	L	U	V	E	F	P	F	L	T
E	I	T	K	D	I	S	R	P	A	K	F	Q	E	A	C	O	K	W	A
H	I	S	H	O	E	T	R	E	E	N	R	L	C	A	S	U	A	L	E
C	U	S	H	F	Y	J	G	O	S	A	S	R	U	N	N	I	N	G	L
U	Y	Q	H	Y	T	I	M	B	E	R	L	A	N	D	P	Z	Q	R	V

ADIDAS
ANKLE SUPPORT
ATHLETIC
BOOTS
CASUAL
DRESS
FLIP FLOP
FOOT
GYM
HEEL
HIGH HEELS
HIKING
LACE
LEATHER
LOAFER
MOCCASIN
NATURALIZER
NEW BALANCE
NIKE
REEBOK
RUNNING
SANDALS
SAUCONY
SHOESHINE
SHOESTRING
SHOETREE
SNEAKERS
SOCK
SOLE
TENNIS
TIMBERLAND
TOE

You Can Move Mountains

P I K E S P E A K W E T T E R H O R N A
A O L A N U A M W H I T N E Y D B B T G
B O R Q K J G H N I T J U I M W O S K P
V T E T M P M F Z O W Z V H T Z A O D H
X G R A N D T E T O N G B T B H Y H H P
W K Y S P P G Q K Y Q H Z R S A V G E D
F V R Y L G V I N S O N M A S S I F E S
Q C V F U J I C N A L B T N O M S V L F
O A I N O D W O N S D R A R R C I L M A
L R K U N D N P X J C D V O W L E R A O
F O A G L A C I E R P E A K S B A A T L
O E N J J U T V E G W S M T N I N N T R
X V X G N D G J I L B K O O N R O R E A
A E Z P S A W L G I X W O I U N L O R G
Z R U M I P M X E X E R E P F E Y H H U
X E H W S T E I R R A R A O B S M S O S
E S A I J W X A L M U N C D U S P S R X
F T N J S G C F K I N H N B T A U I N I
N A H K T N Z C S A K S J D J L S E Q E
I Y T A R R E S T N O M M Y U Y R W K I

ANNAPURNA
DEVILS TOWER
EIGER
EVEREST
FUJI
GLACIER PEAK
GRAND TETON
HOOD
KILIMANJARO
LASSEN
LONGS PEAK
MAROON BELLS
MATTERHORN
MAUNA LOA
MONT BLANC
MONTSERRAT
OLYMPUS
PIKES PEAK
RAINIER
SHASTA
SINAI
SNOWDONIA
SUGARLOAF
VINSON MASSIF
WEISSHORN
WETTERHORN
WHITNEY

CHAPTER 18

Word Search Adventures

Camping

O	O	E	T	X	F	U	A	G	P	F	G	M	H	F	U	W	I	B	F
J	K	P	O	J	M	D	A	R	A	A	K	O	A	M	R	O	I	D	O
I	Z	W	K	E	V	W	O	E	T	B	T	C	K	T	W	N	U	V	C
N	D	A	E	A	V	A	S	T	U	U	G	H	A	P	C	S	Y	S	D
R	O	S	P	F	E	W	K	L	I	D	D	N	P	P	M	H	L	R	U
E	G	B	K	P	I	Q	L	E	Y	N	I	Z	I	A	K	A	E	H	T
T	D	N	O	I	O	N	I	H	Q	Z	G	A	R	P	T	C	J	S	C
N	D	R	I	I	L	S	K	S	S	P	G	S	T	R	E	T	A	M	H
A	D	N	B	L	D	L	C	T	S	S	H	R	I	S	S	E	Z	B	O
L	B	V	U	N	D	S	E	R	E	M	E	N	I	Y	R	T	L	H	V
S	B	T	F	O	M	N	O	T	A	K	E	N	T	L	T	I	O	S	E
N	P	A	R	C	R	O	I	L	Z	F	C	V	R	E	L	P	F	V	N
I	C	G	K	A	D	G	L	K	L	A	Y	O	T	E	H	E	X	A	E
A	O	T	M	T	I	O	P	A	F	I	R	E	P	N	D	C	F	P	F
T	O	S	U	G	W	L	M	M	S	T	C	E	S	N	I	L	T	H	R
N	K	O	O	S	W	E	E	Y	A	N	E	E	T	N	A	C	I	A	Y
U	N	A	T	U	R	E	A	R	T	C	H	I	K	I	N	G	D	W	H
O	D	B	F	W	J	Q	R	E	P	E	L	L	A	N	T	T	N	E	T
M	P	C	T	D	X	E	T	I	S	P	M	A	C	S	E	K	A	T	S
D	E	X	C	P	G	U	J	F	V	P	O	L	E	S	S	D	O	O	W

AXE
BACKPACK
CAMPGROUND
CAMPSITE
CANTEEN
COOK
DUTCH OVEN
FIRE
FIRST AID
FLAME
GRILL
HATCHET
HIKING
INSECTS
KINDLING
LANTERN
LATRINE
MARSHMALLOWS
MATCHES
MOUNTAINS
NATURE
OUTDOORS
PATH
POCKETKNIFE
POLES
REPELLANT
ROPE
SHELTER
SKILLET
SLEEPING BAG
SNOW
STAKES
STOVE
TENT
TRAILER
WILDERNESS
WOODS

Lakes

H	F	C	Y	P	V	S	S	G	D	T	B	N	A	E	M	A	X	U	A
O	C	T	A	N	G	A	N	Y	I	K	A	A	Y	C	R	E	H	Z	G
T	K	I	A	G	A	U	T	J	S	O	A	O	L	A	E	I	A	N	O
A	U	E	R	T	F	B	X	I	B	U	J	I	H	K	S	N	E	D	D
H	P	X	E	U	H	C	O	I	T	W	P	U	R	G	H	A	E	E	A
O	F	O	D	C	Z	A	A	T	I	I	R	E	A	O	E	A	N	S	L
E	V	Z	R	H	H	C	B	N	I	M	C	D	R	K	T	O	S	E	N
N	N	R	S	T	A	O	N	A	I	N	E	A	A	I	T	C	J	H	I
L	I	D	A	R	C	I	B	A	S	A	A	L	C	S	O	C	I	L	P
T	C	A	A	E	P	H	M	E	D	K	T	M	W	A	O	R	A	V	I
U	S	M	L	E	B	B	A	S	E	L	A	O	K	A	N	U	E	S	G
O	Q	I	G	P	A	T	E	R	A	S	L	M	A	R	T	L	S	N	N
Z	N	H	N	I	M	A	A	S	T	L	L	M	R	A	A	U	N	E	O
A	M	E	K	G	A	A	T	E	E	R	C	E	I	L	R	E	A	R	N
O	L	A	I	G	H	A	H	Y	R	V	A	O	B	S	I	W	I	R	C
N	L	B	O	D	E	A	X	C	M	G	C	I	A	E	O	G	P	O	A
E	S	I	E	R	A	C	I	H	U	R	O	N	N	A	G	N	S	T	Y
G	K	P	G	R	G	T	U	N	G	T	I	N	G	Q	H	A	A	V	U
A	M	E	O	T	T	U	M	I	C	H	I	G	A	N	M	B	C	W	G
G	W	B	N	O	T	A	L	A	B	A	K	N	A	H	K	U	M	Y	A

ALBERT
ARAL SEA
ATHABASKA
BAIKAL
BALATON
BALKHASH
BANGWEULU
CASPIAN SEA
CAYUGA
CHAMPLAIN
DEAD SEA
ERIE
GREAT BEAR
GREAT SALT LAKE
HURON
KARIBA
KHANKA
KIOGA
LADOGA
MANITOBA
MARACAIBO
MEAD
MICHIGAN
NIPIGNON
NYASA
OKEECHOBEE
ONEGA
ONEIDA
ONTARIO
PORTCHARTRAIN
SENECA
SUPERIOR
TAHOE
TANGANYIKA
TITICACA
TORRENS
TSING HAI
TUNG TING
URMIA
VICTORIA
WINNIPEG
YELLOWSTONE
ZURICH

National Parks

```
S T J N U N O Y N A C E C Y R B R A A K
R D R Y T O R T U G A S E N Y A C S I B
G F I I K E N A I F J O R D S Y R Y U P
N O Y N A C S G N I K A L A K A E L A H
N Z Y E L L A V K U B O K A R C H E S S
S N I A T N U O M E P U L A D A U G N S
Y T S E R O F D E I F I R T E P C R F E
E R Y G E S R D D K A T W S S H E B E D
L O E R D D E E R U Z J S D A V I E E A
L C L A R N I N V H X E N N A G D V R C
A K L N E A C A H T R A N C T N A A L S
V Y A D V L A L V P L E D H E Z I C O A
A M V C A D L I Y S L A I B I U D D T C
G O H A S A G C I I B C G O Z H A N I H
O U T N E B G N S S K I N X R L C I P T
H N A Y M I I L L E B Q X H D N A W A R
A T E O B G A R T L A K E C L A R K C O
Y A D N R N A M O U N T R A I N I E R N
U I H I D C G R E A T S A N D D U N E S
C N V S L A S S E N V O L C A N I C Y U
```

ACADIA
ARCHES
BADLANDS
BIG BEND
BIG CYPRESS
BIG THICKET
BISCAYNE
BRYCE CANYON
CAPITOL REEF
CARLSBAD CAVERNS
CHANNEL ISLANDS
CUYAHOGA VALLEY
DEATH VALLEY
DENALI
DRY TORTUGAS
GLACIER
GRAND CANYON
GREAT SAND DUNES
GUADALUPE MOUNTAINS
HALEAKALA
KENAI FJORDS
KINGS CANYON
KOBUK VALLEY
LAKE CLARK
LASSEN VOLCANIC
MESA VERDE
MOUNT RAINIER
NORTH CASCADES
PETRIFIED FOREST
ROCKY MOUNTAIN
VIRGIN ISLANDS
WIND CAVE
ZION

Sea

```
A A E W A Y I P N I Y L M S V Z V B R L
M Q I F H T O P I A B F N C V C X Y E Y
L W T V U K I E N V F N Z O Y P C V P Z
L U U Q W S O D E C B E X A A J Q O P A
E T K D W I U V E Q E U D S C H J S I V
S B T C D S X G L S J R S T H N L K L W
S P M U T O Z D A C A T Y J T A W E C I
E O S T I Z C I L O J Z N D C T A T U N
V R L T W N L K B F W A U I A O V C I D
X T O E N X Z R R D R V T O H J E H Y J
Y M O R C K A W N A J U B M H K S B G A
A A P Z T T D Y M A A R E N O O H C S M
S W W S S X R A H N Y E L L A G H F N M
B M I L D K T A M G S E T E T L K E N E
J Y Y M D A M S D E N R K S G N B R C R
A H J U C P A H E D F I A A A A N R V B
C J B L R R N I R M O M D E L R Y Y X R
B G Z E J N Q P P G R S C B E Q X O S I
N B W V O W Q N I D E O E T O K X K V G
C K A X Q Y C E A N N M S M G W L V V S
```

AFT
BOAT
BOW
BRIG
CATAMARAN
CLIPPER
COAST
CUTTER
DINGHY
DOCK
FERRY
FORE
GALLEY
KETCH
LAKE
MAST
NAUTICAL
OCEAN
PORT
SAIL
SCHOONER
SHIP
SLOOP
STARBOARD
STERN
TIDE
VESSEL
VOYAGE
WAVES
WINDJAMMER
YACHT
YAWL

Desert

```
Z C M F H R P P A O H I S S M S T T I R
P S S O B E R L N E K U O O S H E S B B
Q S C H Q P E U A G T N I E I M S A O J
M N L O B I C X K C O S L R P P K N G O
A A I N M D I L A R T N S E D A D D Y I
K R M L Q O P C A U I T R U D T C Y E M
W O A T T F I N R A Y A S I Y A L G L X
E J T R O B T E R W T T R H G G D S L N
C V E Q H H A L L U B A H R P O O Z A E
M T A B X R T J R O W Z W W L N E E V T
A O H P N B I E W B A R R E N I H Q H A
D R J G O N O L S N A K E S Y A U P T L
E U A A U R N N A F L A I V U L L A A O
M A N H V O A D Z A L R U M C I Y O E S
E R X E A E R T W A S T E L A N D R D E
R R L V S S H D I C R Q X O O D M N D D
T O A Q W W R S C O T A L F T L A S U J
X Y N Q Z X R R R R N X N Q Z Z Q D M S
E O E S R A P S B A H T K S K G J V F D
T M Q C V H D N D G H L E U B Q D Y P E
```

ALLUVIAL FAN
ARID
ARROYO
BARREN
CACTUS
CLIMATE
DEATH VALLEY
DESOLATE
DROUGHT
DRY
DUNES
DUSTBOWL
EVAPORATION
EXTREME
GOBI
HARSH
HOT
MOISTURE
MOJAVE
PATAGONIA
PRECIPITATION
RAINLESS
SAHARA
SALT FLAT
SANDY
SNAKES
SONORAN
SPARSE
SUN
TEMPERATURE
THIRSTY
WASTELAND

Space

D M J U Z E U T Z G F P L A N E T F Z C
O G E U V R N L E U R P W N S M O O N U
Q K Q T P R A M U K Y A K R S E I U K W
U F O I S Q L L H J C E F I E S M T O S
V E N U S Y M Q L Q G O P O N R A S B J
E B R B R E S C S E E M R T I E R U V I
E B E K T P X R J G T W S U T V S N E J
P K B E A A M G A X X S I L P I M F U I
T W O A V E Y A E L O O R P M N J P G A
M R N J O O O L N N O A U E E U I N L H
S L E U N M X A U S F S I W T T D I Q D
M H D U U F N X T Y J M Y W E N E K E E
R G I U Y O E Y P C R F R R W N I E S T
X J C P G E B N E J C K E F S F P A H I
S A O W O A U Z N H C N U A L S P L U L
V T S E U J L N A S A I O O T O U S T L
J N A A N O A Z V V N P E H L N E W T E
D K G R S J C T C B X Y G L A C K B L T
B P V O S W H E Z Z X I O R J T C Z E A
P K D Z G X O R Y B L D I O R E T S A S

ALIENS
APOLLO
ASTEROID
EMPTINESS
GALAXY
INTERSTELLAR
JUPITER
LAUNCH
LIGHT SPEED

LUNAR
MARS
METEOR
MOON
NASA
NEBULA
NEPTUNE

NOVA
PLANET
PLUTO
ROCKET
SATELLITE
SHIP
SHUTTLE

SOLAR SYSTEM
STARS
SUN
UFO
UNIVERSE
VACUUM
VENUS

Forest

B	W	M	F	I	R	E	F	L	Z	R	P	Q	U	M	O	G	V	J	H
V	U	G	F	I	S	U	Z	B	I	Z	X	N	Y	M	Z	Y	A	C	B
C	F	S	D	G	F	B	P	X	J	C	Q	R	G	T	E	V	A	U	Z
R	B	I	O	D	I	V	E	R	S	I	T	Y	O	P	U	P	H	N	E
W	O	X	O	D	Q	J	P	W	T	S	T	Q	L	I	L	B	B	D	V
Z	S	R	T	P	E	E	J	A	B	P	S	N	O	N	E	T	D	E	R
R	B	A	M	O	R	V	T	Z	Z	Z	X	K	C	E	L	Q	R	R	E
R	E	T	K	U	Y	I	M	Q	U	L	X	M	E	N	M	N	A	B	S
T	W	G	T	V	B	C	U	D	R	A	H	C	R	O	O	G	I	R	E
U	O	A	N	A	R	E	S	E	R	V	E	D	G	I	D	R	N	U	R
E	N	A	H	A	D	E	D	S	J	L	L	L	T	J	N	E	F	S	P
X	H	B	E	S	R	W	V	G	Q	G	W	A	K	B	A	E	O	H	I
G	T	H	E	Y	D	C	G	O	E	J	V	I	L	H	L	N	R	J	Z
C	C	R	R	E	B	M	U	L	R	R	U	P	L	O	S	E	E	M	S
C	C	D	P	N	E	L	W	R	E	G	D	N	L	D	G	Y	S	A	M
A	P	A	P	E	E	O	E	S	D	A	P	I	G	A	L	G	T	N	K
G	T	A	R	S	O	B	N	A	T	R	A	I	L	L	N	I	I	W	Z
H	R	T	N	D	M	O	J	M	Q	D	U	I	N	Z	E	T	F	N	P
K	B	E	K	I	C	E	N	V	I	R	O	N	M	E	N	T	S	E	G
R	D	O	T	U	G	I	V	W	D	I	Z	E	O	U	U	K	E	T	O

ACRES
BIODIVERSITY
CONSERVATION
DENSE
ECOLOGY
ENVIRONMENT
FIRE
GREEN
GROVE
HABITAT
JUNGLE
LAND
LOGGING
LUMBER
NATURE
ORCHARD
PARK
PATH
PINE
PLANTS
PRESERVE
RAINFOREST
RANGER
RESERVE
TIMBER
TRAIL
TREE
UNDERBRUSH
WILDLIFE
WOOD

Cruise

W	R	O	S	S	R	M	Y	S	G	N	V	L	C	O	B	F	P	A	W
A	H	C	A	F	T	F	R	T	N	E	T	U	O	R	O	X	J	Q	H
Q	Y	E	L	M	G	M	A	R	I	Y	X	J	Y	O	O	T	V	Q	K
L	U	A	X	L	Z	Y	R	O	N	L	R	A	D	G	Y	Y	J	Q	L
D	R	N	Q	R	X	C	E	P	I	K	S	E	U	W	B	G	V	P	X
Q	R	Q	U	Z	T	L	N	V	D	N	B	E	R	W	E	A	G	I	V
A	Y	P	O	U	V	T	I	I	Q	O	K	L	A	O	C	Y	T	H	P
H	D	K	B	Q	J	V	T	X	K	M	Q	K	I	A	Y	N	N	S	C
C	C	B	Z	P	K	S	I	S	N	F	W	C	T	A	E	S	I	Y	X
M	M	C	A	E	F	O	R	E	U	T	C	I	A	M	S	K	A	Q	R
T	A	S	T	A	R	B	O	A	R	D	O	R	N	U	Z	I	T	C	Y
W	R	R	B	O	A	T	S	W	C	N	E	I	W	A	Q	P	P	I	E
O	A	A	I	L	W	Z	P	M	V	I	A	C	E	E	A	P	A	N	L
K	N	T	V	N	E	R	T	O	V	T	Y	J	R	H	Q	E	C	A	L
N	W	B	E	E	E	D	Y	I	R	H	Q	A	C	Y	O	R	X	T	A
F	I	D	O	R	L	A	R	E	E	R	U	S	A	E	L	P	Z	I	G
A	E	B	L	A	G	M	T	C	A	R	I	B	B	E	A	N	J	T	D
P	P	R	A	E	R	N	H	T	R	E	B	Z	L	E	S	S	E	V	C
Q	F	L	R	C	E	D	Z	A	M	O	Z	E	D	K	E	O	Q	T	Y
H	E	Y	B	Y	E	U	M	Y	W	U	I	G	C	E	B	S	G	K	U

AFT
BERTH
BOAT
CABIN
CAPTAIN
CARIBBEAN
CREW
DINING
ENTERTAINMENT
FERRY
FOOD
FORE
GALLEY
ITINERARY
MARINE
OCEAN
ONBOARD
PLEASURE
PORTS
RIVIERA
ROUTE
SAIL
SEA
SHIP
SKIPPER
STARBOARD
TITANIC
TRAVEL
VACATION
VESSEL
VOYAGE
WATER

Vacation

Z J J C J R W M B L L J U M G U W D S L
Q E A Z M H R E O Q Q D U N G W Z M E Z
B Z S O D J S D I D G N I T U N R O P O
A P T G C X G B C B P T N I V F Y A N V
N E H T Y I E P U Q N E T H G I L F C H
L O Z G N A M G K Q M P I R T R P G N H
D L I G S I D A N N E L I B O M O T U A
M A X T I W R I I I S S R T H H A E V L
N C Q Q A Q I A L O L W U D C B J R P V
S I B O X T T M K O U E A A A E A A L C
N P J T U R R P M J H O K C E O I H E R
C O U W E I I O C I R A J R B O Y S A U
Y R O T R Q P T P C N C F T O O R E S I
P T N T U J T F V S R G U R R N S M U S
Z E L E I S U R E T N E M V D U S I R E
O D T F R G Y N S F B A S O R R O T E H
H S U E G U E E U H R D R O N B I T E O
T N L J J Y R S P S R P R T R N R V S T
C A M S T R O P S R E T A W A T O P E E
X U T R A V E L U O T R N T V X A P O L

AUTOMOBILE
BEACH
CAR
CRUISE
DRIVE
ENTERTAINMENT
FLIGHT
FUN
HOLIDAY
HOTEL
LEISURE
LODGING
MOTEL
PLEASURE
RELAX
RESORT
REST
ROAD
SNORKELING
SPA
SUN
SWIMMING
TAN
TIMESHARE
TOUR
TRANSPORTATION
TRAVEL
TRIP
TROPICAL
WATERSPORTS

Rivers

O O G T T R I B U T A R Y C Y G K E D L
S W J I A E E T Y Y A W R E T A W O O F
X S V L H R Z I K P E S I T Y E T F A R
B C P L L O T Q Z L U K H K D L D L W K
O S B K E S G N Z S P L T O E I R V S P
X Z T S D I N P G H H I S J R N I Y B I
H C I S X O A E B S R Y R J E E V E X J
V M R P T N Y J I I A S I W T Q E N O X
P K I T P E C X Y Y T E V D O I R I N X
A O V M H I A O D F E I E R H J B H L F
M S E Z R A S M N D S N R G A J E R P E
L R R I Z N M S B G E E F N U P D B W G
J A B B A N K E I O O D R Z O U I O G E
Q F O U B F D C S S A U O D F Z L D G P
V R A Z L D G N S S S T N V E L A D S E
M I T O Y A A T Z R Y I T H A L I M Z E
C K W P Y D R R E G I N M H G R T L A D
O E R T R E Z A R Y T E S X B C X A L J
E K Y O A K P J A W B A Z W O L L E Y K
C R J M K S F C B E R P T I G R I S I B

AMAZON
BANK
BRIDGE
CONGO
DEEP
DELTA
EROSION
EUPHRATES
FLOW
JORDAN
MISSISSIPPI
NIGER
NILE
RAFT
RAPIDS
RHINE
RIVERBED
RIVERBOAT
RIVERFRONT
SEINE
SHALLOW
SHORE
STEAMBOAT
STREAM
THAMES
TIGRIS
TRIBUTARY
WATERWAY
YANGTZE
YELLOW

Oregon Trail

B	K	P	R	H	W	S	W	R	O	D	I	R	R	O	C	E	L	U	M
K	Y	S	K	H	L	Y	U	S	W	E	S	T	A	L	O	Q	R	N	W
T	N	A	J	E	N	F	E	M	H	Z	K	M	M	E	L	P	Q	K	P
K	N	A	E	T	P	I	H	S	D	R	A	H	G	W	A	A	Y	O	D
B	Q	H	T	S	N	D	N	A	L	R	E	V	O	I	F	C	R	L	N
O	W	U	G	I	Y	A	E	N	L	M	I	U	A	S	F	K	Y	N	R
O	Y	U	A	R	V	C	R	I	N	W	C	O	O	A	U	G	W	G	I
W	N	J	E	S	E	E	W	G	R	L	T	X	R	N	B	K	N	U	V
A	M	C	H	B	E	E	A	E	I	I	I	E	O	D	B	U	A	O	E
R	M	A	A	T	V	F	N	M	U	M	A	N	G	C	D	A	E	S	R
E	H	N	U	M	P	S	B	O	E	P	E	R	N	L	L	E	C	C	S
L	S	O	O	J	P	P	M	N	I	R	J	W	P	A	T	Q	A	O	H
O	R	R	O	P	E	U	D	Y	D	P	I	Q	O	R	G	R	V	W	N
H	K	W	H	P	F	R	Y	K	U	F	Q	C	X	K	G	F	Y	W	M
C	E	C	N	E	D	N	E	P	E	D	N	I	A	O	E	S	R	O	H
M	X	L	K	F	L	S	E	T	T	L	E	R	S	N	B	Z	G	S	T
T	O	L	Y	E	L	B	D	T	N	O	M	E	R	F	S	V	M	N	R
B	A	O	X	U	Q	V	M	O	U	N	T	A	I	N	M	E	N	U	A
W	M	I	S	S	O	U	R	I	R	I	V	E	R	N	O	G	A	W	C
V	F	E	J	S	Q	J	O	T	E	R	R	I	T	O	R	Y	Z	T	J

BACON
BUFFALO
CAMP
CARGO
CART
CHOLERA
CORRIDOR
DUNG
EMIGRANT
FREMONT
HARDSHIP
HORSE
INDEPENDENCE
LEWIS AND CLARK
MISSOURI RIVER
MOUNTAIN MEN
MULE
NATIVE AMERICANS
OVERLAND
OXEN
PACK
PIONEER
PRAIRIE
RIVERS
ROPE
ROUTE
SETTLERS
TERRITORY
WAGON
WALK
WEST
WHEELS

Appendix A

ANSWERS

1 Word Searches on Main Street

Restaurant

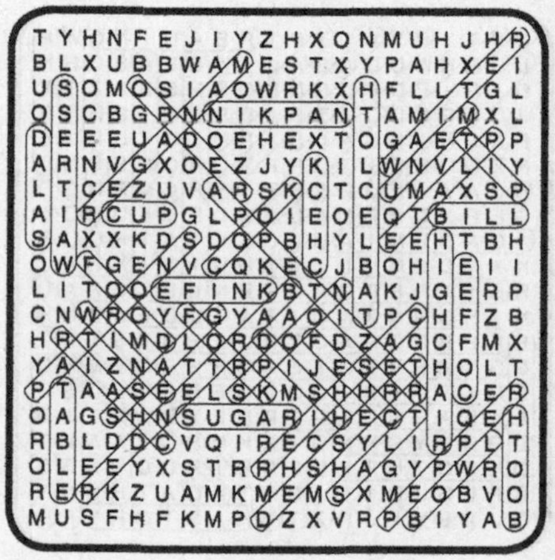

Bowling Alley

Shopping Mall

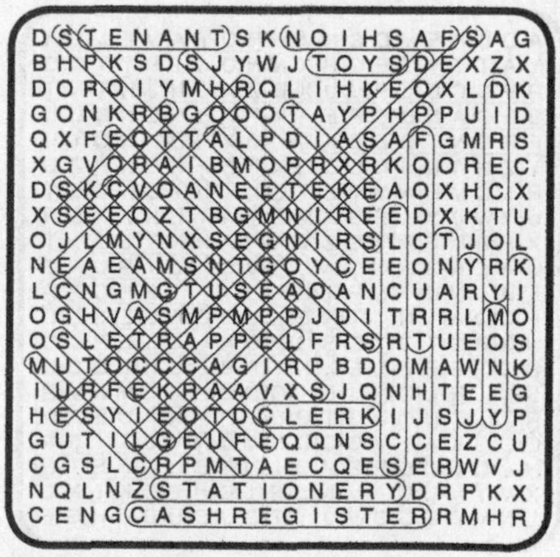

Grocery

Library

Places Around Town

B S P P E L I L S T O R E S C H O O L E
K W H C R U H C A D A O R L I A R H R A
P L A Z A K O P D R B F E I N N I A E X
L A U N D R O M A T D C O K S G U C G D
M C S V G P Z H Z F I E X O H Q H P Y Y
E D C U L Y O F E F A T H W S M L O T R
U B U N V H D H F M W C A T D T B L I E
E L R B F M P O S W B Y T N A O L I S K
S H D E R M M O L K G A O O A C Z C R A
V K Z A T A Y R H M O I S R R P J E E B
S T F S R A E R U S T O D S C Y J S V W
Z T A K Y T L S A A S I B H Y L D T I Z
V O E V A N E U T R N R K M E H M A N V
O T F E O U G S S G B H E L K O F T U Y
Y H H S M R E K H N X I O H A I U I L U
Q T I C O R N O W U O Y L T C W A O S V
K R Y A I A U H I R L C Y K E T E N G M
P M D F B S E G D I R B R I V L U D Y V
D R J A E L E L C H O S P I T A L B I D
C Y G S T R E E T R E S T A U R A N T S

Service Station

F Y F J Y T Q Q O Q U C A S H I E R H B
V E Q R Y O E P D M K R E G U L A R K J
V R G W R L M O O R T S E R O I L W U A
Y O B S V T B F N G Y E U R Q V O Q A P
A L K I A P S T N E M H S E R F E R M P
J I Y V D X W G S X M M Z N A Q L U A U
X L A Q Y D N A U I E R I T H U P G B N
S A O L H N G S N U E M E C H A N I C L
R X Q W O J T I C X B G P K S W K W T E
W E P A G L M M N O Y T T J N A U D X A
D Y R C S A O F D S M N U J O T I Y A D
P C S B R O A S U U B K N N I E O G T E
U A T T R E K I F E Z C E O T R Y B T D
B Q Y H Y C L F R H L U U L C Z B V E H
X C T P A U L Z M R S R P L E U N A N U
J A C N H E P D Z W M T D A R Q F U D B
B O S A R O S B P O R W T G I D E A A F
C L G Q X H N K M Q N O P V D D R L N F
D D E U I O W E I B I T Z C F K N Z T G
V O O D C Q O E C A R W A S H Z M X Q V

Car Wash

U B F W M A B T W Z Q C Y X G F G I R V
C Z M S S N Y C N J D M F K S D B Q Y Q
E E O T Q M G I Y A L V B R E D G Z D I
P A S N E K J X B Z T E Y T E G U G L K
P V R M U Y K G A Y C C E M R F R S H V
Z Q A W M S U F E B F R E I X G F N K N
D O A W C P F P T Q G T M T N M C U T Q
F X A S Y N T S H E L E Q I O M K X B W
E G W A T E R E N O M S L S U R D I R T
Z A H K I H K T B A L I S U C H P E G S
M V E B B U T Z B U A S C D O P N M N I
R S M P E B B K D T R A T S E J O O J G
F W J C C C J K E C V C E E A M Z R B A
K Z S L M A S D S U D K S V R A Z H D S
E A E L A P S H M U M H W Q V Y L C D K
T A X T R R I P S N X C R G H T E V T W
N G K E G N D T R S G A R E R F J I D E
K J Y R Y E T Y C A D E L C I H E V U C
Q R O Z R I N S E C Y P T M Y Y A V M Z
D K G E H H E L E P U J D E J P R X E Q

Hospital

C Q C U X A P H Y S I C I A N U L Y F V
U Y E U D V N K B V T N E I T A P F C Z
F M P B N I I T L T T S U R G E R Y L S
H X W Z N M R T I Y X N R O T C O D I K
Y N P J S G Z O A B T E E P F W Y L N M
A D U F T X Y A K L I I D M Z X H W I R
J R S I E D C B D X S O N R T U S V C W
Y P V N G D K A H D G I T R U A G U O H
A T R A N S F U S I O N G I E G E W J A
U M O T Q Y T M S A O W N N C T N R T R
C I B L B R C U E B D O A O S O A T T M
R O A U A Y R N E D I M R R I Q E M E C
E F R U L G J D E T I D I T D N E D D H
C B M O E A P Q A G E C U S D I I K N A
O A L O N A N R V R R T I A S C L C U P
R C N O N A E C L M I E N N A I C I R L
D H H C O P R Y E T Q T M L E U O S S A
S A O N O D Y Y S T O H S E N H Z N E I
D R T P M Q B N R I A H C L E E H W S N
O T M B X L I I N F I R M A R Y G F Y I

School

C P T Y P Y V I T P T R E A D I N G W P
L U R N W U D A E A J I W E E A S C R H
D I R I E D P U R D R Q R R S R S Z I Y
J O C R N D C I T S A D B U R I E H T S
P X L N I C U A L S I R Y T U T C E I E
H Z Q Q E C I T M K P T G A O H E S N D
W J A T I P U P S P T J Y R C M R H G B
S E P X C P F L A U U B D E M E U B O I
A C A D E M I A U L G S K T A T H O U S
K X V D E N U L I M T H B I X I K L W S
R K I N D E R G A R T E N L E C G P A U
Y I H D H N X N O I T A C U D E W J N H
E K S E D D R A C T R O P E R V S I O T
G G Y M E V S Q T E A C H E R C V M H C
E M X E T I S I U Q E R E R P E E C S U
L L E A R N P A P E R D F X R W M L I R
L G R D Y R H N Q T X K N S O V A A L T
O L E C T U R E U E D B I R O C T S G S
C P L G J D I L I S M T K O A T H S N N
Q J X B Y Y J R Z T Y H I S T O R Y E I

Bookstore

G Z P R M T P C H A I R Q F X S I F T G
Z T J Q N N E W S P A P E R S G G K R S
F O Z U Y R O T S I H Z M Y L K F G A S
S B E S T S E L L E R S G X U X U C V E
X R R E O K X H L C V Z O D P E A A E N
D O B H N X H M O F C G T F F S L X L I
T F P R W A Y O F D G A R J H A X F B S
D P D B D J K X T S F Z L R R M F P M U
Y S G U G I S R N X K F E E A F S A B B
S H G S N P O M J S C G L G N P E R A H
A E I G O M Z H E S I A A V A D E O R J
T L U R A S J D O S P Z F R B F A N G C
N F T N M M P N T E I I E E E A E R A O
A S C W T L P E O N C N R R W R H R I M
F E O L E C R S E V T N E I D A O Z N P
S K K H A V D S J I E N E L T M V S S U
N S C I M O C L N P C L I I U U A X U T
E I I J X M G G S E N H S H C L A S R E
E M E Q X R Q C L C C U N J E S E L H R
T R W B C O A I S L E T R Z U D T V X W

City Hall

U F E E J R P D K L R T X U I T Z Y E R
E C U K T N E W G L B I P N J I T S C E
E T G Y S A W C R A M M N T R O N O I C
C I Z M S G C X E H R R I H N E T B T O
I H X J I N K I E P O E B N C X U C Y R
V I C U S V M O F L T P T I M R U O C D
R F R U Q L Q S Q I S I L K E C E R O S
E S E C U C J H C E T E O A B G P R U G
S N Y C A L R I C R G R U N C M V I N O
L X A I R D V I Y A R C E Y A N V D C V
A N P L E I F J I B R E I C P R W O I E
P R X B C F I R R A B C B C H D E R L R
I E A U O E R S C X E O C M S T O A V N
C K T P P A J Y M I J Y L E A M R O Z M
I A V X M L E G I S L A T O R H T I C E
N M R O T U N D A Y F C A Z Q E C M B N
U W F E T A C I F I T R E C H T A E D T
M A L P A R K I N G T I C K E T U Z L V
F L A P A R C H I V E S R O Y A M D X E
D D G L H A D M I N I S T R A T I V E O

Park

W S Q Y E Z R E E E L B A T B Y J N X E
R A E T M E F C G S L J H A A F M V D G
F H I E T R A I N R F K W P S G I I L G
D K D L S L M W N E W V K L K H L E N X
K C E N P A A Z Y W F B J A E S W I L V
J H K E O L W L T O S H I N T S W U A D
S W R F F M Q Z M L T Y I T B S U E W J
V I A W L O A T Q F P G N S A X B T V K
F Y J L O I O I C I N C I P L S A R A K
F N I L B O M T D G I I X H L W L U I W
L R O G N E D S B L R T Y P C I L O S K
G O D R E P E S V A L A E I O M T C Y U
P E U C E B R A B A L A S T U M R S L X
D E U T R A S H C A N L B S R I E I B S
F T D G G T X B P Z R E F E T N E N E B
S E R T A E H T I H P M A I S G S N N H
V E Y X P L A Y G R O U N D E A B E C A
Y P S O H G L A N D S C A P E L B T H U
H O S O U N O I T A E R C E R N D Y B R
F X U U R S Q V H N E D R A G G A M E S

Hotel

A O B K E M C S N J H R O T A V E L E X
Y A T T Y T E Q P X N N O W I R Y Y Q O
R P C C D L P M U X D Z K O N J H T N T
B E D A N D B R E A K F A S T O N O U U
F R O N T D E S K D L G X R S A N O I U
Y Z H W U S U U O O N F E P R O K P Z O
R L C M H W M V B T G L I U I C W G E T
U M W J Y I F B X M E T A T E N X X E H
X F R M P M Y C Z V A T A H N T L G I T
U A E A S M W C A L S V C L E I S U R E
L B S N U I S R I E R G I F T S H O P R
F C O A I N T T R E L U G G A G E G E D
N G R G T G Y O S G P O H L L E B P Q O
G O T E E P L E L N T A B L C R E Q C O
S N I R L O R J E I O D D H Z E M E V R
R T I T U O U G T G U I H M K X O E A M
O O S K A L V O O D R M O N V L T I J A
H L O E O C R E M O I N N B U D G E T N
X V Y M U O A V K L S I C H E C K I N L
L N M D S G B V J I T B J Q U D U H G E

2 Global Word Searches

U.S. Capitals

U.S. States

Islands

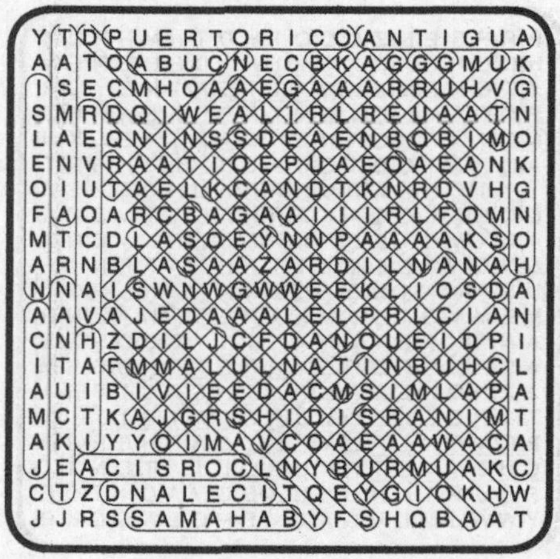

African Nations

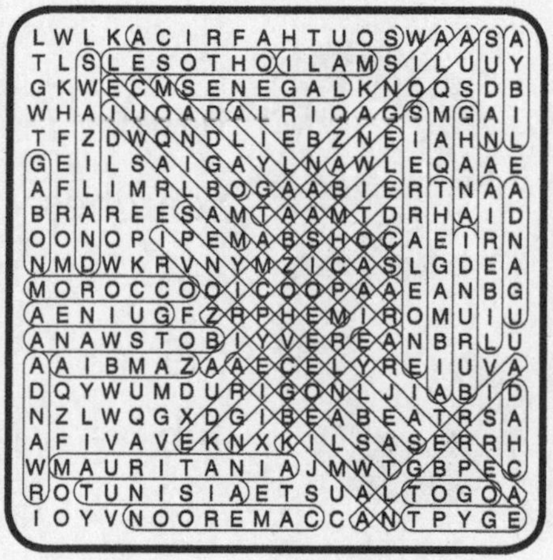

Small Towns

Canadian Cities

South American Cities

U.S. Cities

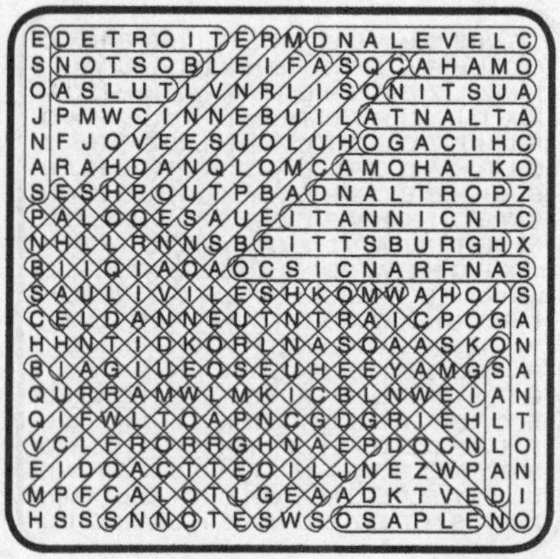

European Nations

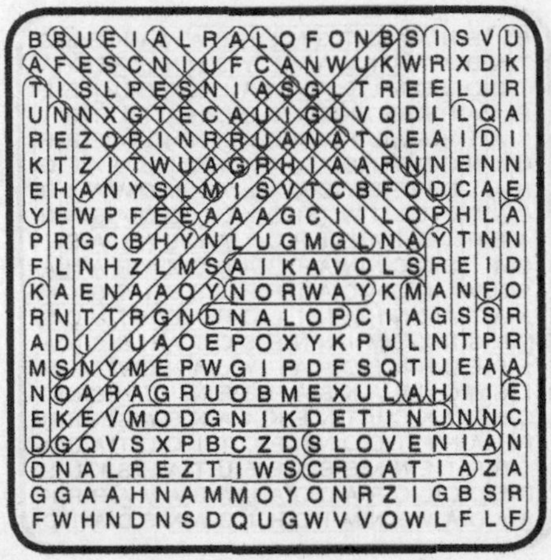

Asian Nations

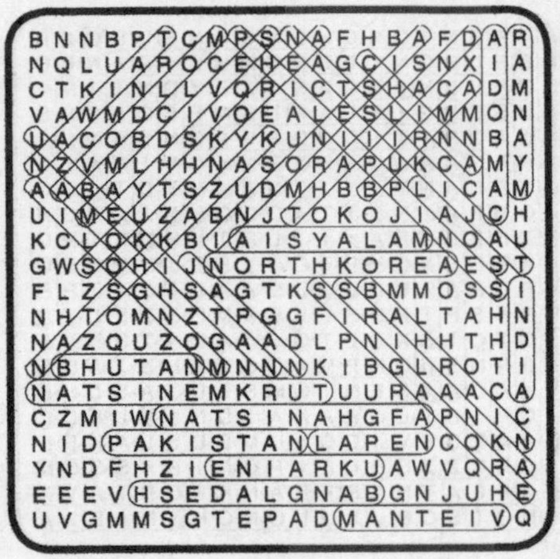

California Counties

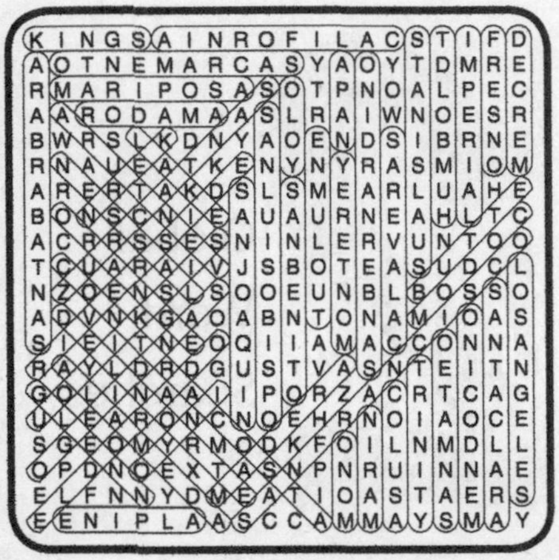

Florida Counties

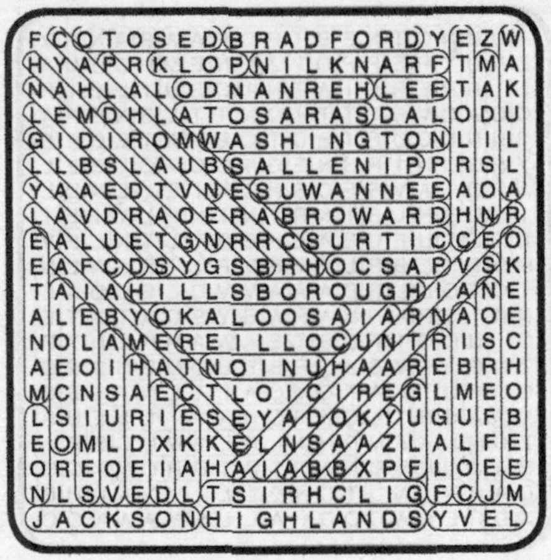

3 Word Searches on the Job

Careers

Know the Ropes

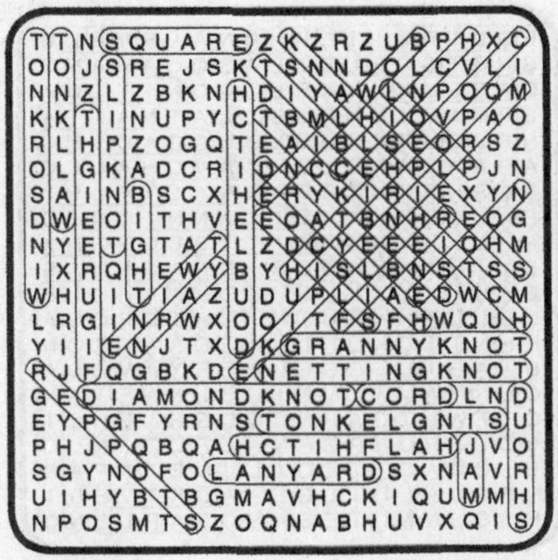

Lawyers

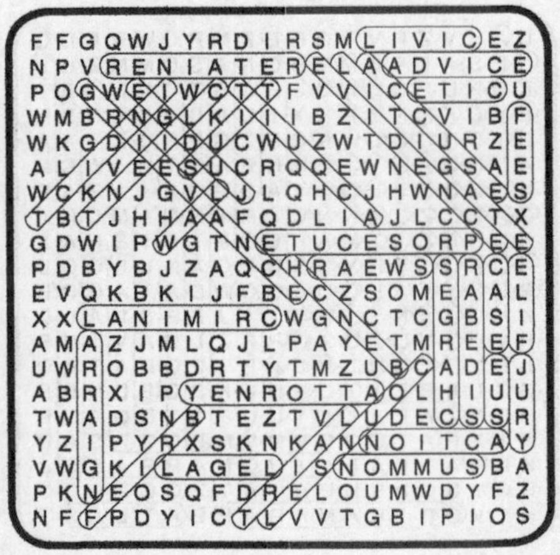

Firefighters

Artists

Doctors

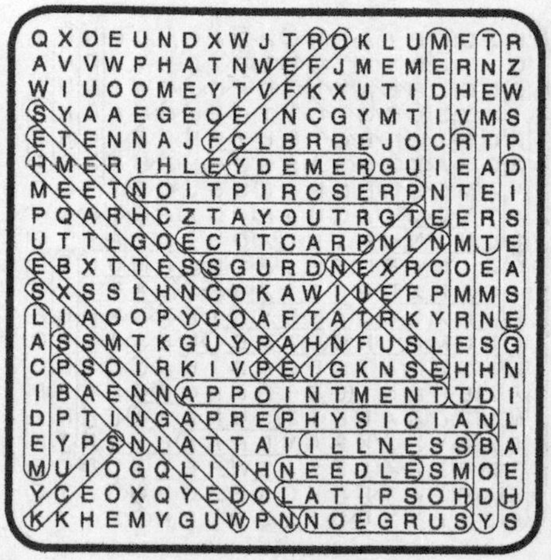

Engineers

Fashion

Police Officers

Teachers

Waiters

Chef

Postal Worker

Mammals

```
H Z D E D I A R H C H E A G L D H N K J
G I T L D Y E T O E S D T C R Y H O N I
G C O L R E A Y L O D F O I B W S O U I
I J Y E D O O I O I T G E L G U A C K R
R Q F Z G T B G T H K Y E R P E M C S A
A G B A E R N B A D G E R H R H R A D T
F W M G E O H O R S E U S J O E I R O C
F T Y G M J A G U A R F O X R G T N X W
E C H I N C H I L L A G U I N E A P I G
G Z I N W P O F U J R C R N A M U H E P
I G S R X R G F Z I Z H H E L A E S L O
P W H A L E Q A N E Y H I E V B X H E R
K N U M P I H C C A M E L N E A A S P C
H L S U M A T O P O P P I H O T E T H U
A L E R R N I E S I O P R O P C A B A P
M L Z O R A B B I T S U R L A W E H N I
S A E V P F K R A V D R A A B H J R T N
T M B B A A L E S A E W R E T T O D O E
E A R L W Y R R K O A E X O H W O K T S
R Z A P Y V U D I E G X L E K G R L Y I
```

Dogs and Cats

```
L P T N S H E E P D O G T E R R I E R L
A Y E A B R E N A R A M I E W O O V P E
B F S I L S I B E R I A N E I L L O C I
R G S N O G R E Y H O U N D Z N D G S N
A B A I O E S E N A V A J F Y O O M C A
D O B S D E N A D T A E R G B L A W O P
O R I S H O U D X K W D R E D I E E T S
R D R Y O T M N E O N E R E N B L L T R
R E I B U B A L H U L M N E K O G S I E
E R S A N M P C H I A R C E V X A H S K
T C H F D I W S E N E O P U G E E C H C
R O S W E O H W P T O Z A Z E R B O T O
I L E F H C T I R N P E R S I A N R E C
E L T C A T N I A U H A U H I H C G R G
V I T D O S E P E K I N G E S E L I R O
E E E R C V S A I N T B E R N A R D I D
R L R H E C W Y N D A L M A T I A N E L
K V E R T O N K I N E S E Y C I O Z R L
R R G E R M A N S H E P H E R D B A C U
J P O M E R A N I A N E S E N I L A B B
```

Gardens

```
E O F V R L N T T R U K R S A G H U G R
H F R M E S Z C O D V O Z P W F C D O D
I A H E G W F C L M T Q L P W Y L Y Q Q
S O R L Z L V K Q O A A S U V O U B C O
N R O V O I L G T F N T S M L O M B H W
G R E W E S L I R T A E O P P A T C H O
L S E P Q S L I R E E Q W K G H X S C R
Y R P U P L T A T D E I I I R O L P H C
S Z A P E E I A S R U N M N O S E R L E
L S L R N N P S O M E N T S W E V I R R
H I B D C O M P O S T F A H X T O N E A
B E O W O R R A B L E E H W U C H K B C
R S X S N V E G E T A B L E S M S L M S
E O F D P H C M O X H K E W R Q B E U W
H R B I R O C A H Y E Y I L P E W R C E
F P F R T K T N Z T H G U O R D T S U E
U K K T W M U U W K T L S C E F E A C D
D S M E C S Z R Q R Q L R G O G O H W S
Q Y Q D R A R E T I B B A R U R H X V D
D R A H C R O X U H X C U D M B N V B E
```

Insects

```
L L E F X N K M F S U G R L Y C M U P T
O I S Z I K R X I D I H P A L O E R K E
C V U W T O B L E L T E E B F C A E S N
U E O H W E V N S B P F F Y T K L G G R
S E L W U E K H G E O G V W I R W G I O
T W O C R I S C O U E L E U U O O I W H
F L F F X I D I A R B B L R R A R H R J
G M I M B I T B T J S Y T W F C M C A S
S S O W D E G J P N W E D E E H J D E B
H T H Y R I U R B X A O F A K E O E Q U
H L T M A O G P A J Y M L L L C V Q B T
R A I W A S P O C S A L G L Y J I I V T
K T W A T E R B U G S D F N E O D R L E
E N Y L F E S U O H X H A D I Y A H C R
C V Q M L G U B L L I P O C A Y T N K F
K C I T S G N I K L A W K P I G A A T L
V H Q A T C O T I U Q S O M P C Q R N Y
A X E N S T I N K B U G C I X E T N P G
R L L Q Q D R A G O N F L Y F K R C F M
F F X Y L F E R I F G U B D E B V K D Q
```

Birds

```
L P H E S M C J P Z X E A D P C R D N S
J E U S T R E N N U R D A O R A E U O D
T N M O W I J F P W O X O M C R L C O R
A G M V R A H V R S G O P T E D B K L I
P U I T M I N W T X O L X O R I R T B B
A I N E U C O R B T Z L Q S C N A Y L E
R N G K X R I L A O O U S U M A W N A V
T A B O W C K K E J B G C O T L I M C O
R V I M H A C E C G N K C E H G X K K L
I Z R E S O H H Y A O K R N H P T G B Z
D N D K C A I Q C O I G B T W O R C I R
G Y O P R C H I Z N E O I N O R E H R B
E D J C K R L Q G Y M N Y E R P S O D P
W Y R A L E S B R G G C O R M O R A N T
B O D A P A I P O A M A L L A R D Z I Y
D E L E Z R F O L N E K C I H C U M E R
E O V L D Z S E R E K C E P D O O W M A
Z O D Y A E U S P A R R O W H C N I F N
D Q A O W W S B C R A N E R O D N O C A
V J F M F S S T O R R A P K R O T S I C
```

Fish

```
Y M T G H O G Z K R T B H G U P P Y H N
T S Q C S R S L C E R L P S J G D A O I
K L W X O A H E R F O U E R I O O I T Q
T V Y U R S A C A F U E R D C F N B G V
P O P D I B X M P U T G C X O U D P Y N
T E I F A P A I P P W I H B R I F L T Z
R N T J G C G A I B D L D G E K I P O B
E A K S K N L L E U X L E Y E L L A W G
C D Q E I B O I D G U I T A R F I S H R
Z S R R A N S L F A A N O E G R U T S E
W E R C I B O R I L E D K D A S O L E P
L E O C F G U M R A O H U K A N T P U P
H R S H A R K H L G T U L C C R G I Q A
E A N U T L P B C A P W N L A O T E A N
M T J P B C R U G J S D O D U R D E L S
A O R A N G E R O U G H Y L E B R D R W
R X C C H I Q B A S S R X Q L R H A A T
L H M I N N O W T U B I L A H E F C B H
I B J A V M D S O Z Q F L U K E Y J B Y
N S D G F K F G C A R P A N C H O V Y Q
```

Flowers

```
L U Z E Y I A P Y D B C D A Z C A B L X
W I S I R L E I O B A Z I I L I V D O Y
G O D I N O I O S R A Q H L L J K Z T C
R Y S O N N W L N H X S C O E A A N U C
H B S Y F G I A D E C X R N B S I M S H
I H W I O F T A V A D U O G E M N U I R
B P A D A I A I H A N E F A U I E I M Y
I R T V O D O D I G D D L M L N D N P S
S I E N E L O N L P E B E W B E R A A A
C M R P E M O A O L D G U L E Q A R T N
U R L T A G D I K S K H O T I I G E I T
S O I Y E I N C P I L U T L T O S G E H
C S L B O S U P E T U N I A D E N S N E
A E Y L E S K C O H Y L L O H E R A S M
L W U T Y R E D N E V A L C C O N C D U
I S T E C N O R D N E D O D O H R R U M
L I N R E W O L F N U S C R O C U S O P
A O E L K N I W I R E P A N E M O N E D
H R M A R I G O L D H Y A C I N T H B C
G E X K B P A N S Y W C P Y P P O P A D
```

Herbs

```
Z R M P A I Y G A V G E Y T M J T L Y U
E F O L W P Q R Y Y C C L O V E R A P K
K U M T B H E W H I M H A X D L W C M M
A H A F H D W P R G C W H L I A S H E O
N N D W T K N O P V L S C V R H P I H N
L N R M N A C A A E A X E A L O E C H K
G K A F U I R P W V R R C E M R A O A S
M Y C B L S X R O I W M N U I E R R U H
A N M K F Y T R A O N N I Y N H M Y M O
R N K T I R Y A R G E T L N T O I C A O
O E J G C A C T R F O B E X T U N I N D
J D N J T M H T Z D D N S R Y N T E D Y
R B I B U E A S O R R E L E G D E G R E
A T A L C S M B G I N S E N G R L A A L
M H Q S L O O C S M V D P H B G E S K S
X Y X H I R M T J Z U Z R V K V Z E E R
I M D M J L I D F R E D N A I R O C N A
P E N W Y Z L I J O R E G A N O E K M P
K Q A L W J E C A T N I P O P X Z N N O
P N Y V E S I N A H X Y Q X M S Q L I T
```

Trees

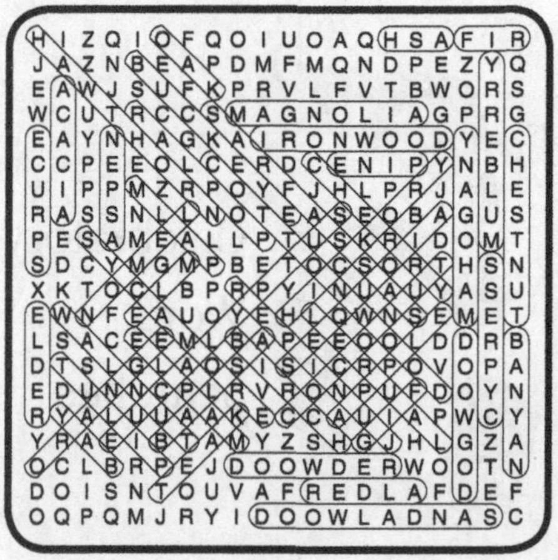

Snakes

Monsters

Shrubs

Weeds

Reptiles

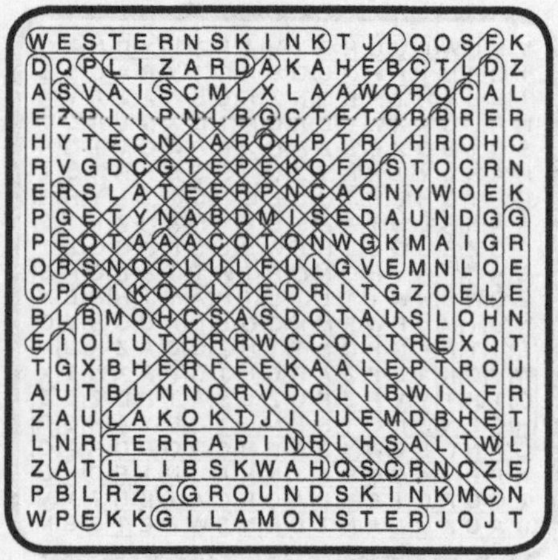

Cats

Horses

Dinosaurs

Endangered Species

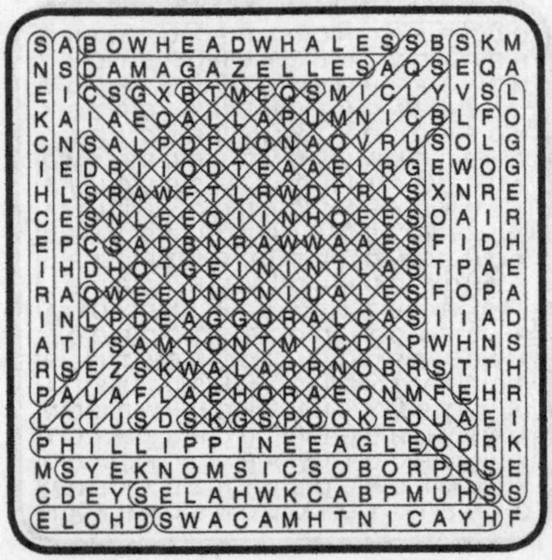

Pets

5 Celebratory Word Searches

Halloween

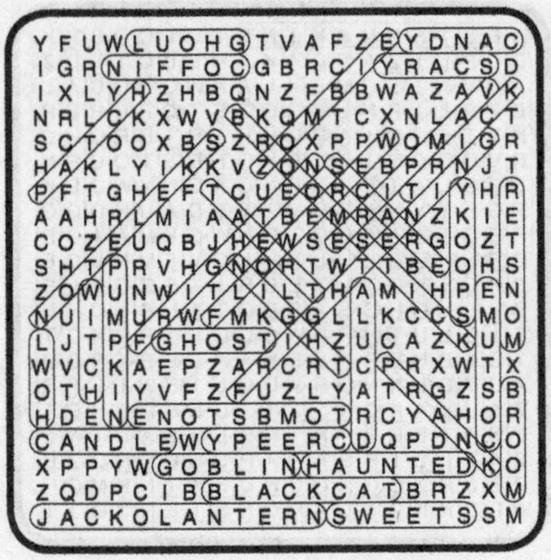

Thanksgiving

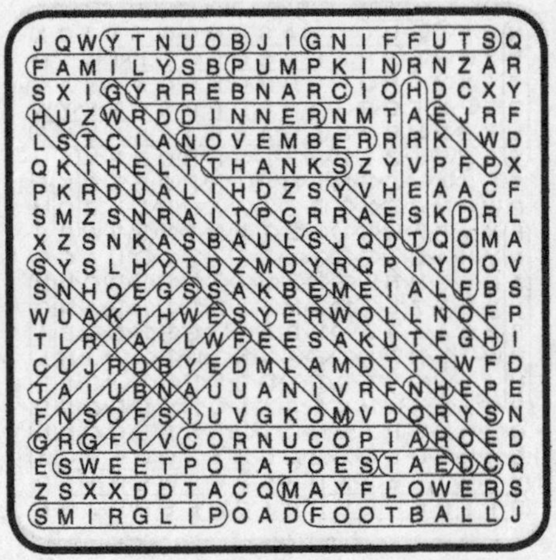

Christmas

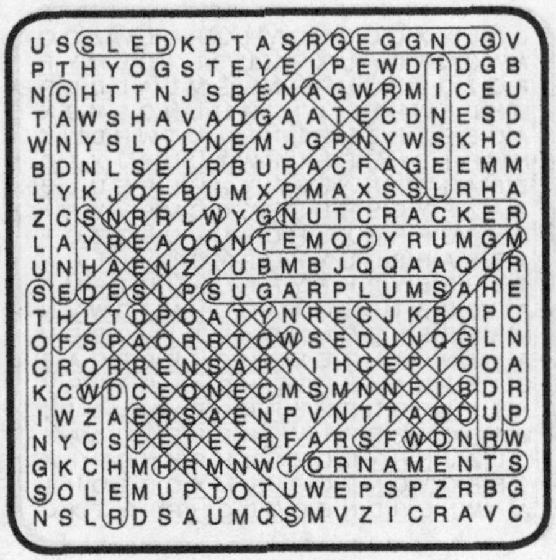

Easter

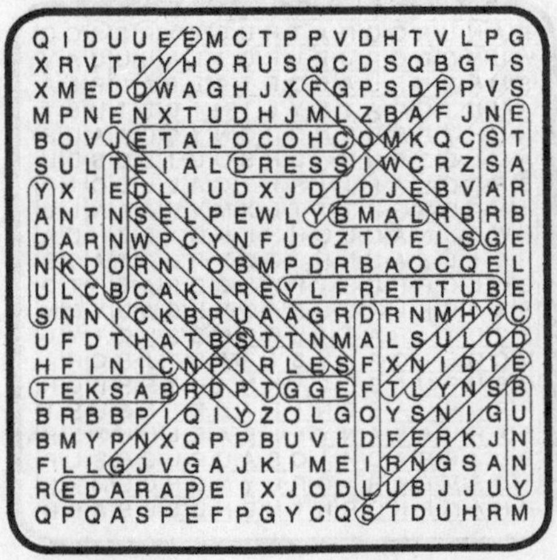

Labor Day

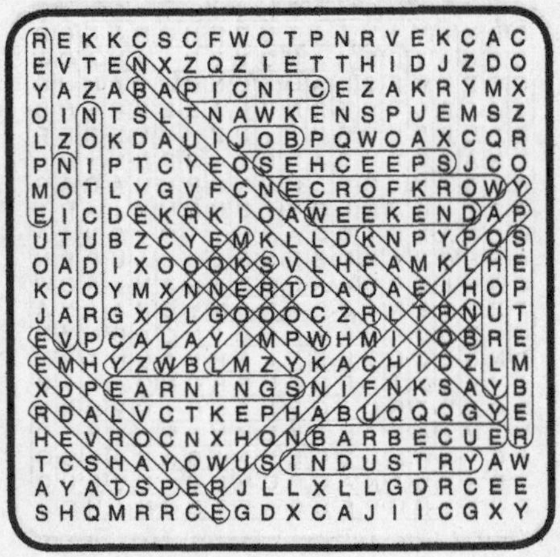

Holidays

Fourth of July

Birthday Party

Traditional Anniversary Gifts

Parades

Valentine's Day

Party Supplies

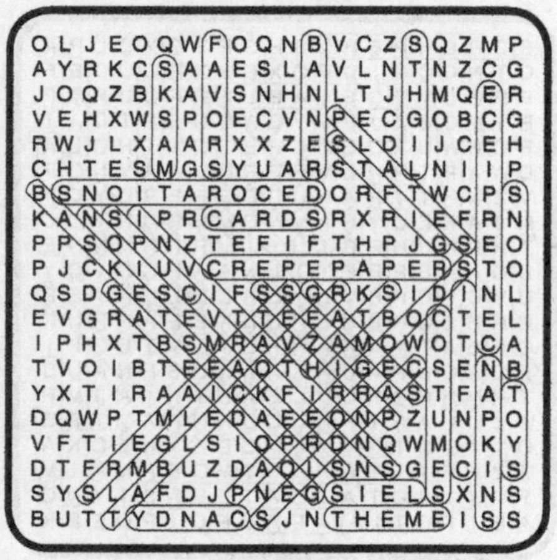

Baby Shower

Hanukkah

6 Delectable Word Searches

Cocktails

V E P M U I S P E M R F L O Y S Y N Z R
B T E M I Z A Q T E C O O W R O R T I A
F L L F R N F T V U L X N H A K Q G R N
W Q A A F G T I I D J N G I M I I E I J
Y H Z C R O R J F A A S I S Y H L G U M
R C I R K D C A U T M T S K D M O Z Q A
I E E T W R S H I L O O L E O A Q P I R
R F D E E H U L S M E Y A Y O N C Y A T
A E R N I R O S C I O P N S L H Z L D I
E C G O A P U O S R R X D O B A Z I A N
S G N N O X L S B I C I I U A T I F S I
F E G M I L E O S Y A Z C R T T F R O M
D C S N I T R L P I L N E K I A N O M O
L O X N O J S I A D A B D H R N I D I J
C M S T S G Q K E Y O N T Y A R G L M I
N O O G A L E U L B D X E Y G G S A V T
C I N O T D N A N I G N A N R Z T W G O
P I N A C O L A D A D C A W A J Y G P C
E L P M E T Y E L R I H S R M P U W B P
T E Q U I L A S U N R I S E B R C Y B Y

Fruit

L M R Z R X A T N W M O M H O W M P M J
Y I H A E A U Y A O D K Q W Y V A E R P
I J B Q E N S T A E L X U B R A N A C W
T T Z Y O P E P W P U E L D R P G C F A
D L I C R R B N B S A U M S E Y O H P N
I A O U M R G O J E E P L X B R S N I Q
C C T E R U E W Y B R F P S N R T O N G
S Y L E C F O B E S B R I P A E A M E T
B O Y N A I E R E T E L Y G G B U M A O
N G R E N I R P W L N N A G O L Q I P C
T M R G T Y O P A Y K A B C L U M S P I
A K E N A U Y N F R J C R E K M U R L R
N B B A L A V A U G G Q U R R B K E E P
G A N R O H O N E Y D E W H U R E P G A
E N A O U C H E R R Y R A E W C Y R R E
R A R A P N E T A N A R G E M O P Z R R
I N C P E O L S T R A W B E R R Y M P Y
N A Y P N M D I A P L U M G R A P E Q W
E B Z L V E R X M T I S V N G F M D D T
M V T E X L S Z D E G C Y K N L R S B R

Vegetables

E S Z W M P W T L W J O H L L C S I P B
W R X P G O Z B N H N S Z E V P O I J U
C Z M M R R P U T T A O T H I W G E S R
A U K W E K E N R U O T I N R A D I S H
D C Z P E W L B Q Z U R A N I B P V W L
E C K W N W A S M C C C R A O E B F R E
Z H W Z P F R T E U H Q P A A E R E S N
S I J P E O T M E V C U O R C T O G C T
N N I J P X A U C R M U T U S O C U N I
A I C U P Y R P R P C I C I Z K C V T L
E H A K E C I E K N C R O Y A R O H S S
B D M R R N G I K H I Z E D R A L L X I
N F A K S G N A O F L P D S A E I S L M
E O O R P L L K Y C I O L A S C L P P Z
E O A L L E E S U G A R A P S A O E X K
R P A R U T A B A G A I C E D C W V C D
G N U B H U R R E W O L F I L U A C A B
T G S T U O R P S S L E S S U R B R U Y
E Z S O W F P E A S K E G A B B A C I O
B B B V O Z B E U Q C Y O T A T O P N N

Pies

S D R E H P E H S R H S P T G Y C L R A
C T N C C S I D P G X G R X R C U D E F
F R G L V E G E T A B L E R F U U P T F
E Y M O B Z J E V Y Q W E C C S T D A I
F C B W U X Q C O L R B T O I T H C L A
D W A P T R H L M E E R C V W A Y N O P
V Z N H T Y R A P U D O E E E R D Y C P
N J A K E C Y E L M N O M B B D R T O L
T H N H R H R B T U I I M R P R M N H E
S O A N S E R E T T L N A A E S O V C Y
U V C P C R E V L Y U B C B L M A T S E
R R R E O R B B E P U B K E E A H R U N
C E E A T Y W K A H P C T L M T E G P I
F Q A C C F A U R K A A N U S E N A U C
T R M H H S R O D L E A E I N I A J M R
W Z U G A F T F B U C D N N R A V T P E
O T I I S T S Y Y E M Q D E I K E O K A
J Y K F T I E E P N U T M O B P M P I M
F R Y Y J O T A T O P T E E W S T Y N C
A E I F C T L M A E R C E C I P Q E B K

Sandwich

N J P E G Y O Q S C M N C C X T C M S J
L I E X N E L D H C W E Z F S O E M B P
W Z T O M O F I V G F A B E T A O D B R
F U W I W E C I V F N G L E L K L O M O
O Y Z E A K A A R E G R U B E U L A W W
P S G F E A G T B S R G O D T O H V M U
U Z F N Y C L U B Q D W S E G G L O P I
O H Q M L B E H B A A A U N H R F C M F
F D H P Q R N L L E L H A R N E S A D I
T R X T N S I A A M A L B O S D R D A J
P P Y R Q U S V O T S I R C E T N O M J
S A U S A G E N I R A M B U S O T Q H N
Y F C E G S J S L E N J F A L A F E L N
A Y L E T T U C E X U T P E M X B U H O
R G N S O U S K A E T S U O K L B T U D
G A D H X O R T E T H W T V W R T J Q X
P V K I Q R I K R Y R C A L I D C A V H
H B B B B P V W E C S K Y I X B I H W Z
E V M J O S R B J Y H Q M V L G F R W N
A D L E P D U N Q J U N L Q I N P J Z H

Breads

U I T A L I A N S T Y U G R R S T Q E P
N T X Q P M D I N F G W O U O S H G L C
L Q V G V V N A L A E H U U A Y X N E C
E F F K V C S G R L U D R O K K J H O U
A E H S A S R L C N T D T Q Z U S R M I
V Z I S I T I A P J O I Q F F R N W H X
E T N O M C I J C U P E U C C D L H U P
N E R U L E H P G K I W H C O K L O S J
E C R C T E L H A V E I H D S G O L H O
D B C C X A K B G D M D G I T I R E P H
D R O O H K S C A X O E W P T W B W U N
A I Z U F C J L I T R S P H O E S H P N
N O A E O F E P H N O P H O E N C E P Y
I C O N S K E A F A R A R S P A E A Y C
S H E D A N R E F R B E S E I O T T E A
H E J C I D S Q C N E A P T T R V S A K
D V E S T E Y R W A R N G M T Z I E R E
E O I A M U F F I N K O C E U E E I R Q
H A C C R U M P E T F E C H L P J L L V
R K K C A L B V A L L I T R O T B U N N

Candy

J G N M I N T D P W E P O R D M U G N C
Z Q X P T C K S H E U C J U J U B E S E
F C P P T I E W I L P H I C E H E A D J
A H P R H O R L Q N O P A R M G L V Q L
M O F A M B T T T R Y N E Y O T D X X W
R C X L D C D U E T D D D R W C E U O B
G O L I R L T H T Y I N N A M L I P F B
V L O N V Q O R C T A R T A P I O L U S
N A L E O U A O E C I E B P C P N T O M
A T L E N S R E N M R F A T C D T T U W
E E I D A N F O U T C D R O U E R G N O
B Y P V F F T G A Y E O R U R N G A R L
Y F O W O T E F C I D N U S I N A A H L
L F P T O L F L D A B N C G I T B E N A
L A Q C B Y S N O A R O A W H T T O P M
E T U B D S A D L Z T A E C U D B I F H
J M U Q I C H L Z C E H M N K N R Y C S
P B B K Y S S K H V C N A E O C S O I R
U O S U G A R P L U M E G B L E O E P A
A N O U G A T K C K P O V E P G W R V M

Cheese

O C F F A S D E T T C F O N T I N A P I
D U Z N O M T X G K R N U J O U L Q C C
X W U W S X E R W M H E K F Z D T Y K L
B A M Z S N O R I T A D A T G W X W R A
S L T L R D M P I N D A T D X G A N G N
H P E T O W I G Q C G M E P O E U L B L
X K A T O M J D N N A K F R K H W Y B M
K O P R E C S S V V C N G F E B B D M S
B T R N M F I E S A O O C H E D D A R Z
B E T E M E R R J I N P Y U C M L Z M N
D O I Q D E S N H Z W C V O A D N C T R
S Y P R Y A S A O M G S L K D A P A R M
D R T U B I S L N N U B S P R R F M O U
M Z R U M H A A G A Y N X K O S A E F E
A G A L L E R A Z Z O M R V G M R M E N
F J P C H Z U X R Q U E O Q O O M B U S
W J I G S A O L G W D L T S U K E E Q T
K G K T K A S U T E O G M D D E R R O E
P F W L O C C C I N G O A T A D D T R R
C P K N H C W L E L I M B U R G E R C Y

Condiments

T Y Y X L E N N E F S E V I H C E N H A
N X S C S E V I L O G E M T U N G S P E
P O H O R S E R A D I S H G H S I P A S
A Y M E C U A S R A T R A T A D L V N I
R R S A Z B B O G J C F D L A E T C C A
S R L U N J Z D L I C A A R S X H O H N
L U R A G N E D R A N D P A Q I X M O N
E C J E H A I E N A D G U E L R I B V O
Y Z L J D N R C C R T C E I R N H E I Y
N O I N O W P W E U E S S R T N O N E A
S P I C E I O S X N A A U L O N Y I S M
Z Q Y X C W S P P R U S I M A E O R Y T
V O G K M I Q W C C A O N G G T X A E L
P Q L A N G S N E I E G E I N A L G N A
H E L G O D P Z R M L R E E S E Z R T S
S B U T T E R E A F O R M N Z I E A U C
R E L I S H P S V U V I A P I A O M H W
I V K Z O P E H W Z P I H G P V S H C S
C F Y X E S A K C H I L I P E P P E R G
X M P P E C U A S Y O S C A T S U P E I

Wine

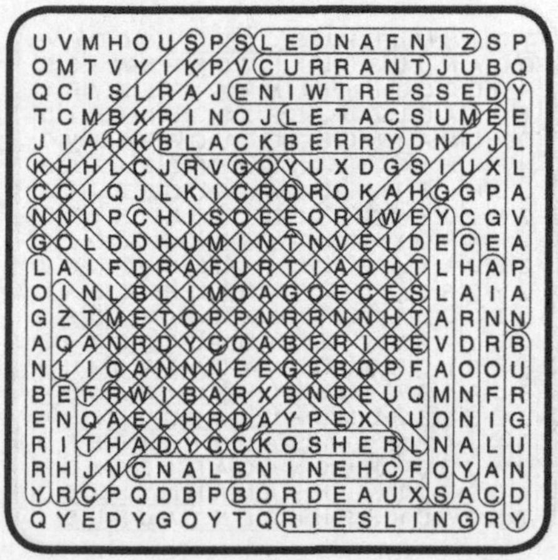

Salads

Pasta

Liquor

Beverages

Soups

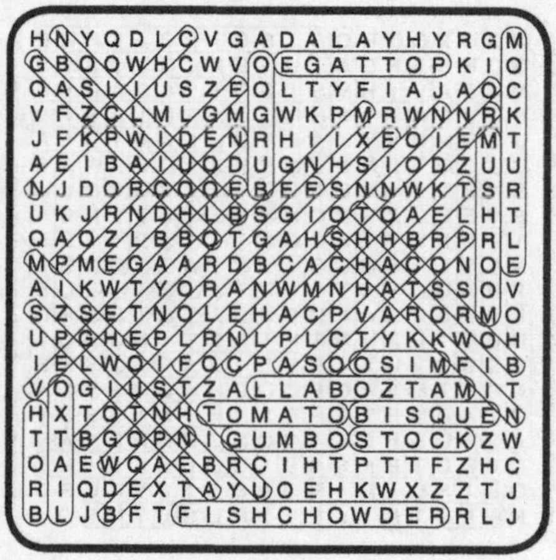

Sauces

Seafood

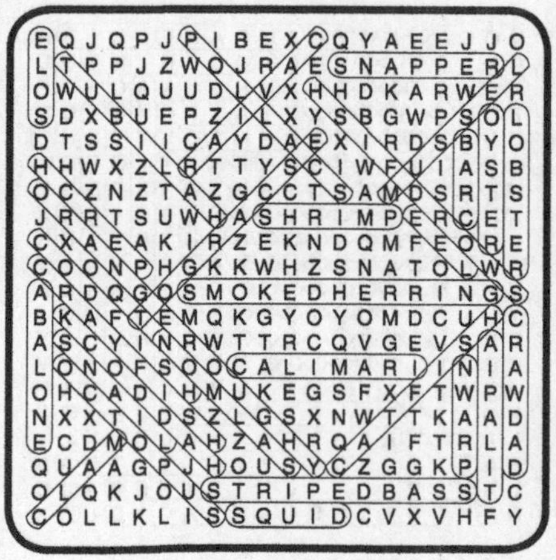

Italian Foods

7 Scientific Word Searches

Body Parts

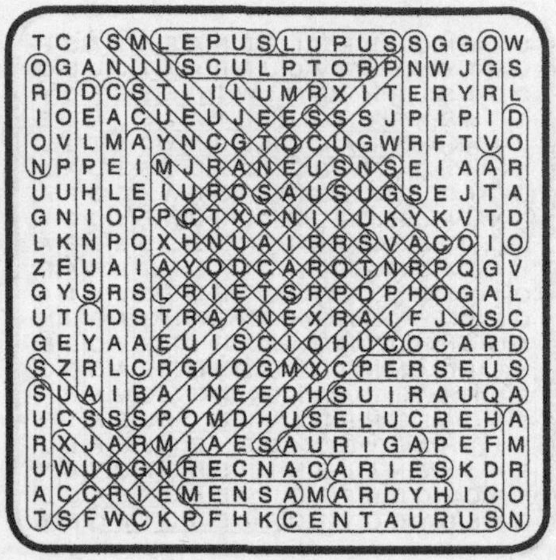

Constellations

Diseases

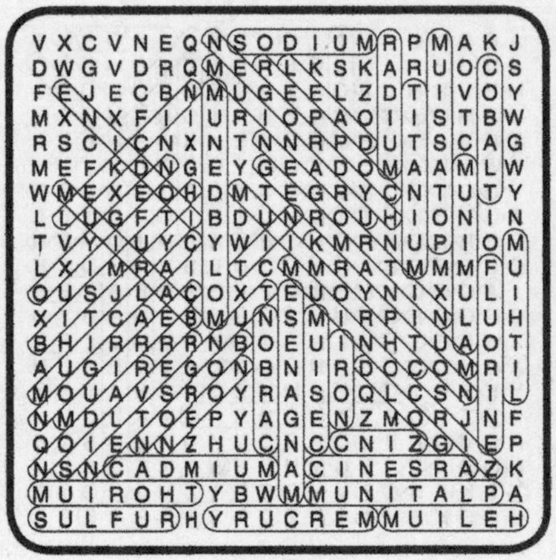

Elements

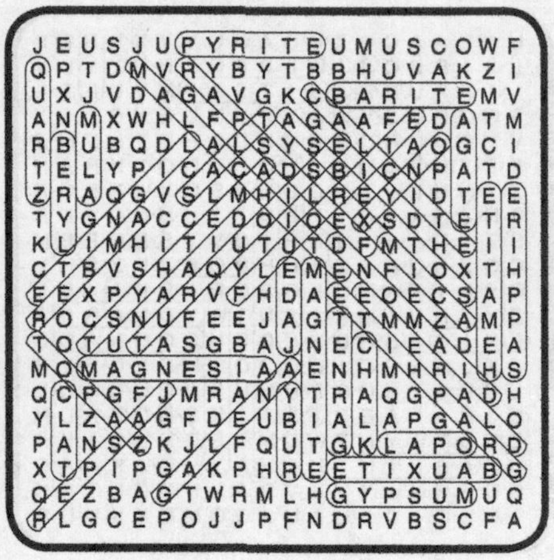

Minerals

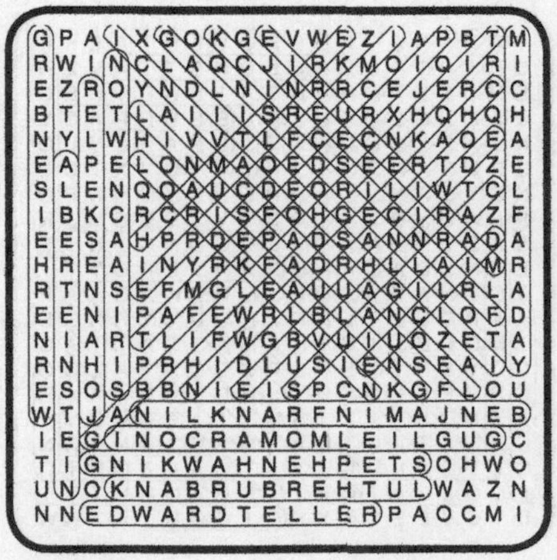

Scientists

Medicines

In the Lab

Bones

Geometry

Astronomy

Fields of Study

Physics

8 Compound Word Searches

Ball Words

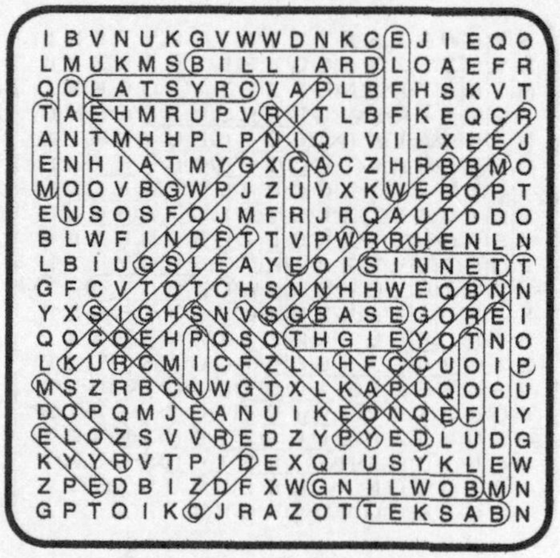

Book Words

Day Words

Green Words

Q B N A V N U I D S Q B Y I P C F Y L F
T F V N U G P C A R D P E A K J E S S C
F C Z V M Y J E H J E O T L K Q B B T L
O R R M J J Y N A B R K A K G E P M R P
W I N T E R Y H P C C L E D R O L U O V
R X K C S P T W N A E L E E M N S H P B
E P D W C U R B B F L Y T A Y I S T A J
V D Z I T B A K L Y E F I Y I O X Y Y Y
E X M F L A P F E H C L X F E N M O O R
P D B E V J D K G T F N J B L N W Q P W
T A X S R F Z W A P E P P E R E S U O H
M A P G D W T O L T S V N C N E W W W G
X M Z V N B L M L P J A O A V T L E B E
V O R G Q I O K I W S L L I E G D A E S
G T A P L S T W V C D H L A R B X N S F
R W G U F V W T L Y D O Y O D H T C A P
K V C B M D V B U I H W C P O G L H X L
S S B J X B M Y U P N E C R F A E T B U
O D Q V G C T P E S R G N C T Y A N S A
A L V B W N G E R M J R E P M P G G C A

Snow Words

T O H K E N E M Z Z M O N X K G K S F S
K F R Z T X Q G M M W F N Z U H S N X T
W W J E C J U B D L A P F D W P Y I E N
X X H B V M O P X L Q I N S L M M A R B
T F Z I L Y O B T L A C U G S E Q H T E
R M D G T J G B L C Z I D S X N I C C W
U P P Y I E J Z I T T O Q G E V P F H T
K U I Y G D I O A L C R A N X U E O D L
L Z F L A K E L J Y E I E K N A B R L F
N N A E J P W Y X L P T B W A K I A R N
H I Y A D V B D A B L M R A O B F P N V
H Q U O V B A L L E C Y A A V L H I Y E
A M J R E Y E X M G W A I N B G B C N E
Y L T H R O W E R M P R P O U A O I G T
S Z Z K C X X M Z A I Q A Q U N L R L Q
T U Z T M N L H A K P R L P E T R L L S
O A R V J F I O U I D P E E P P I P P H
R K Y D X G L Z N N Q A Y W O T N R K O
M Q J C N W R C W G V B V R K C A P E W
B L I N D L Z V T O L V D G S D K Q O D

Anti Words

L A G N U F T U S T A T I C I P L O Z U
C U N M W L T O R T E T V U E H E R O D
U H U A S D W D X N H K H R T H T Y T V
L O D R N Z Z J C I E P S E M K R D N U
I D L G D U L I B G N P H V S O X K A O
A E X A Y U T V L I I I C I T I R D D M
T P H K M O O F T R S M R A Z L S J I N
G R E N I H R Y A T K E M V Z A C D X V
G E W B T E A N A U T M L L P I S D O V
H S I E E N T M K T A Q S O Z R Y D O B
T S A Z E K I T A L P V O G H E Y W P L
Z A E L J N K M F S A A C L P T H M J C
Z N U O E K K N C N R C I Z O C A L I T
B T K K T D I C C Y T I A R D A U T F Y
R A E L C U N X O R I T L A Q B C A T C
Q X H V I R U S L L C P V E T A R I T H
Q G D I U R E T I C L E R F M C V R I R
A Y H T R C T I Q H E S E I R A U J T I
V V X Q L M G H Q V C H L I R S E U B S
N E Y N Q S O K I M T C A G T U C Q R T

Mail Words

S B I E I R D F Q K V V C X I H X X W M
S N A T R A I N B T N I G L Q H T A S I
E E K G F N A F V N M N D M Y U F K B B
R E P D D Y K O K P Y V R I T B M D B B
P R K L Q F G A R R S E B S I S Y H R G
X G S G Y Y O Y G E D E B P R O W G W A
E F E A L Y J I G R G M A U O R A V N T
V Y Y M I A N Z O G O I I G I T S I C L
O V L K N Q Z S C B X D S X R E O E R I
E Z S C I N O R T C E L E T P R R M I A
C M J U D U A R F K Y V Z H E I K B F N
G B K O R E Q U H C U N X T D R N N L S
Y R D B V F B A A A D R O P O W E L U R
S C N O G S A N T L K G M J C L A D E J
C N H C E L R C E B K A L A G C S I E A
V R Y A E L I K E W L H O K N I R T Q G
K U H G I G P W S F U Y O Q S R P J I R
T F B C F N X O B Y B U V L A E C I O V
R E K N Z Z S G H L T K Q C F X A S X C
D E I F I T R E C K A S U Q S K T X N B

Cross Words

E R J R A P V S E I X F T E L B U O D N
H F S H T Q Z B K G D A O R X A Z F T Z
Y S G J O N U I A O G T E S C M Q M C N
H U W Y E A R O K K O L A A M Q Y O E O
U Y Z Q H H S E F K F I L E P G U T N I
R Y T F K R Q T H R A I D O B N P U I T
W V I C W Q R A Y T L S L G T B M C M C
A O B H C A V F T W U L P R K F F O A E
P O R R B S C G Z K I O Y L R P Y E X S
V N M D E S I T A N F W S G R W C C E H
E L D E G E T W A E S K L E E N W O T A
O Y D D G A D T R S C H V W E C A U U I
K B Z W L A E T D E T O O R H U L R O R
W B O K Q R I T H N K I E L R L K T D W
C E M W S L R C E Y I F T R Y T K D X E
Z A T B I S I E S I E W B C F U D O R D
S M Z Z N O R I D R T U S W H R Y I E D
C U E M D V Y I P C H A T C H A F Y V G
U N S Y P I H U P X E D N I V L E F Y U
O Z I J S D Y J R E S S E R D X M L I G

Card Words

O J Y I M W P A M I G N I D A R T A A M
M S X Z G H P J R D C W N H T O W P E R
G G W I O T J E B E Q I H F X A G M L U
V H T C T O K X F N W L F Y A B B Q Z F
Z N Q T F J D U C T A D R L O E P N S S
R M S B V N R I F I Y D A C R H P A W Q
Z E C O G F E R Y F Y Q H S T A M P T I
Y G Q A N K Y T C I C J H T H T M O O R
I X S R S L A D D C X I U P S S L A J E
T U K D B N L R E A P R G I L G A V D G
L N W I G U P Z Z T O P R N R A A L D R
E B N N W O S M F I E H Y G I E Y M F A
S H A G K T L I O O C V A R Y Y P I E H
T C L S I F H A N N W O D E V K R O N C
R P O B E C A E T E L K H E A X N R R G
U O E R N B M C C A S B T N G J V A A T
M D Y U E I A U E M C S R T A B L E B C
P P P A T P E L Z K U R I T R I C K R F
S J X R M K R Z L T Q R B C H P U E U B
C A L L I N G Z S T S O P T G W R R A X

Step Words

H I G H P M I S J Q Q O E H N J R K S Q
R O R F S D I X N V M C V B H U O Q D T
I P A E B E L U L O R Y S A C P N Q J C
L Y V V T K L R X T T V L B Z A R E F T
N A W V A H Y U M Q E F A X Z Q Z Q T S
Y F W K K R G L J N I J A B T G W W J R
E C D V E R Y U Q X L W T T T H E R E I
P B T D X Y K B A K G B O R G L N X K F
A Y D R D M T Y B D D E O Q V C H I L D
H A L E H O X H S Y P A F E U M J Y S R
L N W T T T A H E D I S N D N I X F O K
N C M S V H Z U R G T Q R C E U C O D C
R B O I U E T N E R A P E T E S D K S O
Z F N S I R R D D B N J H W G L O O Z L
S N A J X D E K R P P I T O W O N O J X
L E E T M N V J S D N F O F Y O N W G P
O I Q X H T O H E O U P R U A T T M W W
L G U Z T E G X U W R T B K F S B U S P
Y Q Z B N H R P G N U V G R O A S O O R
Z P J V E J Y L K D W L J K F K Z J U B

Back Words

J I V X H K G L A Y P M O P E D A L F H
P D X Z U D X I M B J Y D Z A C H E A P
P Q L R W Q I S K W S U P A U P C N A X
E A B O P H R C O O K T K M A V D C B S
C F O Q H O B K Q I O I R N Z M K D J W
U M N I O L L A F U C L C E X N O Q O T
T P E D Y Y A P V K A C Y P E U K G R O
P J A Z R T G W O I R R K B B T R U F B
K V I N T L E N N A H C T L B O O F C R
X W F Y N S U N H C J G E E U C I Y A E
T U O L U G V C A R A S O N R C B N X A
B P R K O U R L W E L Q D L E W R E L K
Y R E L C O L A P N E W N A O C A V Q S
O E V S P X R M G R O G T M Y P C K E T
E P G R W D U T U U H G R E E N E X A D
P A D P O H X A H B Z O K L A T A E G E
Y P B T O V W D L F S S R P F T B M G E
O W D Y S R E K R H S A Q S D N E B T F
N W U U U D B W F L A S H R E H U N C H
F G H Z B X J X G D I M P O R D Y U B Q

Out Words

S P R W R X S X Y V V A J O G V T F H L
N V E Z E Z X K S G X F B N U A K X Y K
M I B A T K S N U P Z E T I L O C K A A
P G M Y L M C N L P F H O U S E D P M C
N T U E A L R E A E V I L D U V E N T W
O S N R N R K T H C O O K G S R K P A S
Y L T M X I I U G C P P D W F W A L N H
D D I U S E L X F Q Y B L O T A R U N N
K R P C N D F A N U L I R R R H K A F R
P O E T E V L Z B A H M J R U G Y T Z H
Y P G P D L Q H C R C W C T H G I R A T
K A D U A A H K P D A O E L Y K B N S R
R I P L F R U F K M E A K K O S G A A E
Z I W B R E A K B R R T Q O A S L D S B
U R A E E D S H I D E X O Z O T E D U S
J O Q R X B Y S H I N E I O V L S R T R
O N U V J J K L L E S Z Y B H T N A O L
G S U I O Q F N S T R E T C H S N L A Y
A B L O W C N J A Q D L E R U D L Y T H
X Q O Z D O O V O R P O R K T P A L Y A

Point Words

9 Word Search Fun and Games

Dances

Hobbies

Cartoons

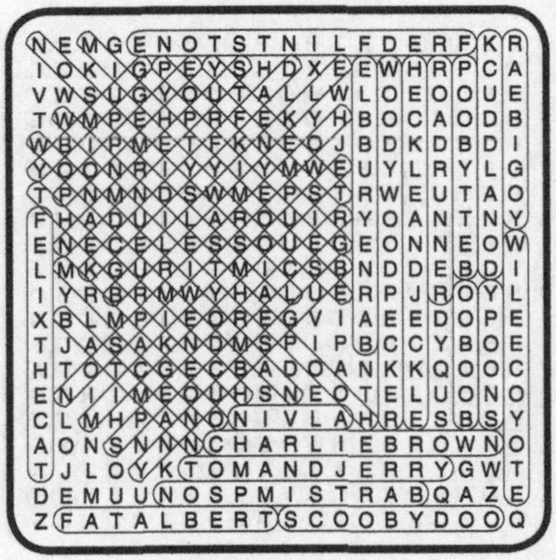

Baseball Players

On the Baseball Field

Football Players

Picnic

Swimming Pool

```
N A H Q J Z W S V T R S M W C T O U R B
H I M B K L W A A A B K N S L D K Y G J
U P R W K I I U F W S N T A N D Z J S G
C O U Q M N P T U T F U F P X I E D A W
M T B S I C V A R S V R H A I V P T A J
W L U K S U Y O R M O T O X U I I W B N
E I I H U M K H U T E A T I S N D K E L
T B T S N E S S A K Y O T W I G M E A T
S M C H Y Y C U Y F C Q U W Q B V P E W
T X S A Q L F I X D S H B O N O S H A D
S W I L E R E W O H S F L O W A T Z N A
X S V L G B W W G N L P I O W R I Y L D
K D U O X Y G N D O A T J H R D R L E R
R I W W A B O R A T O X I R S I E R V A
N R M C C I R T C L R S E P L R N V I I
T D R A U G E F I L T D L E B G Z E D N
U W R S L I D E A L D A W M W A T E R C
B U A C B X M U E A S O U L E K R O N S
E N J V G K O S L H T X W D E E P B T J
H B C Q E K G L Y R J F Z D T Y T T F B
```

Tennis Men

```
S I F B E A E H A R I E V G M P O N G J
I M M J S B W L E N H V N H A P I J H A
T T I H I F M V A S D I A N L E A C M R
I G T C T M A O A D M R C N T I I X N T
A U T I H L M R C E S H E S L T L E H I
L I Y O D A U Y L W O Y K A S E D T D M
U L P O N H E F C G E C R L G L N O O R
R L R W T Y R L O O I N E D I A N D I A
E E K R Y E R N C R N A N T F B S B L Y
G R A G T E Z O K H H N L H U F S S J A
S M P E I A M N C C A L O D O S I G I J
A O P Z L N O W I H I N G R Q J W L S I
T V G E X R W M S B E E G T S K W Q C V
I I S I A G O R A N I V A N I S E V I C
V L T A M K E T N O C E L I R N E H U P
D A U P W A Y R O S C O E T A N N E R K
E S G R E B D E N A F E T S T Z A Y M H
B O R I S B E C K E R H T I M S N A T S
X T R E B L I G D A R B P A T C A S H U
M W F U I L I E N A S T A S E U D E K O
```

Basketball Players

```
C M C P E D L A B I H C R A E T A N B L
N A H A Y T S X O F K C I R K L S K I J
O D A R T A A J W N U R L L A W O E L L
T N R T G Y M U T O H E K R R I G V L G
L O L I D H O L V M S G S H E L N I B D
A S E S E T H I F E I G Q C E T I N R K
W T S G R R T U G L R I E I M C W M A M
L R B I E O H S A K R E N V A H E C D A
L E A L K W A E R R A M O A B A K H L G
I B R M F S I R Y A P I L R D M C A E I
B O K O I E S V P L T L A A U B I L Y C
F R L R S M I I A W R L M M L E R E J J
D R E E H A I N Y O E E S E J R T Z E O
M A Y E E J F G T D B R E T A L A F R H
V C B T R K U I O A O X S E B A P K R N
C S C I A X J U N E R G O P B I R S Y S
V O M H Q P B B S M R D M S A N L Q W O
A L L E N I V E R S O N B P R C G B E N
L E D O M I N I Q U E W I L K I N S S S
O L N A D R O J L E A H C I M U G V T Y
```

Sports

```
Y E K C O H J V B F M N E W H C U R F L
I N O T N I M D A B L S J A Y R H E E L
O F C Q Y G J S K D S O M T R I I C N L
W R E S T L I N G O C M G D E C C C C A
S S S T Y F A N R U E B I I H K E O I B
I A K E V C G C R R M S D F C E S S N T
N I A E O E A L T F C S B D R T K H G E
N L T K F L I H O U D E N L A G A O R K
E I I S C N R O S R X S L A T N T R A S
T N N A G O T G A B K A D A L I I S G A
S G G H W B N I E I B G B G L D N E N B
T J C I A I L G I D O L T N A D G S O I
I N N L L L N N N G E N E I B E G H P C
C G L W I I G A N T W N U L E L N O G E
K A O B W S H I E G P B Q D S S I E N H
B B G O Q W F N O L O P O R A B T S I O
A Z R U S R N R U G B Y R U B O O F P C
L T A P U I G N I X O B C H Y B O I K K
L S M S S P B A C K G A M M O N H J O E
H T H C V O L L E Y B A L L B S S G R Y
```

University Teams

```
L L S H S N A T R A P S H S H S S R D F
O L E O S S G S E T U O S A R R M M F Q
N F L O K T O C W C K B W E E E Z A Q Y
G C O S C E L F O I O K U I I G G S R E
H S N I U K D N E R E M L C N K R D D V
O B I E D C E S I Y N A M S K E S I A M
R U M R S O N T E T V H R O K E T U I B
N L E S T R G S P A T E U A D N Y D H R
S L S S A S O B C H V A M S O O S E W A
S D S C C O P F L A G R N S K H R O S Z
N O E E D O H S E U E C M Y I E L E S O
I G L T L N E B R L E I A P L V R K S R
U S G Z I E R S I E R D M R E I W S G B
R E A A W R S O E C H E E R D A O A M A
B Q E Q L S B F V I N T I V H I T N G C
H U R R I C A N E S G N N Y I O N I S K
S R A G U O C R W D E G A A R L I A X S
M S L E E H R A T S I J A S P M S U L K
C O W B O Y S Q T V O L U N T E E R S S
B O B C A T S A N E M E G N A R O U D S
```

Olympic Hosts

```
M O S C O W L H E L S I N K I K U B O E
S I U O L T S O C Y A R L G C W E Y L W
P E M R V E R Q S R R O R U Z R K B S A
V J E W A Z S A G A N A R X L O O J A V
W R L J S O Q W U D N B G I T N R M R P
X I B Q T L U J O B S G N L E M Y A A P
I B O C C L A N O N I Y E R A G T D J R
S V U E R A W U N T N T G L K C I R E E
H H R S T E V I O Z V I A H E V C E V W
B X N R M R A V O P K C O C O S O T O T
X A E S L T L P Y L D E R I M N C S Y N
A R R U L N L K W I B K O N L A I M E A
J T O C C O E E C M A A P U O G X A N P
H E N U E M Y A R T A L P M H A E P D A
S C D A P L L E H J B T A P K N M Q Y R
Q X L E L P O E K P K L S O C O F M S I
R F B G E T N N A I Q A S H O R O M E S
X K R K O S A B A S R S S R T P W P I J
K O A R E M M A H E L L I L S W E K J O
V L C H V S A N K T M O R I T Z O S L O
```

Chess

```
L J G D G L A U X B O A R V S Q T P B D
D J R G N I N E P O V E T K O Y U W X E
T P A O J R H R X U T K N H V P R S N D
B T E S C T E S G S V I E F O N R D Y B
K H S Z P M P H A V O N M X V R G A W Q
R G D E T A Q M C E R G A K Q A S R K Z
E I L V S B D G U S O O N C M W A E Q R
T N K S L N X I J B I B R E P O H S I B
A K K O A R E S I G N F U P V L S M Q V
M Y O R O F J D X O Z L O X K G M D D A
E W G H P R G E V O M U T I E Z G C J C
L R H B A I A N O I T A N I B M O C H E
A E E X W D M D R A O B T E V H G E C S
T L Y K N P B Z F U F R S O R R C I T D
S T H D C Y I R X U A N R O O K F R Z U
B S Q B V E T F T P E A W U M I A K Q N
X A L W O T H H W F P Y X A R T K R O F
G C Q P Z Q P C E S G V T C E X J A R A
W A S I T J C D A H D E A G K C A T T A
O B R C A W G K J X A S Y Q U E E N I K
```

On the Football Field

```
S N V C P R T P Y I O J G O F F E N S E
Y S M B T D H B D T I F Y O L X O Y C F
S L A R M M E W N P E I I P A E G B A U
H A L P V A R F K O D F D R N L X T Q M
O N I S Q R V H E P I T A M S B L U Q B
T J N C O V U Z U N K S Z S K T A I R L
G S E R N Y D K E K S C S J A R D Q N E
U D M I F O C G D V V E O E T O B O U E
N K A M Y I I G L Z U M Y E S J V V W E
P C N M K L P S J Z N F R K J S F E S N
U A F A T A E O R G L B I E K I O C E Y
U B Y G W O G V M E A P I E E S O P N A
G F S E I T U Z S C V B Z L P R R U D R
R L E O S N Y C K D A N D N E U E P Z D
A A Q A H U V E H L A G O B J N V R O L
S H H K B P R L L D O P O C E I I I N I
S R E X O W K K V A O A A S R F E G E N
X U Q K N Y K C L Y R W Y N S O C H E E
S M V Z E C S A S D T Y N A E R E T C H
S T A D I U M T M X Y J H P Y M R S S F
```

Hockey

```
E M A N G G A O D P O W E R P L A Y I D
H J U G F X T S D G N I T O O H S Y Y T
Q M X P G G T E E K C I T S W D Q K A K
M U M K S U A I F D N E F E D E V U W Q
L G X M U J C G L K C U P Z R X X X A P
B J R M B A K M E G T S I S S A T V K E
E U T C L Q E I C O B R E A K O U T A N
M D D I W I R A T A E C I Q K N I R E A
M W N Y M G S B I L G H G C E J T K R L
G F A U K E H U O T J E E Z I O N C B T
U F A D O T O F N E N C B T H N R I Z Y
J S X C L B F U J N D K L S A E G R A T
T T B C E O E A T D R N P S F K N T B B
E A N E E G S R I E U A A E D E S T T L
Z A I C E X U D M R L K R H T R Z A E O
X K A R Y U H A A S O E E F K S A H I C
Q F Y E G E C I R P E F W V X C D O G K
B P A S S I N G B D F M O O A Z A O B E
B W R A T R U W U V L I Y N K S A B Q R
H M R J D X N W V Y B I L X J L P I C L
```

On the Basketball Court

On the Tennis Court

On the Golf Course

Olympic Sports

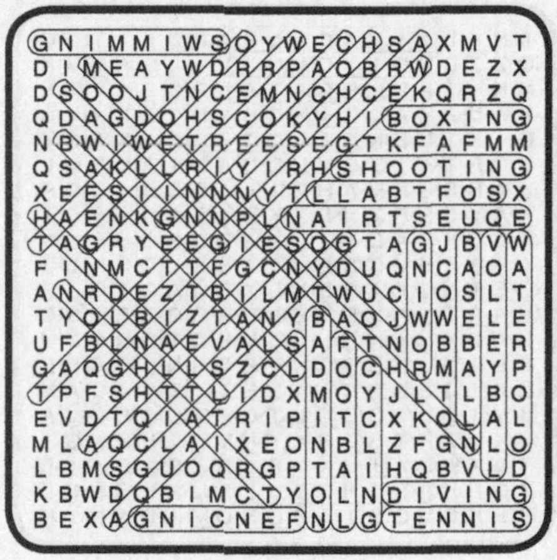

Golfers

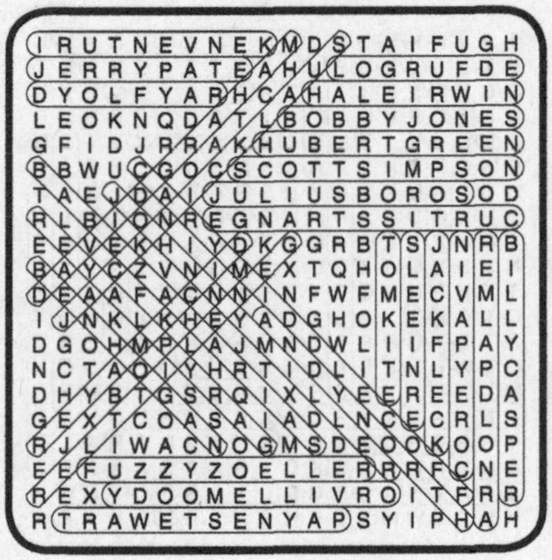

Auto Racing

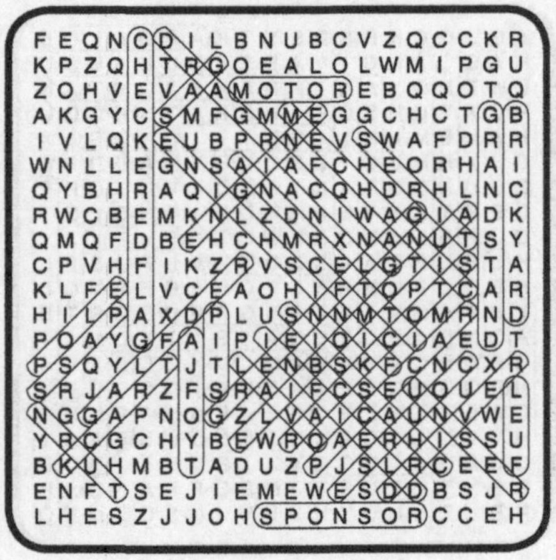

Cards

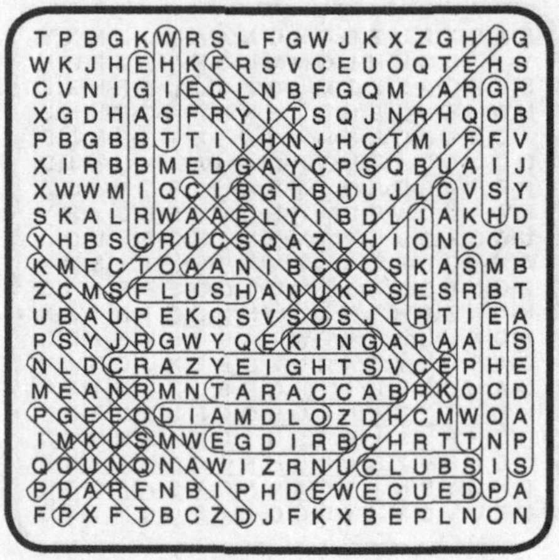

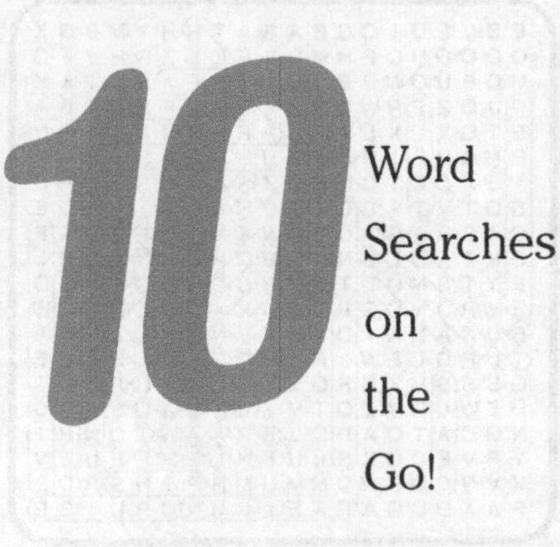

Transportation

Bicycles

```
K X G R N L S X E P D J C D K E C C S H
S I V I I Z I E M W K C S K C Q Q Q P A
U D B K O M Q U Y S R U E X R S Q D O G
G R R H U T P E M N C O U V R O R N K A
S V D F S Q A U R W X E O O L U F A E X
L E K Y O K O I O O L S T O E A E T S L
O M Q S S T T Q L D G C C L N L V S H E
U W N T P X Y F D L E U L O B S X K O M
T U B B E I J A I L I I N A O B M C R E
A S H U E S S B F H A G C I P T V I N T
N S P P D N J E X R S C H S C E E K U S
D N Z P O U R X E R H R R T S Y D R K P
E J U G M Y X D M E A S A O C H C A Z I
M J E Q E P X I A F H B B E S X B L L L
G A V P T T U D E I C R E S G S B I E C
R K R S E C L N F R A Y E L X H B D Z E
E R I T R I D T A K R A A Z D B J A P O
U V H C G E E N E I T X S L K N F V R T
K A Q H R R K L O Q N C H A I N A Q M Q
O V T L S X P P I E L C Y C I R T H F Q
```

Automobiles

```
A C A M S H A F T C Y L I N D E R E E N
I J T H G I L D A E H E N I G N E M S R
R T S U A H X E D A S H B O A R D E U O
F L A D E P G E A R S H I F T O A R F H
I G G Z S E A T B E L T W H E E L G S T
L H E A D R E S T I G N I T I O N E H R
T R E T S O R F E D S I S S A H C N O A
E T N E M T R A P M O C E V O L G C C N
R E F F B B A E E T R T T F E J R Y K S
Y A U R U N G S A O A H K T T O G L A M
N E A M N U A C T E G N A E L X A I B I
L K P E A C H A S I O L E K O H C G S S
E E T G K O R T L I P H C T U L C H O S
R N S N M E E G T E A S H T R A Y T R I
A A A E L K N S S G E N E R A T O R B O
G R T E C I U N T F A H S E V I R D E N
C E C U K B E R E T E M O D E E P S R Q
R C B R M C D L E I H S D N I W H O O D
A E A O I D I F F E R E N T I A L O I L
C P C L T A I L L I G H T B A T T E R Y
```

Fast Food

```
C W M N E A K W N A G G R E N E I W U Q
V H J E X E X F M Z I R A O C A T S U M
Z B I W Y N J E R Y Z I Z C G D C P T H
X B A C B J K C P J L L Z I I J P U A M
M A A K K U S P I H C L I R F Z T S R H
C A S L E E R E M K L E P M K F N T E W
P D M Y R D N R K D C D J Q L R E A G W
A Z U R F E O N I N D I F R D E I C R O
E H M E E K V K U T I X U R K N N J U D
H C A A Y G X I K G O R I Q O C E T B J
C K R S Y C R Q S M G V D N Q H V E M P
P I S A G O D U Q N E E I O G F N L A M
L Q A D C T N V B T E O T O U R O I H A
G N N M C K O N H E N P D S D I C F P L
R U D C U U E R A R S T X E C E C H U T
H I W L J S O R I I O E I E K S O S H A
V F I G U U T N S H S R E J N M O I C E
X H C O G N G A S P F E H H A I K F T H
G Q H H E S C N R U O U H H C U I E E I
O H T L N M N H E D D I N N E R E G K Q
```

Rockets

```
A G J G C K B S R S Y T K A P O L L O E
H A Q I J H C I V A F F K Q U U A U B U
G W Z N Q Y A N I E R E H P S O M T A N
H J X T U R E O P I H S R A T S K G O U
H A M E M L R I I G N I T I O N R S L X
C J X R M J O T Z Q O L E X M A E D P C
Q G U S Q G D A K I P C D K V C T Q R E
D E K T A K Y R F M A D V I O H Q L O T
Q J F E E W N O B P W O T N F U E L J I
K L F L F C A L S Z D Y E V L P J S E L
H E O L F N M P W E R C R A B F F Y C L
L P T A M V I X Z A S G G P U S O R T E
A O N R A E C E E G A T S I T L U M I T
U R W E C V Y M M A M L M X Z C F L L A
N P Q S H R E F I A S V A I Q C U U E S
C W E Z T N P V C S R A P N S W S N R T
H V L N I G C Z K E S S N D D S E A A I
O J E G L L U C G Y J I B V E E I R O B
R E N T H R U S T J M E O F F A R L S R
R E L Z H U U Y H Z L V J N S O Z M E O
```

Sailing

```
I S V N K B Q R J E N I R A M T R I M K
B T B D E B U P W Y T A T T A G E R C T
B C X R E E I I A T A E G A Y O V E X K
R H T O P V O L T A I T Q D L P D B M P
P H D B Y J T V E C X X S E L X V T G H
G W O R T P L P R K K M S N O E K P A X
W U S W M K E D Y U S S E B I E E S L S
S H N O U N A R H H E T O C T A T K L L
L O V B Z K W A M V T A R A B A M B E O
N E D V Q W Z O O A T R G O R Q K I Y O
T T H P N X Q B V D I I O B P F N J Q P
Q V C R Y Y A L L K V N O W Y X O G G Y
Z I E A O O P I T A F A S A A A T E B V
G B W F R P F A N M R B V A O E C S C N
M L X B A X E S S D M A S T I I S H B R
R E K A N N I P S F K E T C H L D H T E
T W S C H O O N E R G N I G G I R A L T
S N V K O S K D K C I S A E S A X D R S
J S A V N A C N C D L I A S P O T G W A
K V D T W M T E E H S N I A M S H I P W
```

Railroads

```
A H K L I I R A C E L B A C S E I T E U
Q Z T D N O I T C N U J V E L G A M V K
M K I I P P M R O F T A L P C S Y Y I N
B W N Z M A J G I H C B Y D I L X A T C
O I K I M E N C A B O O S E F I X W O V
B O R T A I T O V N D C W L I A D B M L
J W R S S R M A H P I L A S C R J U O R
F A V S R P T N B F K R J P A N T S C I
K L O K C A Q T I L T W O G P O H E O N
I R A E M V C C E N E T S S L C G N L J
C E T N O F A G E L S X R D A O I G J P
M A R T G P E C N E L E R G R Z E I S C
U W O X N I N L L I G U R C T O R N T U
E L I O J N S T B N P S B R N G F E E P
G X I J E B S R E A S E T Y E S A O A M
J N I P L I G S C L T G E A C T E U M A
U K U Z H T S D R A Y N M L T H R N G I
T L X W D A T U N N E L R T S I B A I E
T D E H P S C H E D U L E U X H O Q C L
S F K C M G L I A R O N O M T B W N I K
```

Airplanes

```
L M P C P F P S D L A T H C U E R O T Q
Z U C Z R I N A A S A I R A J E K I Z F
T J C W U H L V C X J V X B H L C X G Q
J E F A O A A O I Y D D E I T K V X V H
A N J F V T B Q T C K G Q N E G M V G K
L A G X O G U E G M A S P T L P P X N X
K B I R O H P J H G L E V A R T D C I L
L S Y R A A N Z G T R A Y T A B L E D G
A H A U P A C U P E G F G K G T F E N R
A T D M O O L Y G G F R W E D L N K A Q
I O T B N Z R A U O R A Y N K G L S L P
R V U E S E L T E J H T O I I L L D I Z
C E R Z N E G K F Y N T B N Y A W N U R
R R L U S D A Y T G T I E U U J I Y U Z
A H L U D T A T X U F I R S T C L A S S
F E F N G D I N B O R E Z I L I B A T S
T A D N M K E L T M R O D C O A C H U T
I D I Y E J L R J E W B O T H V P L J A
V W P V E A P R O P E L L E R T A E S I
Z M O F C L E R A F R I A N Z U Z M U L
```

Submarines

```
E B M L U I O G B A S A T R H Y M B G X
Q O O O H Q F H M G E F O L Z G H Y F G
U Q B U O W G B U B X T S E A E D I K K
P J O Z F R W Q H Z A C H Q F H B I B A
E T G X L X L R M R P R O P U L S I O N
R N Q M E I U O E S U B M E R S I B L E
I E A C E I C N R O Z S B X H S L V R C
S O T V T E E C T T D H A G T I L E U E
C A B B A G A O D O N E M I D F S B A F
O K T R O L S N U E E O P U L N A D R L
P Y T B N O L T O N B C C R E O A R S O
E V R D N O G R C C D K A D O E R U C W
B U S A K A I O Y K K E N F H T L O U A
T U R G L E W L R I H O R K R I H C O E
G B S S V X K R O S C C L W T U P E H S
H Z W L R V Z O T V Z U T U A O S A T D
N G C A T O A D O J B R A A W T Q N P I
Y F V E C G B S L U F N L E H F E U E V
X V S S Q R W O M M U M R P I H S R D E
F A X D U Q A R A E L C U N C R U I S E
```

Car Names

```
F A B X Z U Z D Q K C N A A M J Z N N V
Y I T G Q U H L Q M M C G H L T Z P W K
S P R O A X L Z M L C Z U J L A F H Z L
N W M E Y J E H F O E K K E A C P H K E
J C Z L B O L E R A U X S E T G R M L S
O O J R E I T D T P C A U A A N U A I D
P R I U S G R Q J T B A H S E C M A Q E
K W A U D W E D A R E O M R E B D J R Y
U W C A O J U V E M E V E R O F R U O U
W H M G D U O C U Z V R R R Y T I S M K
Z O K B G N K S E O O I G O E P B I A O
N N W Z E H T P L L W H N C C I R T Z N
N D N U U A H V P W I A C U R A E I D J
Z A G M N Y O X G N Z D B E X J D N A V
O A M G R L E I I P O R S C H E N I X C
K E T F T T A L L O R O C R U Y U F F L
R C H R Y S L E R B U I C K A A H N M Q
I G L R V Z S W D C H S Q W O M T I R P
F N Q Y B N I T R A M N O T S A F O R D
Q E O M C Y U Y D C C I E S C O R T I G
```

Ships

Bus

Racers

Popular Bands

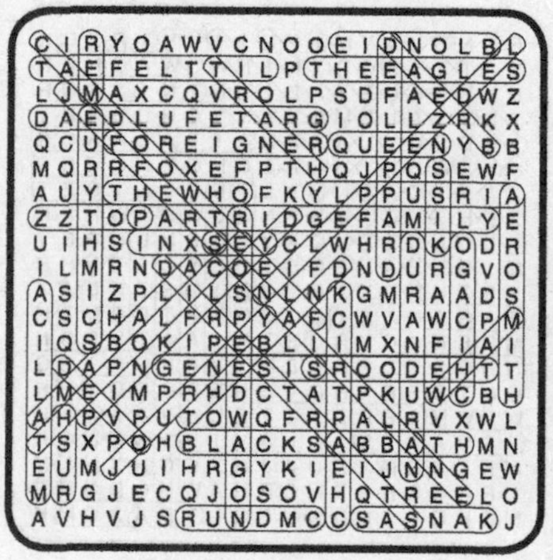

Jazz Musicians

Musical Instruments

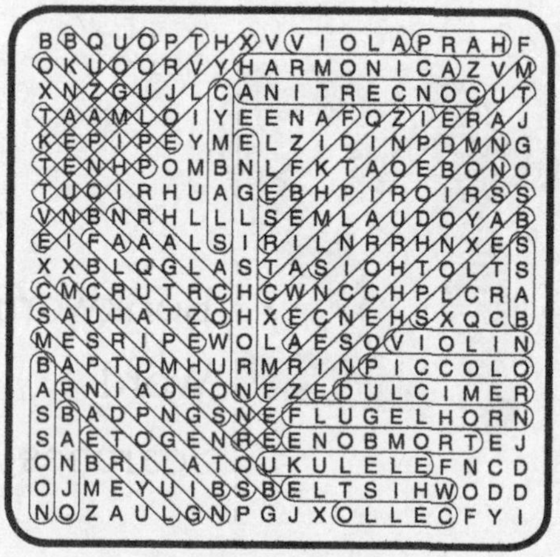

Country Music

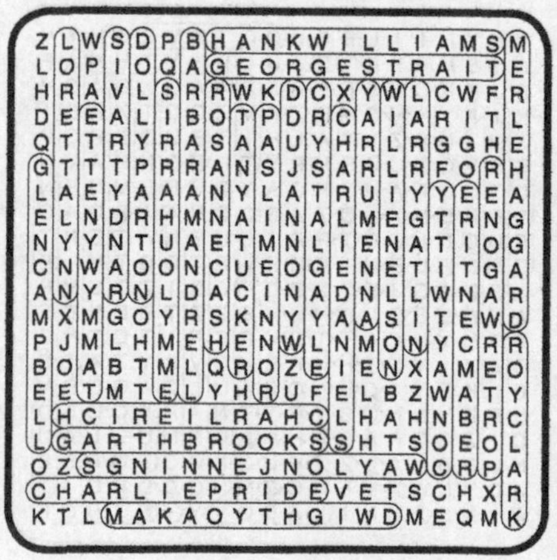

Song Writers

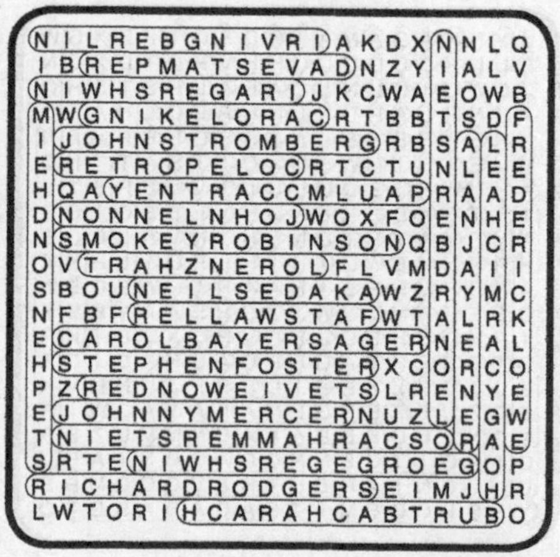

Play Jazz

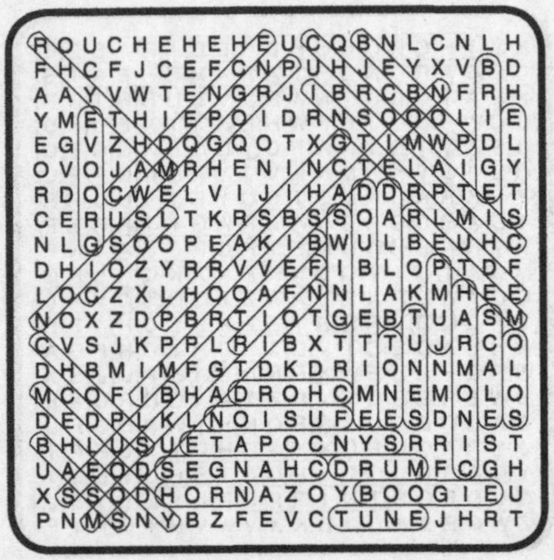

Rock and Roll

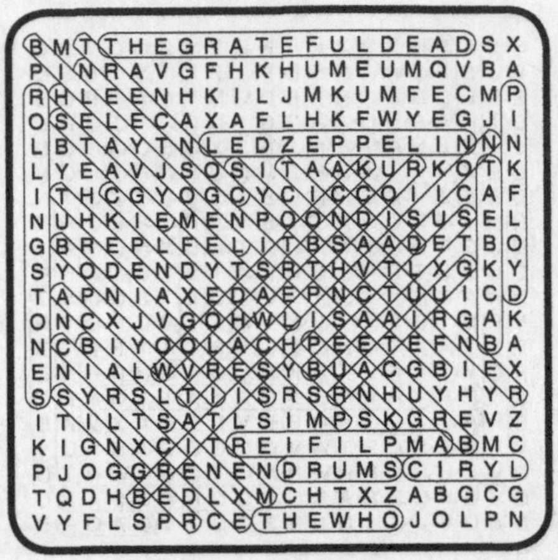

Classical Music

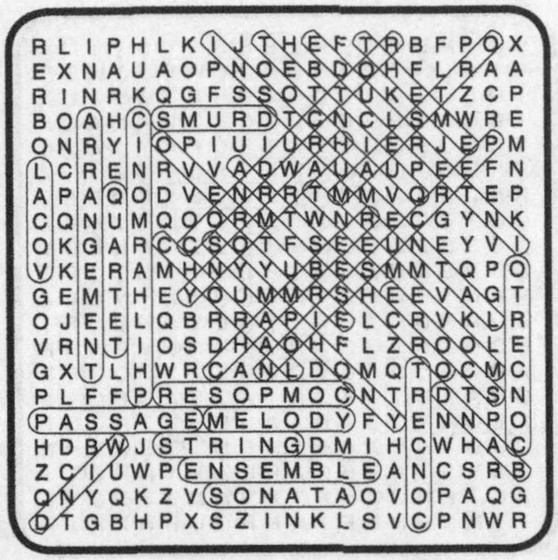

Opera

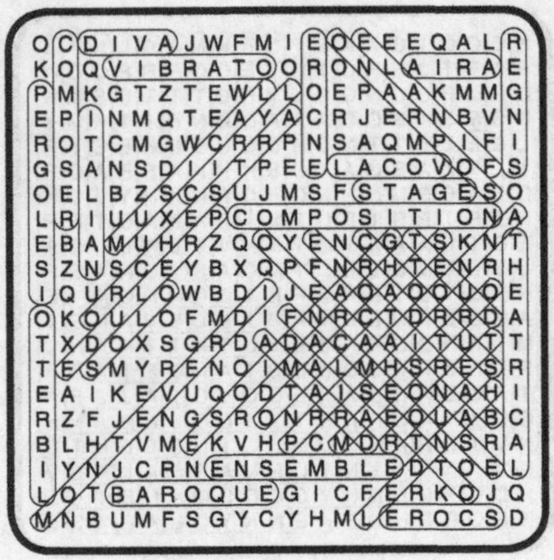

Composers

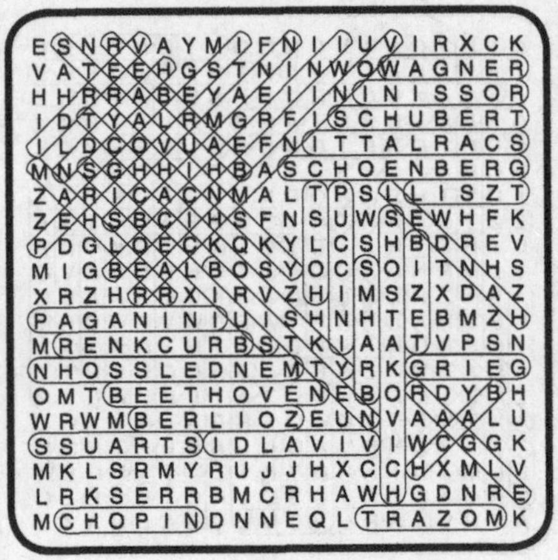

Musical Genres

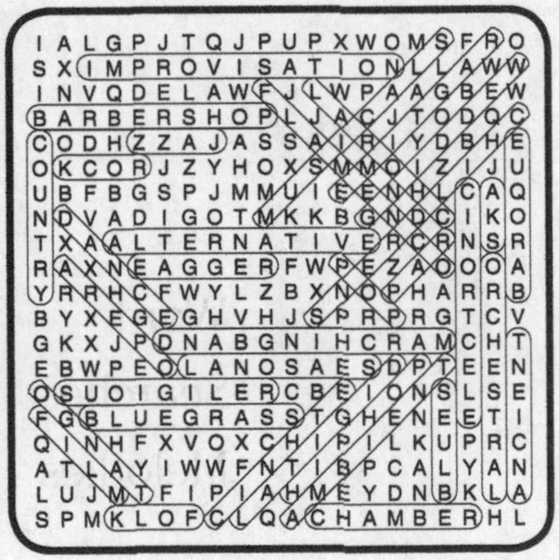

Movie Music

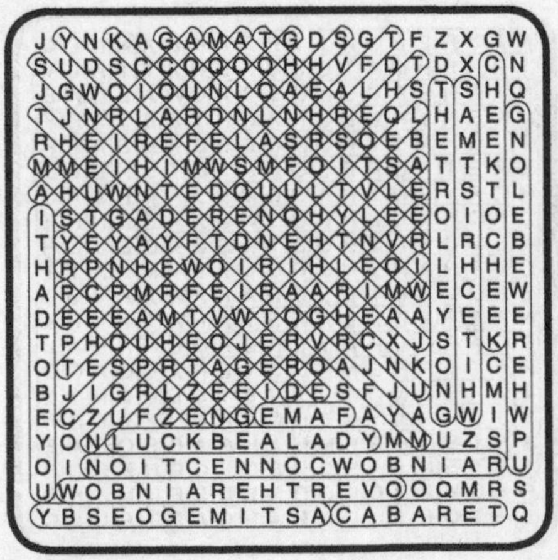

Musical Words

12 Bookworm Word Searches

Languages

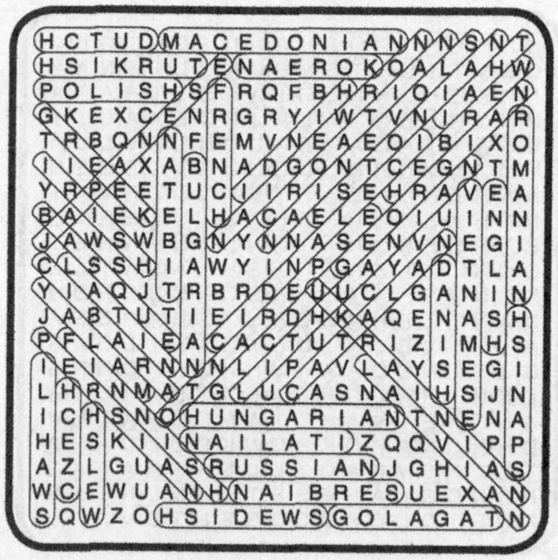

Greek Gods

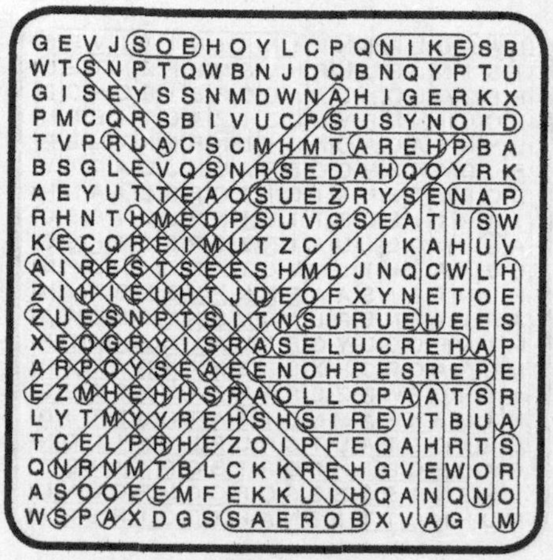

Authors

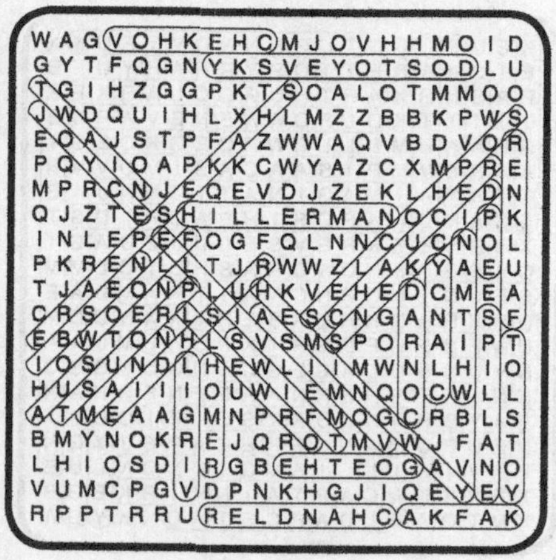

Poets

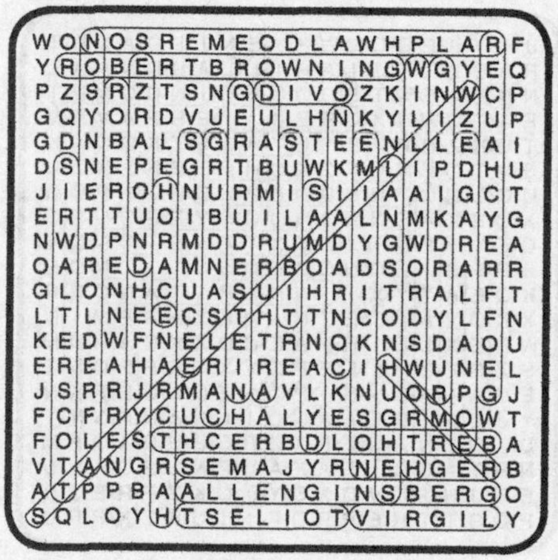

Poems

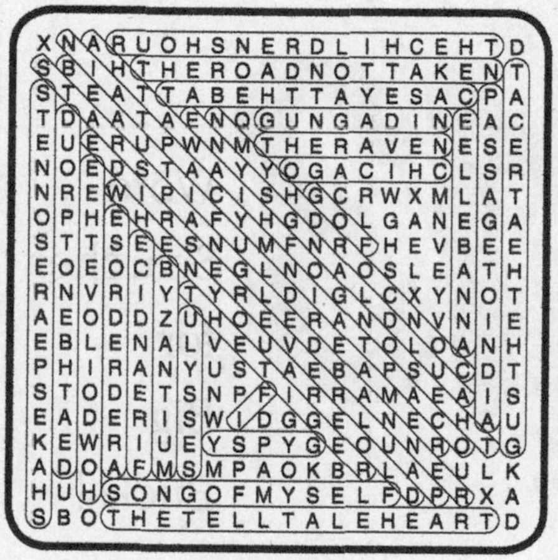

Shakespeare

Fairy Tales

Classics

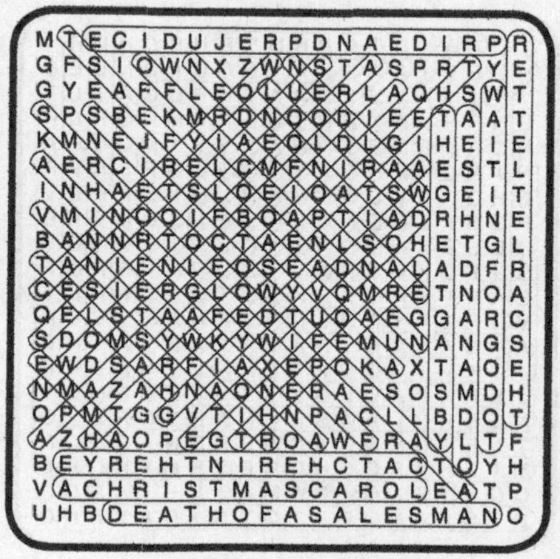

Poetry Terms

Science Fiction

```
KEMFDGGTUGENNOVTRUKX
ETSAARETTOPYRRAHYUFB
RASNRXARTHURCCLARKEZ
TGTTTKDLROWWENEVARBB
RRAAHMLLLEWROEGROEGT
AARSVMPISAACASIMOVVH
TTWYAIMAGINATIONNJAE
SSAMDWAROFTHEWORLDST
XSRIEENREVSELUJZDASI
OASGRSNOWCRASHGTCLMM
SELCINORHCNAITRAMDAE
DVFRANKHERBERTXXNODM
UWFBFREDERIKPOHLMUAA
NVURSULALEGUINOOUSSC
ENIETSNEKNARFFNFHHAH
RAYBRADBURYSCIFIOULI
NEUROMANCERECAPSJXGN
PKVIWILLIAMGIBSONLUE
XEPKKWCAPTAINKIRKEOB
KMTOAELDARCSTACKKYDW
```

Grammar

```
LARULPONKINFINITIVES
TSINJSUKRHMSMEFZNTEN
EFZOSOKLAAOCRSTEONCE
NCUINSRVMDDIZACTIENH
SYNTAEAONJILNRENTMEP
EUDARSMCOEFAUHJOAGTY
DOEZTPNAICITOPBLIANH
IWRIIEOBTTEINBUOVREC
ASLLCLIUAIRZORSCEFSO
GEIALLTLMVLTREFIRDPM
RLNTEISAAENNPVZMBRIM
APIISNERLADVERBEBOWA
MINPCGUYCESUALCSAWLF
MCGACRQHXSRENIMRETED
IIRCRWDZEPARENTHESES
NTMSKRAMNOITATOUQTJD
GRNOITAUTCNUPLEXICON
GACFQEEHPORTSOPAIADC
BPEVISSESSOPCOMPOUND
MUHNOITISNARTDOIREPI
```

Novels

```
HPSESIROSLANUSEHTOBV
OEVTIGLISMHDNULIBNAY
FRAQHONUCOIAFOJTRATA
HNYRLEGIWLMJRJEXACTI
UKAITAGAYEADDNUEVLLD
MMTMMORRLDOUDRVCEOEN
AARERDFBAFYEDOOONVFI
NEHASEIDTPRALINLEEIO
BTREFSGHAIENLTURWHET
OGNIILENSRISHIASWTLE
NDNVFFATINKEOGSSORDG
DANILEHMEGRNTFHAREEA
AIIIVELMIOEIEAWILDAS
GJEENOOAANMHNSFRDNRS
ESNIRWLDPEAETPSEAUTA
AUGWEIVAHTIWMOORATHP
DHEGNAROKROWKCOLCAHA
TLLRSMRAOTLLEWERAFAG
RQNOCLAFESETLAMEHTAM
PREIDLOSDOOGEHTEMWDU
```

Children's Books

```
NEGQELTTILODROTCODYT
ZSSRBTCRZOFODRAZIWPC
CANUEAHUEPTGILLEKSSM
SAPIOEWERTEEBTLGEEED
NSDNAHNRCITTHAXXRKHT
IFODOMKEIAOOECMJOJTH
PDKUIOERGNTUPRTBMLTE
PSOENEMRAGKISYPAIJEL
OJEMBDWTTBSLNGRAHMII
PSALIIEOHYHAETERNQRT
YPCSONBROGNCNIHOAGRT
RBIJTHIKADINRDNERHAL
AXYLRKSCKILNHIHTHGHE
MSTAFFOMEHTADOBAIAEP
SNIGGUHYRNEHWOJEMMTR
THEGIVINGTREENOPHTEI
SSERPXERALOPEHTGOTRN
OQSSAPMOCNEDLOGEHTMC
OFVXTHESECRETGARDENE
YHWOYSTEBDOOTSREDNUN
```

13 Word Searches for Big Bucks!

Taxes

```
JIYFESCMWPYENILDAEDT
RABLTHJIARILLAUNNAAL
NNBAEWTEDOSERINCOMET
FATCWHXCREDITEBFAVRM
TUKAHPPKYETATSTKDOWK
SMTOEMUTGKSHEIBRPKZU
UQLNCTNEDNEPEDREAPQG
XDSKASNRJNOOSYRSSUEO
CEVVPNTXWEXTENSIONQV
JPFSIEONQDEDUCTIONOE
KQEATYXIINHERITANCER
XKDVAFTETRWRKXMRPMIN
WREXLEIRMAECQZKEARDM
SZREGHLLEPCVXORFPOEE
EGAWASVBIPTIEQWUEFKN
YJLWIBEAANOILNANRXMT
DIGZNAULPXGROBUDWQPM
NRTASDIFAFAUPNUEOAHL
ETJHIKVQXSYTGKZPREJB
POSTTHEPROFITUKEKFRU
```

Currency

```
ZAMSGPPASCFHDTFTUPSU
FAOIREDEGXFZIDRGHZUM
USBQSEEUYWRRNEACMSQB
APUEJPDNNMISAUNPESOS
CZTVUIULADHXRTCCRFZO
FAHRBRYRIASXSRESTHAB
SINROEKIIUXWOCRADNAR
NSIKSKKPUUGCRHUMWJQS
EHCHARUSRROVKEFHERIL
YIWAFRTLLELWZMYCFHUK
KLRVXLAEQSAEPAUAAVEL
YLIGVJNKQTDIIRFRRHQK
ZINNZSLECLQFSKNDIJAL
ANGHTSSHXSYOZSFORINT
NGGPMIRSSERAVILOBKIR
ZSIORULWGSKSMAHRIDDI
JETOBOAEDCDOLLARSILY
USSLROINESCUDOSJWUCA
BOEUXEKRONERHCYTOLZL
SSEKWACHAJSTJXYKDZDS
```

Business Leaders

```
TDRWADOLPHUSBUSCHDRI
HLEEIAHSJAYGOULDNLEC
YTISKLVEERAYKROCAILZ
ENRBUALENTUEPFMHOHLH
NOAOROBIRRATVVYMLCEA
NINGWEHEAYYGSJOPSSFR
EHGIRLDGDMFHLMXSPHEV
POSKZOONNUCIELJGDTKE
CEUBLWMOAITOSIIVEOCY
SJFQKEEPWVTSLHNBRROF
EAHFZNQXJKSSTGEZFRRI
MDROFYRNEHNUENARLEDR
AHSAYAKYRAMAIWETAYNE
JDAVIDGEFFENRLEMEEHS
JEANPAULGETTYFEGEMOT
NEERGLAWSELRAHCNRLJO
TLEIGENRACWERDNAROCN
MIEHNEGGUGREYEMXHOEE
QQYYELGIRWMAILLIWECG
SISSANOELTOTSIRAXFNQ
```

Economics

```
DISTRIBUTIONSTOCKSPR
RLQBSDNOBYUGWMMICROB
GLSTHBOXETZFNOTJUAHB
OEGCMZRHSUPPLYRAZJTR
SSPNKXAMGOHIEQDKNSEY
VBGXLAICNANIFJQRSMCE
KJNGFIVKRAMHZDKEUNLX
STEERTSLLAWEYPNSEYAP
IHIZZZESVAVMHINRNCBO
NMTNEMEGANAMSORAIOOR
FOPEBSXUNEKUCUOLTNRT
YGIOGAEOQQBNCLGNMSUY
NUXTRNRRRYDPYSEADUEE
NMBSCTATVIJOHMCZEMKN
SZETAUMHEIIJTRIHMPGO
CKNPRADDCRCSOBMNATOM
NKNHRAWORXEEYEAJNIOB
PDLKATDVRVEISDTNDODE
YIETESGENPRALLODKNSB
LTFVWGBIRESOURCESIXA
```

Finance

Business Plan

Banking

Retailers

Corporations

Dot Com

Billionaires

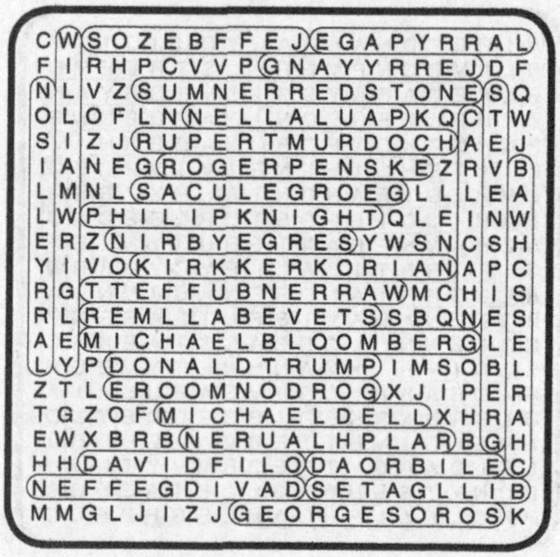

Investing

Stock Symbols

14 Word Searches' Opening Night!

Television Shows

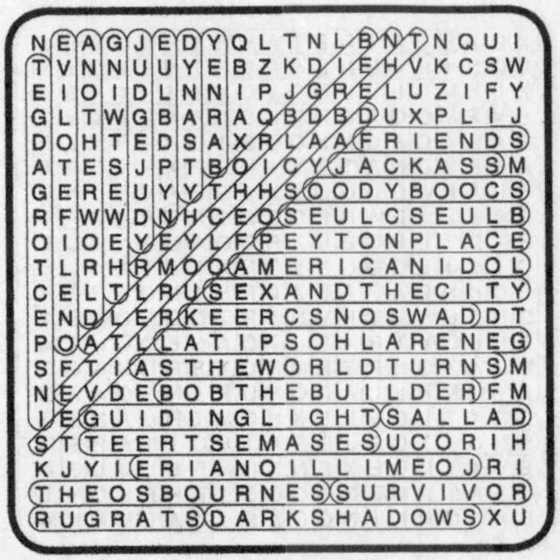

Broadway Players

Playwrights

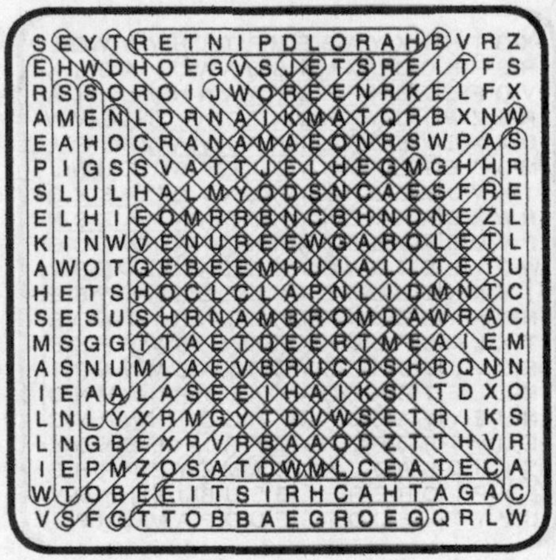

Magic Show

Comedians

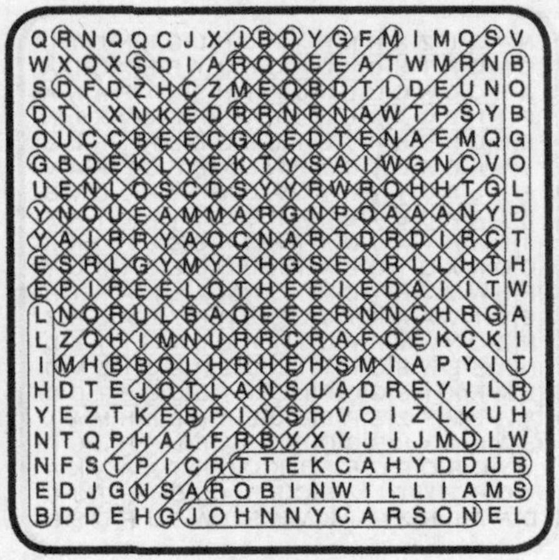

Funny Movies

Actors

Actresses

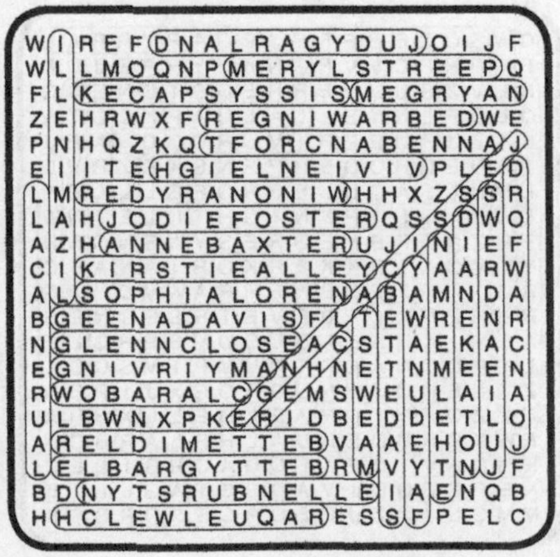

Theater

Television Channels

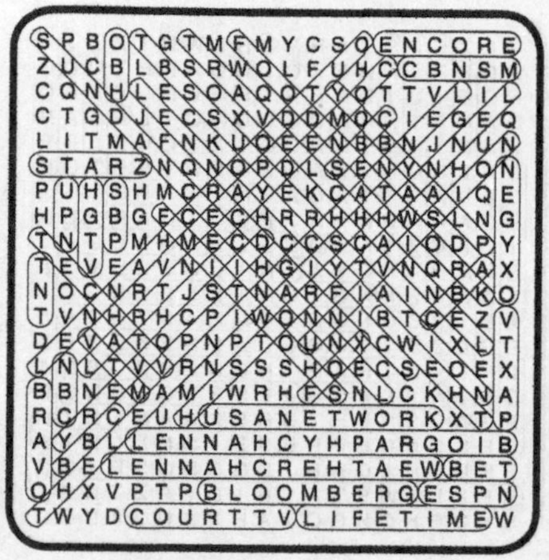

Art Gallery

Western Movies

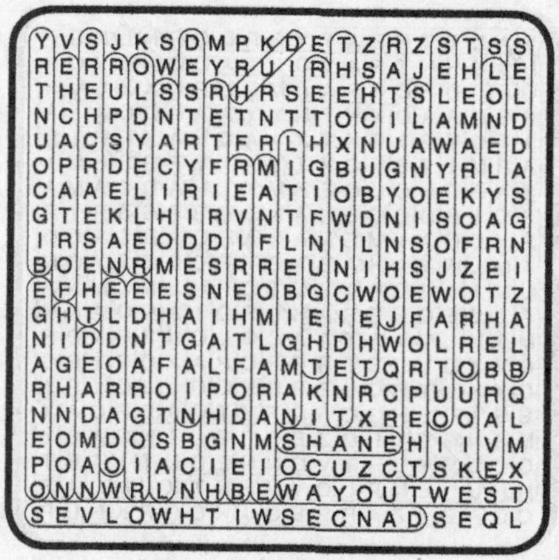

On the Stage

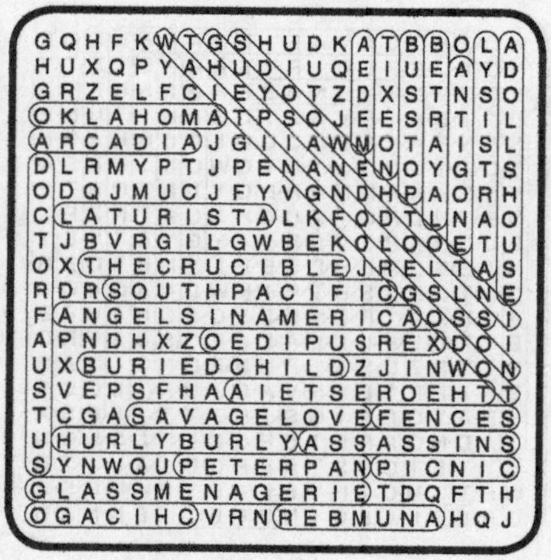

1890s

1900s

1910s

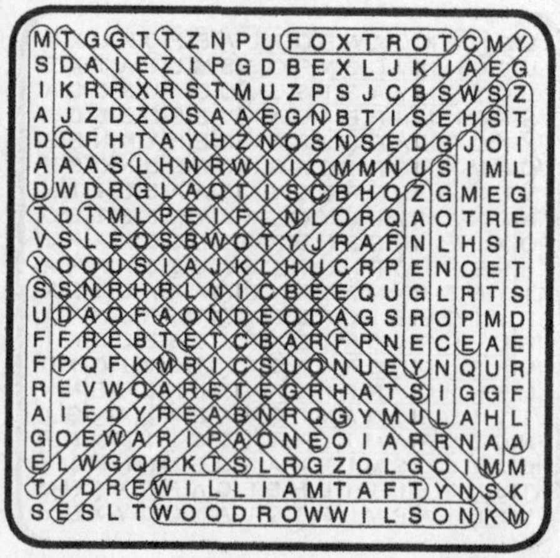

1920s

S	H	C	F	O	U	R	H	O	R	S	E	M	E	N	T	Z	R	S	B
A	S	H	T	A	O	C	N	O	O	C	C	A	R	H	T	E	C	E	O
C	A	A	A	I	R	P	L	A	N	E	D	N	E	I	L	O	Y	L	O
C	R	R	J	R	O	K	N	I	W	R	D	J	L	L	P	A	C	B	T
O	C	L	A	A	I	K	Z	B	O	A	A	G	U	E	D	H	A	B	H
A	T	I	Z	D	O	C	V	F	L	Z	E	M	S	S	N	T	R	U	T
N	E	E	Z	I	D	A	Y	J	Z	I	S	M	R	E	E	I	L	B	A
D	K	C	A	O	J	R	O	S	T	S	O	U	Y	G	D	M	S	C	R
V	R	H	G	V	N	L	I	S	I	N	H	P	M	N	L	S	A	I	K
A	A	A	E	E	S	N	D	E	K	T	L	X	M	A	I	E	N	M	I
N	M	P	H	O	G	E	W	E	K	X	Z	G	A	R	T	I	D	O	N
Z	K	L	N	E	R	Y	Y	C	J	F	P	J	M	G	L	S	B	N	G
E	C	I	R	F	N	T	A	S	T	O	S	J	T	D	L	S	U	O	T
T	O	N	L	N	R	L	B	I	G	B	A	N	D	E	I	E	R	C	O
T	T	A	H	I	B	A	L	C	A	P	O	N	E	R	B	B	G	E	N
I	S	O	A	F	S	C	O	T	T	F	I	T	Z	G	E	R	A	L	D
W	J	L	H	A	R	L	E	M	R	E	N	A	I	S	S	A	N	C	E
K	L	H	G	R	E	B	D	N	I	L	S	E	L	R	A	H	C	V	P
M	S	C	O	L	L	E	G	I	A	T	E	S	T	Y	L	E	K	G	T
G	E	W	E	R	N	E	S	T	H	E	M	I	N	G	W	A	Y	W	R

1930s

J	L	Z	E	P	S	T	A	H	Y	O	H	E	W	N	T	Z	Z	J	H
W	P	R	R	L	W	H	E	K	C	I	N	O	A	H	H	Y	O	D	O
N	O	E	I	U	I	D	N	E	R	I	R	M	E	H	U	E	R	N	O
D	A	N	A	T	N	H	D	O	G	L	D	W	Q	T	L	R	E	A	V
J	S	K	T	O	G	T	H	N	D	O	I	X	J	O	H	D	L	B	E
B	R	L	S	O	R	I	E	W	O	Z	G	F	U	V	K	F	T	G	R
O	E	U	A	A	T	T	A	G	A	B	M	I	H	P	R	K	I	I	A
R	G	A	D	O	E	R	Y	R	P	P	S	O	I	D	A	R	H	B	M
I	O	F	E	J	I	N	D	D	N	A	L	R	A	G	Y	D	U	J	E
S	R	M	R	I	N	O	Y	A	I	N	I	L	O	S	S	U	M	Q	L
K	R	A	F	E	F	N	O	T	G	N	I	L	L	E	E	K	U	D	I
A	E	I	B	O	G	N	O	R	T	S	M	R	A	S	I	U	O	L	A
R	G	L	Z	P	I	S	O	G	U	L	A	L	E	B	H	D	Y	L	E
L	N	L	K	A	T	H	A	R	I	N	E	H	E	P	B	U	R	N	A
O	I	I	N	I	L	A	T	S	J	E	S	S	E	O	W	E	N	S	R
F	G	W	D	S	R	E	H	T	O	R	B	X	R	A	M	E	H	T	H
F	P	S	O	E	D	E	P	R	E	S	S	I	O	N	L	L	R	Y	A
B	R	U	S	H	A	Q	A	B	I	N	G	C	R	O	S	B	Y	Q	R
R	E	L	L	A	W	S	T	A	F	B	I	D	V	P	Z	T	N	B	T
S	Y	Q	E	H	C	H	B	O	I	A	H	X	S	N	G	K	B	G	Q

1940s

R	J	A	C	K	S	O	N	P	O	L	L	O	C	K	S	S	Z	Q	K
S	N	E	D	R	A	G	Y	R	O	T	C	I	V	Q	M	O	R	C	A
I	X	T	L	L	A	C	A	B	N	E	R	U	A	L	A	L	E	J	T
S	T	T	R	S	M	O	O	B	Y	B	A	B	E	S	I	L	L	S	H
D	U	S	N	A	I	I	I	W	W	F	R	B	N	A	L	E	I	P	A
Y	O	G	A	A	W	V	V	K	A	F	E	O	Y	T	L	T	A	E	R
T	B	U	A	W	L	E	A	G	E	A	L	B	A	C	I	S	M	N	I
O	N	S	G	R	O	P	T	D	Z	Z	T	H	W	H	W	O	N	C	N
T	K	A	O	L	R	N	L	S	E	C	I	O	N	E	E	C	A	E	E
I	F	V	R	R	A	A	D	L	Y	T	H	P	H	L	E	D	M	R	H
H	A	O	P	G	C	S	Y	E	A	M	T	E	O	P	S	N	R	T	E
O	Z	U	V	B	Y	G	M	R	R	H	M	E	J	A	S	A	O	R	P
R	J	N	Y	D	U	R	N	A	O	F	S	I	B	I	E	T	N	A	B
I	T	R	U	M	A	N	A	I	C	B	U	R	J	G	N	T	G	C	U
H	L	A	E	D	W	E	N	C	B	A	I	L	A	E	N	O	A	Y	R
Y	E	N	G	A	C	S	E	M	A	J	R	N	L	M	E	B	N	U	N
A	R	T	A	N	I	S	K	N	A	R	F	T	S	I	T	B	D	K	W
N	A	M	G	R	E	B	D	I	R	G	N	I	H	O	F	A	H	R	B
H	U	M	P	H	R	E	Y	B	O	G	A	R	T	U	N	E	I	I	L
Q	J	A	C	K	I	E	R	O	B	I	N	S	O	N	R	W	J	X	N

1950s

G	N	T	M	Y	J	S	C	H	B	N	X	R	N	O	D	N	A	L	R
F	B	C	Q	M	P	A	A	H	O	C	O	F	D	W	N	U	J	E	E
V	O	H	D	U	A	I	M	I	U	C	O	N	P	P	Z	O	L	E	D
T	I	V	T	U	R	R	N	E	K	C	A	L	O	O	L	Z	E	Y	S
Z	K	N	R	T	E	U	I	Y	S	R	K	L	D	L	Y	G	A	O	C
R	I	C	O	O	T	L	M	L	B	S	I	B	E	W	R	N	V	O	A
K	E	N	O	E	L	A	V	N	Y	O	T	T	E	O	A	R	E	M	R
L	I	T	I	C	R	Y	O	I	V	N	S	E	U	R	E	R	I	I	E
C	L	V	S	C	H	L	A	A	S	O	M	C	W	N	R	Y	T	C	F
J	O	O	I	I	R	C	C	T	C	P	H	O	I	A	L	Y	T	K	I
S	A	A	R	A	N	C	T	D	H	O	R	L	N	L	R	Y	O	E	D
K	N	C	M	D	I	N	N	I	M	T	R	E	O	R	H	T	B	Y	E
O	I	D	K	N	N	A	A	A	H	I	E	H	S	T	O	Q	E	M	L
Z	B	N	E	B	T	A	R	B	A	D	Y	B	R	L	K	E	A	A	C
W	M	U	T	T	E	X	K	T	R	D	E	A	A	B	E	L	V	N	A
Z	X	I	O	A	S	N	E	C	D	E	C	R	W	Z	L	Y	E	T	S
N	E	B	Y	E	E	J	N	U	O	C	G	Y	F	D	I	T	R	L	T
S	B	K	O	Y	V	B	B	Y	M	R	H	O	K	L	I	L	H	E	R
A	S	A	T	I	N	U	Y	N	N	H	O	J	R	O	A	H	E	H	O
N	H	O	B	X	G	K	I	L	R	O	Y	W	A	S	H	E	R	E	N

1960s

W	C	J	N	O	L	A	V	A	E	I	K	N	A	R	F	B	S	O	K
N	C	X	U	B	R	E	D	I	R	Y	S	A	E	R	B	I	E	T	Y
P	O	U	M	L	E	V	E	N	H	Z	E	R	B	E	R	R	X	T	D
U	G	I	B	A	I	R	V	S	Z	T	O	B	E	H	I	T	U	N	E
N	N	N	T	A	N	E	L	C	O	C	O	L	C	C	G	H	A	O	N
S	O	I	I	U	N	O	A	I	U	V	Q	W	O	D	I	C	L	S	N
Y	S	S	A	K	L	M	N	N	N	H	Q	Y	L	N	T	O	R	T	E
O	B	T	N	L	R	O	I	T	D	W	H	X	O	A	T	N	E	R	K
B	U	O	H	A	R	E	V	S	H	R	A	Y	G	Y	E	T	V	E	T
H	I	E	B	G	M	E	H	E	S	E	E	L	Y	N	B	R	O	B	R
C	J	T	C	D	I	S	B	T	R	I	M	W	L	N	A	O	L	O	E
A	X	B	K	A	Y	R	E	M	U	L	L	O	S	O	R	L	U	R	B
E	I	F	L	L	P	L	L	L	A	L	A	E	O	S	D	P	T	R	O
B	J	T	R	Z	Q	S	A	I	R	H	N	R	C	N	O	I	I	A	R
E	H	I	P	P	I	E	S	N	V	A	C	I	U	R	T	L	O	C	E
H	B	A	Y	O	F	P	I	G	S	I	H	T	T	T	I	L	N	S	X
T	A	D	N	O	F	R	E	T	E	P	C	C	L	R	L	S	U	O	N
U	Y	T	E	I	C	O	S	T	A	E	R	G	D	I	A	U	I	T	N
W	B	T	I	M	O	T	H	Y	L	E	A	R	Y	R	W	M	C	S	J
O	R	L	O	L	L	E	C	I	N	U	F	E	T	T	E	N	N	A	D

1970s

S	A	L	T	T	R	E	A	T	Y	R	R	D	O	R	N	L	N	S	P
N	J	O	H	N	T	R	A	V	O	L	T	A	O	O	A	B	V	O	N
O	R	D	D	E	O	G	R	A	B	M	E	L	R	N	X	Z	L	M	N
G	E	N	A	A	D	N	N	T	N	Y	Y	A	A	G	D	Q	A	J	A
I	T	O	V	R	I	E	K	T	Z	A	A	C	N	A	X	R	H	I	D
A	R	M	I	T	S	E	C	X	T	Y	A	I	V	F	G	R	B	M	I
S	A	A	D	H	C	U	G	S	R	M	K	I	H	A	D	O	A	M	A
R	C	I	B	D	O	Q	E	N	A	N	D	C	R	R	G	S	R	Y	C
E	Y	D	O	A	I	M	E	N	A	C	A	E	O	A	R	S	R	C	O
T	M	L	W	Y	A	H	A	E	A	B	T	F	C	D	O	E	Y	O	M
U	M	I	I	J	Q	P	J	S	U	T	D	P	H	L	B	C	M	N	A
P	I	E	E	Q	E	E	S	A	H	L	R	O	I	A	N	O	A	N	N
M	J	N	L	V	I	I	T	A	A	C	O	L	C	N	R	R	N	O	E
O	V	Z	D	L	D	S	T	R	E	F	C	P	A	A	O	P	I	R	C
C	Y	H	L	Y	R	C	E	P	P	O	K	O	G	L	J	O	L	S	I
E	S	I	C	E	H	G	O	B	Q	F	Y	T	O	A	B	R	O	A	X
M	B	N	G	E	L	E	D	Z	E	P	P	E	L	I	N	C	W	B	Y
O	C	O	R	K	U	R	T	V	O	N	N	E	G	U	T	I	T	B	T
H	R	U	N	E	M	P	L	O	Y	M	E	N	T	K	H	M	Q	A	S
C	G	R	E	I	Z	A	R	F	E	O	J	K	C	O	R	K	N	U	P

1980s

C	S	R	E	K	L	A	W	E	C	I	L	A	E	F	O	K	U	X	D
U	J	O	H	N	M	C	E	N	R	O	E	S	M	L	T	A	T	X	Z
L	C	Y	O	N	Y	A	S	T	S	U	J	O	O	A	U	N	C	C	A
S	R	B	K	L	S	R	E	A	G	A	N	M	S	S	O	Z	E	D	Z
Y	A	O	R	S	A	C	E	J	P	W	U	S	E	H	Y	M	N	E	S
O	C	M	Y	F	E	R	I	Q	A	G	K	O	W	D	U	N	O	S	E
V	D	N	S	L	E	O	R	B	Q	V	L	C	A	A	B	O	I	T	N
N	D	N	A	H	I	L	B	Y	O	L	X	Z	Y	N	D	S	T	E	O
O	X	L	E	L	E	C	E	N	B	R	W	T	L	C	E	N	A	P	J
S	F	B	P	T	C	P	H	E	A	I	E	X	L	E	G	H	R	H	A
I	Y	B	E	J	N	M	A	T	T	V	R	A	A	P	A	O	E	E	N
R	J	I	Q	E	E	I	O	R	E	S	I	D	T	I	R	J	N	N	A
R	U	L	R	R	I	C	N	T	D	N	E	I	O	B	E	C	E	K	I
O	H	S	U	B	E	G	R	O	E	G	S	L	T	C	V	I	G	I	D
M	S	N	H	O	J	R	E	P	S	A	J	T	L	H	E	G	E	N	N
I	V	I	D	E	O	G	A	M	E	S	G	Z	E	E	L	A	M	G	I
N	G	Z	D	F	A	M	I	L	Y	T	I	E	S	I	I	M	V	R	T
O	Z	Y	E	L	S	M	L	E	H	A	N	O	E	L	N	N	M	T	V
T	J	M	S	E	L	T	T	U	H	S	E	C	A	P	S	X	A	W	M
H	S	D	I	A	P	M	U	R	T	D	L	A	N	O	D	V	X	D	Y

1990s

T	B	Y	R	F	U	H	D	N	O	S	H	H	U	R	Y	F	E	H	K
O	M	E	O	E	J	S	I	F	E	U	G	I	O	N	T	R	C	J	J
T	A	X	A	V	T	L	E	U	F	U	X	D	O	I	O	I	T	O	N
I	D	C	F	N	A	A	L	I	A	G	N	J	M	G	R	L	I	H	O
C	O	P	F	T	I	B	W	B	N	E	O	O	L	G	J	L	G	N	D
K	N	O	I	C	D	E	M	E	Y	F	T	A	N	M	G	I	E	G	R
L	N	R	V	P	L	I	B	K	T	H	E	I	R	U	P	B	R	R	O
E	A	O	Y	O	L	I	I	A	Y	I	G	L	L	N	O	Y	W	I	J
M	R	N	R	H	S	N	N	M	B	T	H	F	D	Y	H	D	O	S	L
E	T	I	S	S	G	O	C	T	W	I	W	W	A	P	P	A	O	H	E
E	B	U	A	I	W	V	K	E	O	A	E	L	F	M	I	R	D	A	A
L	R	O	T	N	E	G	N	K	R	N	G	S	O	E	H	B	S	M	H
M	L	I	S	I	I	S	L	R	I	G	E	C	I	P	S	E	H	T	C
O	A	Q	G	N	H	H	E	G	A	R	T	H	B	R	O	O	K	S	I
H	B	H	D	O	I	J	T	E	B	O	L	A	V	I	R	U	S	U	M
S	P	E	W	Y	G	A	L	O	C	E	L	L	P	H	O	N	E	B	R
S	A	L	L	Y	R	I	D	E	T	S	O	U	T	H	P	A	R	K	D
Q	C	O	L	U	M	B	I	N	E	N	T	E	N	R	E	T	N	I	T
K	D	F	E	G	N	U	R	G	M	M	I	S	O	M	A	L	I	A	H
W	N	O	T	H	C	I	R	C	L	E	A	H	C	I	M	Q	B	I	R

2000s

E	V	J	N	I	E	S	S	U	H	M	A	D	D	A	S	U	C	U	I
S	E	A	G	L	O	B	A	L	I	Z	A	T	I	O	N	W	O	D	N
Y	N	C	F	W	N	F	H	A	R	K	Y	D	B	N	O	G	L	P	T
A	R	Q	L	N	O	T	Q	F	E	B	V	W	A	O	C	E	D	I	E
V	U	U	E	K	T	R	G	I	T	D	L	R	R	D	D	N	P	R	R
O	O	E	B	C	L	A	J	P	N	N	K	T	R	R	A	S	L	S	N
K	B	S	R	E	I	W	P	I	E	I	H	A	Y	O	L	M	A	K	E
I	S	C	O	L	H	E	L	C	C	T	S	F	B	G	E	A	Y	C	T
N	O	H	N	F	S	T	K	K	E	U	U	A	O	F	E	I	K	I	H
R	Y	I	J	F	I	S	O	R	D	P	B	R	N	F	A	L	C	H	A
U	Z	R	A	A	R	N	B	A	A	R	W	A	D	E	R	L	I	C	R
O	Z	A	M	N	A	O	E	P	R	I	E	R	S	J	N	I	D	E	R
K	O	C	E	E	P	J	B	N	T	M	G	E	M	P	H	W	D	I	Y
A	I	F	S	B	E	W	R	I	D	I	R	S	O	Z	A	A	O	X	P
N	E	M	I	N	E	M	Y	K	L	D	O	S	C	W	R	N	R	I	O
N	K	E	R	H	S	G	A	N	R	A	E	A	T	N	D	E	Y	D	T
A	S	R	A	S	Y	C	N	I	O	L	G	Y	O	U	T	R	D	A	T
N	A	B	I	L	A	T	T	L	W	V	V	P	D	W	J	E	N	J	E
X	S	E	R	E	N	E	G	E	D	N	E	L	L	E	R	S	A	O	R
T	R	G	N	O	R	T	S	M	R	A	E	C	N	A	L	I	R	A	Q

16 Word Searches Get Technical

Electronics

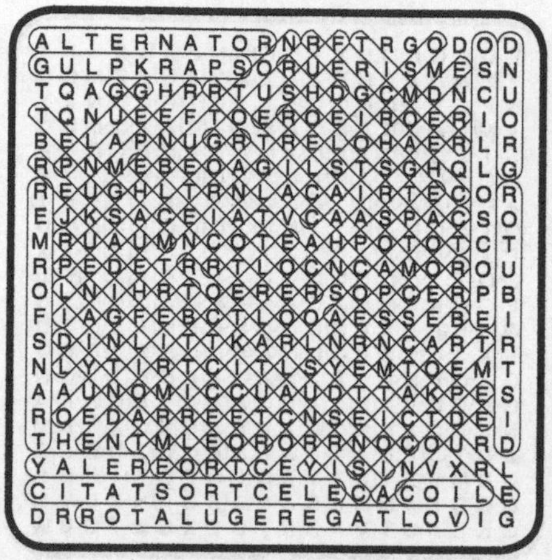

Fabrics

Lights

Inventors

Soap

Nineteenth-Century Inventions

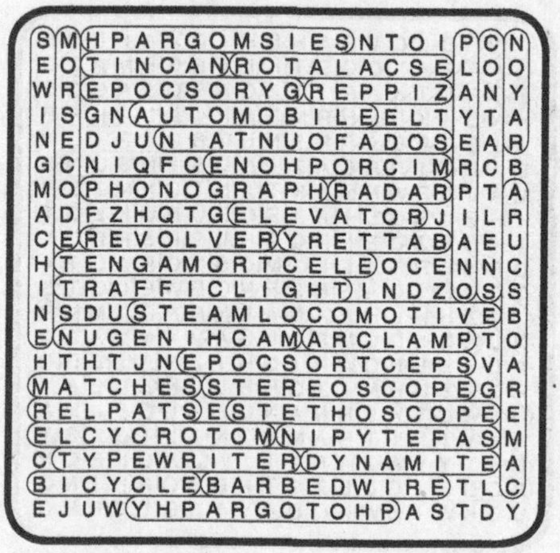

Computer People

Computers

Gadgets

Acronyms

Numbers

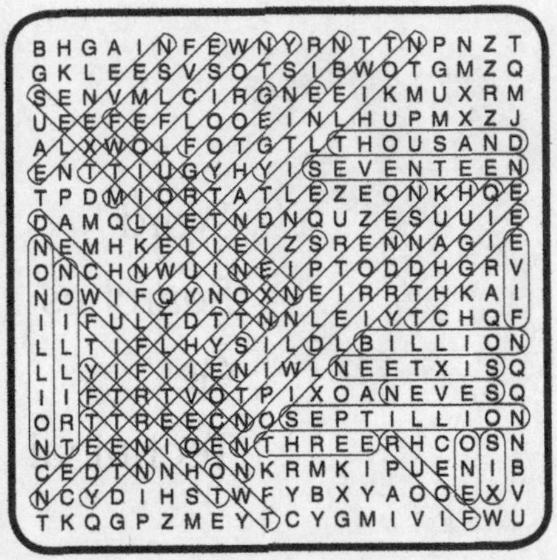

About Time

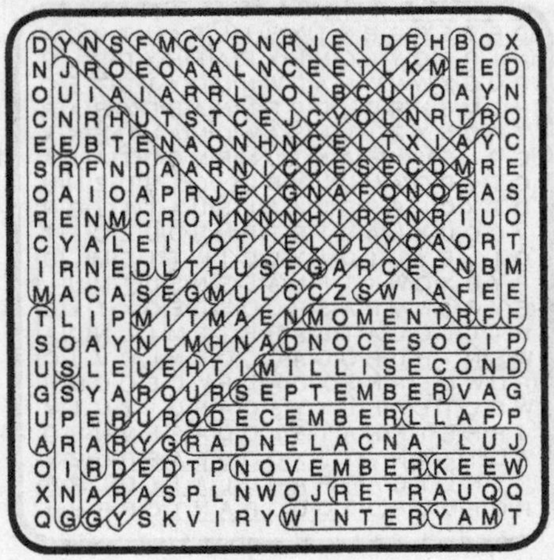

Nuclear Power

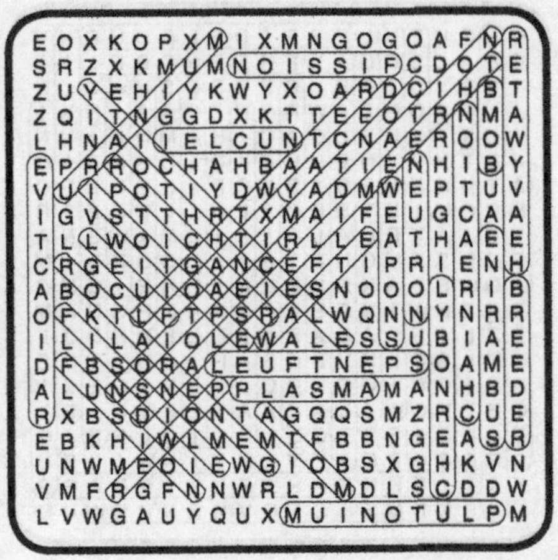

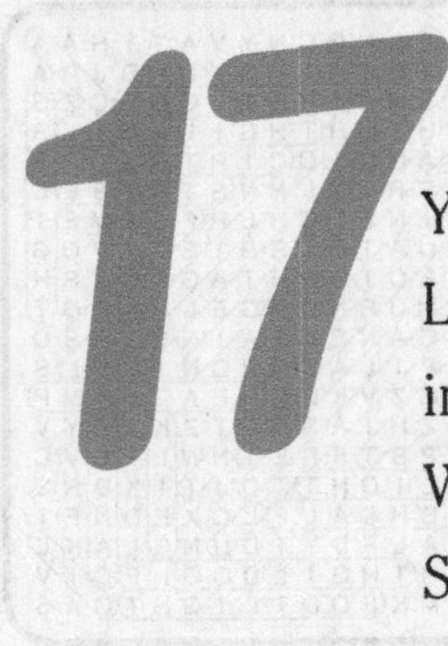

17 Your Life in Word Searches

Clothes

Genealogy

Last Names

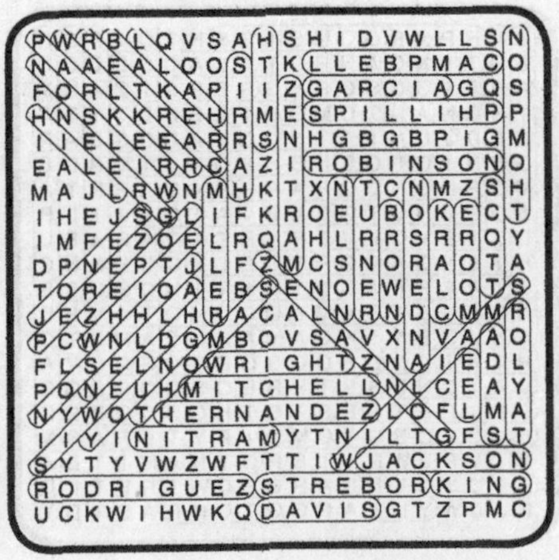

Wedding Bells

Parenting

Weather

Colleges

Astrology

Boy Names

Girl Names

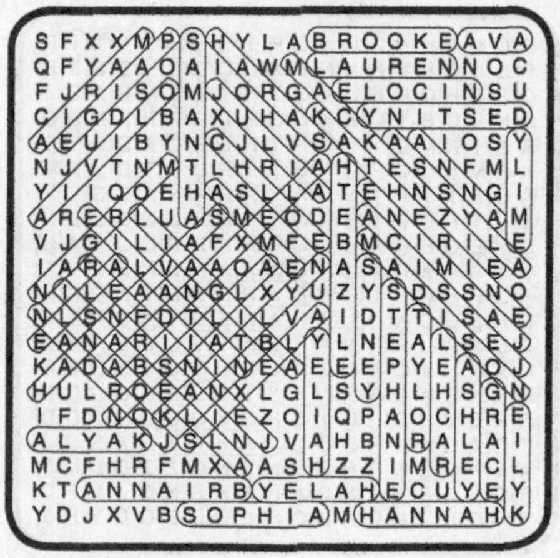

Grocery List

Living Room

Cosmetics

```
E B F U E X P K Z X E C N A R G A R F V
O L K P N Z M X I Q B X C F X V S S W F
F K G L G I O A Y V N E H K E E H C K A
G V B R O G Y Z J E U F N W E V C D O R
N N K S L O S U E L S K I N C A R E E V
C R I M O A P R T I Y Z M N I Y K S O R
U O K T C X C M A P G T R A B J N R O J
S D M P A S Y A L G L P U U K A A U Z T
G Q W P N R L N Y L Y O Y A E E G L B N
R M G U A X D E O O J R J L E E U S C A
D A S L N C K Y D S K G C O X B J P Q I
P S N S N C T K H S W O D A H S E Y E L
E C O X R E N I L E Y E L A I C A F L O
R A I V P O W D E R U K C I T S P I L F
F R T C N Q N B M L A B F X C E H F P X
U A O M K N O I T A D N U O F Y D J O E
M O L M A E R C Z E Z I R U T S I O M V
E A G H S I L O P L I A N E T T E L A P
A E T S I G O L O T A M R E D P K I E J
L Q Q Q R O L O C K E E H C R S D S E H
```

Shoes

```
L S X H R N M Y B M N M C X R D E Y T Y
Z L Y E S H N N I S A C C O M D H B N E
W A Y I F W H E W T O O F B A E A O U C
Q D X W I S C O W S A M D C E D C M S A
R N Z T M T T D N B H L J L G U I O G L
L A Q W V F R O V A A O A V A Q C D I J
P S T I D B B N O S T L E S M K M W A B
K S E Z V W O D H B T U A S U Y Y M R S
P O N R R N R O S C R J R N H B G F S R
R L N C R E E W N G O P E A C I X E E W
E E I X S S K E E V P O K L L E N F O H
E J S S T I R A A G P L I S T I A E I T
B I Q R A G T B K D U F N B H O Z G E R
O J I C N H U J E V S P H J L M H E I E
K N I I L M H O R V E I L F V H E E R H
G X K E V N N Z S W L L U V E F P F L T
E I T K D I S R P A K F Q E A C O K W A
H I S H O E T R E E N R L C A S U A L E
C U S H F Y J G O S A S R U N N I N G L
U Y Q H Y T I M B E R L A N D P Z Q R V
```

You Can Move Mountains

```
P I K E S P E A K W E T T E R H O R N A
A O L A N U A M W H I T N E Y D B B T G
B O R Q K J G H N I T J U I M W O S K P
V T E T M P M F Z O W Z V H T Z A O D H
X G R A N D T E T O N G B T B H Y H H P
W K Y S P P G Q K Y Q H Z R S A V G E D
F V R Y L G V I N S O N M A S S I F E S
Q C V F U J I C N A L B T N O M S V L F
O A I N O D W O N S D R A R R C I L M A
L R K U N D N P X J C D V O W L E R A O
F O A G L A C I E R P E A K S B A A T L
O E N J J U T V E G W S M T N I N N T R
X V X G N D G J I L B K O O N R O R E A
A E Z P S A W L G I X W O I U N L O R G
Z R U M I P M X E X E R E P F E Y H H U
X E H W S T E I R R A R A O B S M S O S
E S A I J W X A L M U N C D U S P S R X
F T N J S G C F K I N H N B T A U I N I
N A H K T N Z C S A K S J D J L S E Q E
I Y T A R R E S T N O M M Y U Y R W K I
```

18 Word Search Adventures

Camping

```
O O E T X F U A G P F G M H F U W I B F
J K P O J M D A R A A K O A M R O I D O
I Z W K E V W O E T B T C K T W N U V C
N D A E A V A S T U U G H A P C S Y S D
R O S P F E W K L I D D N P P M H L R U
E G B K P I Q L E Y N I Z I A K A E H T
T D N O I O N I H Q Z G A R P T C J S C
N D R I I L S K S S P G S T R E T A M H
A D N B L D L C T S S H R I S S E Z B O
L B V U N D S E R E M E N I Y R T L H V
S B T F O M N O T A K E N T L T I O S E
N P A R C R O I L Z F C V R E L P F V N
I C G K A D G L K L A Y O T E H E X A E
A O T M T I O P A F I R E P N D C F P F
T O S U G W L M M S T C E S N I L T H R
N K O O S W E E Y A N E E T N A C I A Y
U N A T U R E A R T C H I K I N G D W H
O D B F W J Q R E P E L L A N T T N E T
M P C T D X E T I S P M A C S E K A T S
D E X C P G U J F V P O L E S S D O O W
```

Lakes

```
H F C Y P V S S G D T B N A E M A X U A
O C T A N G A N Y I K A A Y C R E H Z G
T K I A G A U T J S O A O L A E I A N O
A U E R T F B X I B U J I H K S N E D D
H P X E U H C O I T W P U R G H A E E A
O F O D C Z A A T I I R E A O E A N S L
E V Z R H H C B N I M C D R K T O S E N
N N R S T A O N A I N E A A I T C J H I
L I D A R C I B A S A A L C S O C I L P
T C A A E P H M E D K T M W A O R A V I
U S M L E B B A S E L A O K A N U E S G
O Q I G P A T E R A S L M A R T L S N N
Z N H N I M A A S T L L M R A A U N E O
A M E K G A A T E E R C E I L R E A R N
O L A I G H A H Y R V A O B S I W I R C
N L B O D E A X C M G C I A E O G P O A
E S I E R A C I H U R O N N A G N S T Y
G K P G R G T U N G T I N G Q H A A V U
A M E O T T U M I C H I G A N M B C W G
G W B N O T A L A B A K N A H K U M Y A
```

National Parks

```
S T J N U N O Y N A C E C Y R B R A A K
R D R Y T O R T U G A S E N Y A C S I B
G F I I K E N A I F J O R D S Y R Y U P
N O Y N A C S G N I K A L A K A E L A H
N Z Y E L L A V K U B O K A R C H E S S
S N I A T N U O M E P U L A D A U G N S
Y T S E R O F D E I F I R T E P C R F E
E R Y G E S R D D K A T W S S H E B E D
L O E R D D E E R U Z J S D A V I E E A
L C L A R N I N V H X E N N A G D V R C
A K L N E A C A H T R A N C T N A A L S
V Y A D V L A L V P L E D H E Z I C O A
A M V C A D L I Y S L A I B I U D D T C
G O H A S A G C I I B C G O Z H A N I H
O U T N E B G N S S K I N X R L C I P T
H N A Y M I I L L E B Q X H D N A W A R
A T E O B G A R T L A K E C L A R K C O
Y A D N R N A M O U N T R A I N I E R N
U I H I D C G R E A T S A N D D U N E S
C N V S L A S S E N V O L C A N I C Y U
```

Sea

```
A A E W A Y I P N I Y L M S V Z V B R L
M Q I F H T O P I A B F N C V C X Y E Y
L W T V U K I E N V F N Z O Y P C V P Z
L U U Q W S O D E C B E X A A J Q O P A
E T K D W I U V E Q E U D S C H J S I V
S B T C D S X G L S J R S T H N L K L W
S P M U T O Z D A C A T Y J T A W E C I
E O S T I Z C I L O J Z N D C T A T U N
V R L T W N L K B F W A U I A O V C I D
X T O E N X Z R R D R V T O H J E H Y J
Y M O R C K A W N A J U B M H K S B G A
A A P Z T T D Y M A A R E N O O H C S M
S W W S S X R A H N Y E L L A G H F N M
B M I L D K T A M G S E T E T L K E N E
J Y Y M D A M S D E N R K S G N B R C R
A H J U C P A H E D F I A A A A N R V B
C J B L R R N I R M O M D E L R Y Y X R
B G Z E J N Q P P G R S C B E Q X O S I
N B W V O W Q N I D E O E T O K X K V G
C K A X Q Y C E A N N M S M G W L V V S
```

Desert

```
Z C M F H R P P A O H I S S M S T T I R
P S S O B E R L N E K U O O S H E S B B
Q S C H Q P E U A G T N I E I M S A O J
M N L O B I C X K C O S L R P P K N G O
A A I N M D I L A R T N S E D A D D Y I
K R M L Q O P C A U I T R U D T C Y E M
W O A T T F I N R A Y A S I Y A L G L X
E J T R O B T E R W T T R H G G D S L N
C V E Q H H A L L U B A H R P O O Z A E
M T A B X R T J R O W Z W W L N E E V T
A O H P N B I E W B A R R E N I H Q H A
D R J G O N O L S N A K E S Y A U P T L
E U A A U R N N A F L A I V U L L A A O
M A N H V O A D Z A L R U M C I Y O E S
E R X E A E R T W A S T E L A N D R D E
R R L V S S H D I C R Q X O O D M N D D
T O A Q W W R S C O T A L F T L A S U J
X Y N Q Z X R R R R N X N Q Z Z Q D M S
E O E S R A P S B A H T K S K G J V F D
T M Q C V H D N D G H L E U B Q D Y P E
```

Space

```
D M J U Z E U T Z G F P L A N E T F Z C
O G E U V R N L E U R P W N S M O O N U
Q K Q T P R A M U K Y A K R S E I U K W
U F O I S Q L L H J C E F I E S M T O S
V E N U S Y M Q L Q G O P O N R A S B J
E B R B R E S C S E E M R T I E R U V I
E B E K T P X R J G T W S U T V S N E J
P K B E A A M G A X X S I L P I M F U I
T W O A V E Y A E L O O R P M N J P G A
M R N J O O O L N N O A U E E U I N L H
S L E U N M X A U S F S I W T T D I Q D
M H D U U F N X T Y J M Y W E N E K E E
R G I U Y O E Y P C R F R R W N I E S T
X J C P G E B N E J C K E F S F P A H I
S A O W O A U Z N H C N U A L S P L U L
V T S E U J L N A S A I O O T O U S T L
J N A A N O A Z V V N P E H L N E W T E
D K G R S J C T C B X Y G L A C K B L T
B P V O S W H E Z Z X I O R J T C Z E A
P K D Z G X O R Y B L D I O R E T S A S
```

Forest

```
B W M F I R E F L Z R P Q U M O G V J H
V U G F I S U Z B I Z X N Y M Z Y A C B
C F S D G F B P X J C Q R G T E V A U Z
R B I O D I V E R S I T Y O P U P H N E
W O X O D Q J P W T S T Q L I L B B D V
Z S R T P E E J A B P S N O N E T D E R
R B A M O R V T Z Z Z X K C E L Q R R E
R E T K U Y I M Q U L X M E N M N A B S
T W G T V B C U D R A H C R O O G I R E
U O A N A R E S E R V E D G I D R N U R
E N A H A D E D S J L L L T J N E F S P
X H B E S R W V G Q G W A K B A E O H I
G T H E Y D C G O E J V I L H L N R J Z
C C R R E B M U L R R U P L O S E E M S
C C D P N E L W R E G D N L D G Y S A M
A P A P E E O E S D A P I G A L G T N K
G T A R S O B N A T R A I L L N I I W Z
H R T N D M O J M Q D U I N Z E T F N P
K B E K I C E N V I R O N M E N T S E G
R D O T U G I V W D I Z E O U U K E T O
```

Cruise

```
W R O S S R M Y S G N V L C O B F P A W
A H C A F T F R T N E T U O R O X J Q H
Q Y E L M G M A R I Y X J Y O O T V Q K
L U A X L Z Y R O N L R A D G Y Y J Q L
D R N Q R X C E P I K S E U W B G V P X
Q R Q U Z T L N V D N B E R W E A G I V
A Y P O U V T I I Q O K L A O C Y T H P
H D K B Q J V T X K M Q K I A Y N N S C
C C B Z P K S I S N F W C T A E S I Y X
M M C A E F O R E U T C I A M S K A Q R
T A S T A R B O A R D O R N U Z I T C Y
W R R B O A T S W C N E I W A Q P P I E
O A A I L W Z P M V I A C E E A P A N L
K N T V N E R T O V T Y J R H Q E C A L
N W B E E E D Y I R H Q A C Y O R X T A
F I D O R L A R E E R U S A E L P Z I G
A E B L A G M T C A R I B B E A N J T D
P P R A E R N H T R E B Z L E S S E V C
Q F L R C E D Z A M O Z E D K E O Q T Y
H E Y B Y E U M Y W U I G C E B S G K U
```

Vacation

```
Z J J C J R W M B L L J U M G U W D S L
Q E A Z M H R E O Q Q D U N G W Z M E Z
B Z S O D J S D I D G N I T U N R O P O
A P T G C X G B C B P T N I V F Y A N V
N E H T Y I E P U Q N E T H G I L F C H
L O Z G N A M G K Q M P I R T R P G N H
D L I G S I D A N N E L I B O M O T U A
M A X T I W R I I I S S R T H H A E V L
N C Q Q A Q I A L O L W U D C B J R P V
S I B O X T T M K O U E A A A E A A L C
N P J T U R R P M J H O K C E O I H E R
C O U W E I I O C I R A J R B O Y S A U
Y R O T R Q P T P C N C F T O O R E S I
P T N T U J T F V S R G U R R N S M U S
Z E L E I S U R E T N E M V D U S I R E
O D T F R G Y N S F B A S O R R O T E H
H S U E G U E E U H R D R O N B I T E O
T N L J J Y R S P S R P R T R N R V S T
C A M S T R O P S R E T A W A T O P E E
X U T R A V E L U O T R N T V X A P O L
```

Rivers

```
O O G T T R I B U T A R Y C Y G K E D L
S W J I A E E T Y Y A W R E T A W O O F
X S V L H R Z I K P E S I T Y E T F A R
B C P L L O T Q Z L U K H K D L D L W K
O S B K E S G N Z S P L T O E I R V S P
X Z T S D I N P G H H I S J R N I Y B I
H C I S X O A E B S R Y R J E E V E X J
V M R P T N Y J I I A S I W T Q E N O X
P K I T P E C X Y Y T E V D O I R I N X
A O V M H I A O D F E I E R H J B H L F
M S E Z R A S M N D S N R G A J E R P E
L R R I Z N M S B G E E F N U P D B W G
J A B B A N K E I O O D R Z O U I O G E
Q F O U B F D C S S A U O D F Z L D G P
V R A Z L D G N S S S T N V E L A D S E
M I T O Y A A T Z R Y I T H A L I M Z E
C K W P Y D R R E G I N M H G R T L A D
O E R T R E Z A R Y T E S X B C X A L J
E K Y O A K P J A W B A Z W O L L E Y K
C R J M K S F C B E R P T I G R I S I B
```

Oregon Trail

```
B K P R H W S W R O D I R R O C E L U M
K Y S K H L Y U S W E S T A L O Q R N W
T N A J E N F E M H Z K M M E L P Q K P
K N A E T P I H S D R A H G W A A Y O D
B Q H T S N D N A L R E V O I F C R L N
O W U G I Y A E N L M I U A S F K Y N R
O Y U A R V C R I N W C O O A U G W G I
W N J E S E E W G R L T X R N B K N U V
A M C H B E E A E I I I E O D B U A O E
R M A A T V F N M U M A N G C D A E S R
E H N U M P S B O E P E R N L L E C C S
L S O O J P P M N I R J W P A T Q A O H
O R R O P E U D Y D P I Q O R G R V W N
H K W H P F R Y K U F Q C X K G F Y W M
C E C N E D N E P E D N I A O E S R O H
M X L K F L S E T T L E R S N B Z G S T
T O L Y E L B D T N O M E R F S V M N R
B A O X U Q V M O U N T A I N M E N U A
W M I S S O U R I R I V E R N O G A W C
V F E J S Q J O T E R R I T O R Y Z T J
```

THE EVERYTHING® SERIES!

BUSINESS & PERSONAL FINANCE

Everything® Accounting Book
Everything® Budgeting Book, 2nd Ed.
Everything® Business Planning Book
Everything® Coaching and Mentoring Book, 2nd Ed.
Everything® Fundraising Book
Everything® Get Out of Debt Book
Everything® Grant Writing Book, 2nd Ed.
Everything® Guide to Buying Foreclosures
Everything® Guide to Fundraising, $15.95
Everything® Guide to Mortgages
Everything® Guide to Personal Finance for Single Mothers
Everything® Home-Based Business Book, 2nd Ed.
Everything® Homebuying Book, 3rd Ed., $15.95
Everything® Homeselling Book, 2nd Ed.
Everything® Human Resource Management Book
Everything® Improve Your Credit Book
Everything® Investing Book, 2nd Ed.
Everything® Landlording Book
Everything® Leadership Book, 2nd Ed.
Everything® Managing People Book, 2nd Ed.
Everything® Negotiating Book
Everything® Online Auctions Book
Everything® Online Business Book
Everything® Personal Finance Book
Everything® Personal Finance in Your 20s & 30s Book, 2nd Ed.
Everything® Personal Finance in Your 40s & 50s Book, $15.95
Everything® Project Management Book, 2nd Ed.
Everything® Real Estate Investing Book
Everything® Retirement Planning Book
Everything® Robert's Rules Book, $7.95
Everything® Selling Book
Everything® Start Your Own Business Book, 2nd Ed.
Everything® Wills & Estate Planning Book

COOKING

Everything® Barbecue Cookbook
Everything® Bartender's Book, 2nd Ed., $9.95
Everything® Calorie Counting Cookbook
Everything® Cheese Book
Everything® Chinese Cookbook
Everything® Classic Recipes Book
Everything® Cocktail Parties & Drinks Book
Everything® College Cookbook
Everything® Cooking for Baby and Toddler Book
Everything® Diabetes Cookbook
Everything® Easy Gourmet Cookbook
Everything® Fondue Cookbook
Everything® Food Allergy Cookbook, $15.95
Everything® Fondue Party Book
Everything® Gluten-Free Cookbook
Everything® Glycemic Index Cookbook
Everything® Grilling Cookbook
Everything® Healthy Cooking for Parties Book, $15.95
Everything® Holiday Cookbook
Everything® Indian Cookbook
Everything® Lactose-Free Cookbook
Everything® Low-Cholesterol Cookbook
Everything® Low-Fat High-Flavor Cookbook, 2nd Ed., $15.95
Everything® Low-Salt Cookbook
Everything® Meals for a Month Cookbook
Everything® Meals on a Budget Cookbook
Everything® Mediterranean Cookbook
Everything® Mexican Cookbook
Everything® No Trans Fat Cookbook
Everything® One-Pot Cookbook, 2nd Ed., $15.95
Everything® Organic Cooking for Baby & Toddler Book, $15.95
Everything® Pizza Cookbook
Everything® Quick Meals Cookbook, 2nd Ed., $15.95
Everything® Slow Cooker Cookbook
Everything® Slow Cooking for a Crowd Cookbook
Everything® Soup Cookbook
Everything® Stir-Fry Cookbook
Everything® Sugar-Free Cookbook
Everything® Tapas and Small Plates Cookbook
Everything® Tex-Mex Cookbook
Everything® Thai Cookbook
Everything® Vegetarian Cookbook
Everything® Whole-Grain, High-Fiber Cookbook
Everything® Wild Game Cookbook
Everything® Wine Book, 2nd Ed.

GAMES

Everything® 15-Minute Sudoku Book, $9.95
Everything® 30-Minute Sudoku Book, $9.95
Everything® Bible Crosswords Book, $9.95
Everything® Blackjack Strategy Book
Everything® Brain Strain Book, $9.95
Everything® Bridge Book
Everything® Card Games Book
Everything® Card Tricks Book, $9.95
Everything® Casino Gambling Book, 2nd Ed.
Everything® Chess Basics Book
Everything® Christmas Crosswords Book, $9.95
Everything® Craps Strategy Book
Everything® Crossword and Puzzle Book
Everything® Crosswords and Puzzles for Quote Lovers Book, $9.95
Everything® Crossword Challenge Book
Everything® Crosswords for the Beach Book, $9.95
Everything® Cryptic Crosswords Book, $9.95
Everything® Cryptograms Book, $9.95
Everything® Easy Crosswords Book
Everything® Easy Kakuro Book, $9.95
Everything® Easy Large-Print Crosswords Book
Everything® Games Book, 2nd Ed.
Everything® Giant Book of Crosswords
Everything® Giant Sudoku Book, $9.95
Everything® Giant Word Search Book
Everything® Kakuro Challenge Book, $9.95
Everything® Large-Print Crossword Challenge Book
Everything® Large-Print Crosswords Book
Everything® Large-Print Travel Crosswords Book
Everything® Lateral Thinking Puzzles Book, $9.95
Everything® Literary Crosswords Book, $9.95
Everything® Mazes Book
Everything® Memory Booster Puzzles Book, $9.95
Everything® Movie Crosswords Book, $9.95
Everything® Music Crosswords Book, $9.95
Everything® Online Poker Book
Everything® Pencil Puzzles Book, $9.95
Everything® Poker Strategy Book
Everything® Pool & Billiards Book
Everything® Puzzles for Commuters Book, $9.95
Everything® Puzzles for Dog Lovers Book, $9.95
Everything® Sports Crosswords Book, $9.95
Everything® Test Your IQ Book, $9.95
Everything® Texas Hold 'Em Book, $9.95
Everything® Travel Crosswords Book, $9.95
Everything® Travel Mazes Book, $9.95
Everything® Travel Word Search Book, $9.95
Everything® TV Crosswords Book, $9.95
Everything® Word Games Challenge Book
Everything® Word Scramble Book
Everything® Word Search Book

HEALTH

Everything® Alzheimer's Book
Everything® Diabetes Book
Everything® First Aid Book, $9.95
Everything® Green Living Book
Everything® Health Guide to Addiction and Recovery
Everything® Health Guide to Adult Bipolar Disorder
Everything® Health Guide to Arthritis
Everything® Health Guide to Controlling Anxiety
Everything® Health Guide to Depression
Everything® Health Guide to Diabetes, 2nd Ed.
Everything® Health Guide to Fibromyalgia
Everything® Health Guide to Menopause, 2nd Ed.
Everything® Health Guide to Migraines
Everything® Health Guide to Multiple Sclerosis
Everything® Health Guide to OCD
Everything® Health Guide to PMS
Everything® Health Guide to Postpartum Care
Everything® Health Guide to Thyroid Disease
Everything® Hypnosis Book
Everything® Low Cholesterol Book
Everything® Menopause Book
Everything® Nutrition Book
Everything® Reflexology Book
Everything® Stress Management Book
Everything® Superfoods Book, $15.95

HISTORY

Everything® American Government Book
Everything® American History Book, 2nd Ed.
Everything® American Revolution Book, $15.95
Everything® Civil War Book
Everything® Freemasons Book
Everything® Irish History & Heritage Book
Everything® World War II Book, 2nd Ed.

HOBBIES

Everything® Candlemaking Book
Everything® Cartooning Book
Everything® Coin Collecting Book
Everything® Digital Photography Book, 2nd Ed.

Everything® Drawing Book
Everything® Family Tree Book, 2nd Ed.
Everything® Guide to Online Genealogy, $15.95
Everything® Knitting Book
Everything® Knots Book
Everything® Photography Book
Everything® Quilting Book
Everything® Sewing Book
Everything® Soapmaking Book, 2nd Ed.
Everything® Woodworking Book

HOME IMPROVEMENT

Everything® Feng Shui Book
Everything® Feng Shui Decluttering Book, $9.95
Everything® Fix-It Book
Everything® Green Living Book
Everything® Home Decorating Book
Everything® Home Storage Solutions Book
Everything® Homebuilding Book
Everything® Organize Your Home Book, 2nd Ed.

KIDS' BOOKS

All titles are $7.95

Everything® Fairy Tales Book, $14.95
Everything® Kids' Animal Puzzle & Activity Book
Everything® Kids' Astronomy Book
Everything® Kids' Baseball Book, 5th Ed.
Everything® Kids' Bible Trivia Book
Everything® Kids' Bugs Book
Everything® Kids' Cars and Trucks Puzzle and Activity Book
Everything® Kids' Christmas Puzzle & Activity Book
Everything® Kids' Connect the Dots Puzzle and Activity Book
Everything® Kids' Cookbook, 2nd Ed.
Everything® Kids' Crazy Puzzles Book
Everything® Kids' Dinosaurs Book
Everything® Kids' Dragons Puzzle and Activity Book
Everything® Kids' Environment Book $7.95
Everything® Kids' Fairies Puzzle and Activity Book
Everything® Kids' First Spanish Puzzle and Activity Book
Everything® Kids' Football Book
Everything® Kids' Geography Book
Everything® Kids' Gross Cookbook
Everything® Kids' Gross Hidden Pictures Book
Everything® Kids' Gross Jokes Book
Everything® Kids' Gross Mazes Book
Everything® Kids' Gross Puzzle & Activity Book
Everything® Kids' Halloween Puzzle & Activity Book
Everything® Kids' Hanukkah Puzzle and Activity Book
Everything® Kids' Hidden Pictures Book
Everything® Kids' Horses Book
Everything® Kids' Joke Book
Everything® Kids' Knock Knock Book
Everything® Kids' Learning French Book
Everything® Kids' Learning Spanish Book
Everything® Kids' Magical Science Experiments Book
Everything® Kids' Math Puzzles Book
Everything® Kids' Mazes Book
Everything® Kids' Money Book, 2nd Ed.
Everything® Kids' Mummies, Pharaoh's, and Pyramids Puzzle and Activity Book
Everything® Kids' Nature Book
Everything® Kids' Pirates Puzzle and Activity Book
Everything® Kids' Presidents Book
Everything® Kids' Princess Puzzle and Activity Book
Everything® Kids' Puzzle Book
Everything® Kids' Racecars Puzzle and Activity Book
Everything® Kids' Riddles & Brain Teasers Book
Everything® Kids' Science Experiments Book
Everything® Kids' Sharks Book
Everything® Kids' Soccer Book
Everything® Kids' Spelling Book
Everything® Kids' Spies Puzzle and Activity Book
Everything® Kids' States Book
Everything® Kids' Travel Activity Book
Everything® Kids' Word Search Puzzle and Activity Book

LANGUAGE

Everything® Conversational Japanese Book with CD, $19.95
Everything® French Grammar Book
Everything® French Phrase Book, $9.95
Everything® French Verb Book, $9.95
Everything® German Phrase Book, $9.95
Everything® German Practice Book with CD, $19.95
Everything® Inglés Book
Everything® Intermediate Spanish Book with CD, $19.95
Everything® Italian Phrase Book, $9.95
Everything® Italian Practice Book with CD, $19.95
Everything® Learning Brazilian Portuguese Book with CD, $19.95
Everything® Learning French Book with CD, 2nd Ed., $19.95
Everything® Learning German Book
Everything® Learning Italian Book
Everything® Learning Latin Book
Everything® Learning Russian Book with CD, $19.95
Everything® Learning Spanish Book
Everything® Learning Spanish Book with CD, 2nd Ed., $19.95
Everything® Russian Practice Book with CD, $19.95
Everything® Sign Language Book, $15.95
Everything® Spanish Grammar Book
Everything® Spanish Phrase Book, $9.95
Everything® Spanish Practice Book with CD, $19.95
Everything® Spanish Verb Book, $9.95
Everything® Speaking Mandarin Chinese Book with CD, $19.95

MUSIC

Everything® Bass Guitar Book with CD, $19.95
Everything® Drums Book with CD, $19.95
Everything® Guitar Book with CD, 2nd Ed., $19.95
Everything® Guitar Chords Book with CD, $19.95
Everything® Guitar Scales Book with CD, $19.95
Everything® Harmonica Book with CD, $15.95
Everything® Home Recording Book
Everything® Music Theory Book with CD, $19.95
Everything® Reading Music Book with CD, $19.95
Everything® Rock & Blues Guitar Book with CD, $19.95
Everything® Rock & Blues Piano Book with CD, $19.95
Everything® Rock Drums Book with CD, $19.95
Everything® Singing Book with CD, $19.95
Everything® Songwriting Book

NEW AGE

Everything® Astrology Book, 2nd Ed.
Everything® Birthday Personology Book
Everything® Celtic Wisdom Book, $15.95
Everything® Dreams Book, 2nd Ed.
Everything® Law of Attraction Book, $15.95
Everything® Love Signs Book, $9.95
Everything® Love Spells Book, $9.95
Everything® Palmistry Book
Everything® Psychic Book
Everything® Reiki Book
Everything® Sex Signs Book, $9.95
Everything® Spells & Charms Book, 2nd Ed.
Everything® Tarot Book, 2nd Ed.
Everything® Toltec Wisdom Book
Everything® Wicca & Witchcraft Book, 2nd Ed.

PARENTING

Everything® Baby Names Book, 2nd Ed.
Everything® Baby Shower Book, 2nd Ed.
Everything® Baby Sign Language Book with DVD
Everything® Baby's First Year Book
Everything® Birthing Book
Everything® Breastfeeding Book
Everything® Father-to-Be Book
Everything® Father's First Year Book
Everything® Get Ready for Baby Book, 2nd Ed.
Everything® Get Your Baby to Sleep Book, $9.95
Everything® Getting Pregnant Book
Everything® Guide to Pregnancy Over 35
Everything® Guide to Raising a One-Year-Old
Everything® Guide to Raising a Two-Year-Old
Everything® Guide to Raising Adolescent Boys
Everything® Guide to Raising Adolescent Girls
Everything® Mother's First Year Book
Everything® Parent's Guide to Childhood Illnesses
Everything® Parent's Guide to Children and Divorce
Everything® Parent's Guide to Children with ADD/ADHD
Everything® Parent's Guide to Children with Asperger's Syndrome
Everything® Parent's Guide to Children with Anxiety
Everything® Parent's Guide to Children with Asthma
Everything® Parent's Guide to Children with Autism
Everything® Parent's Guide to Children with Bipolar Disorder
Everything® Parent's Guide to Children with Depression
Everything® Parent's Guide to Children with Dyslexia
Everything® Parent's Guide to Children with Juvenile Diabetes
Everything® Parent's Guide to Children with OCD
Everything® Parent's Guide to Positive Discipline
Everything® Parent's Guide to Raising Boys
Everything® Parent's Guide to Raising Girls
Everything® Parent's Guide to Raising Siblings
Everything® Parent's Guide to Raising Your Adopted Child
Everything® Parent's Guide to Sensory Integration Disorder
Everything® Parent's Guide to Tantrums
Everything® Parent's Guide to the Strong-Willed Child
Everything® Parenting a Teenager Book
Everything® Potty Training Book, $9.95
Everything® Pregnancy Book, 3rd Ed.
Everything® Pregnancy Fitness Book
Everything® Pregnancy Nutrition Book
Everything® Pregnancy Organizer, 2nd Ed., $16.95
Everything® Toddler Activities Book
Everything® Toddler Book
Everything® Tween Book
Everything® Twins, Triplets, and More Book

PETS

Everything® Aquarium Book
Everything® Boxer Book
Everything® Cat Book, 2nd Ed.
Everything® Chihuahua Book
Everything® Cooking for Dogs Book
Everything® Dachshund Book
Everything® Dog Book, 2nd Ed.
Everything® Dog Grooming Book